三晋百位历史文化名人传记丛书

追寻先贤的足迹　倾听历史的回声
守望伟大的传统　成就时代的梦想

班婕妤传

陈威／著

山西出版传媒集团
北岳文艺出版社
·太原

图书在版编目（CIP）数据

班婕妤传/陈威著．—太原：北岳文艺出版社，2019.6
ISBN 978-7-5378-5887-8

Ⅰ.①班… Ⅱ.①陈… Ⅲ.①班婕妤－传记 Ⅳ.①K825.6

中国版本图书馆 CIP 数据核字（2019）第 060222 号

书　　名：班婕妤传
著　　者：陈　威
责任编辑：孙　茜
装帧设计：张永文
篆　　刻：刘　刚
插图设计：阎宏睿
印装监制：巩　璠

出版发行：山西出版传媒集团·北岳文艺出版社
地　　址：山西省太原市并州南路 57 号
邮　　编：030012
电　　话：0351-5628696（发行部）
　　　　　0351-5628688（总编室）
传　　真：0351-5628680
网　　址：http://www.bywy.com
E-mail：bywycbs@163.com
经 销 商：新华书店
印刷装订：山西人民印刷有限责任公司

开　　本：710mm×1000mm　1/16
字　　数：290 千字
印　　张：22
版　　次：2019 年 6 月　第 1 版
印　　次：2019 年 7 月山西　第 1 次印刷
书　　号：ISBN 978-7-5378-5887-8
定　　价：38.00 元

本书版权为本社独家所有，未经本社同意不得转载、摘编或复制

《三晋百位历史文化名人传记丛书》组织机构

策划

杜学文　张明旺　王宇鸿　梁宝印

专家审读委员会

主　任：杨占平

副主任：续小强

成　员：周宗奇　韩石山　降大任　赵　瑜　哲　夫
　　　　李书吉　陈为人　乔忠延　魏荣汉　范兆飞

编辑出版委员会

主　任：杨占平

副主任：续小强

成　员：郭　松　孙　茜　李金山　王　姝　吕轶芳

◎《芥子园画传》中的班婕妤（清）

◎顾恺之人物画《女史箴图》局部《班姬辞辇》（东晋）

◎平阳（今山西临汾市）民间木版
　年画《四美图》（宋金）

◎吕坤《闺范》刻本中的
　《班氏婕妤》（明）

◎山西大同司马金龙墓出土的漆画屏风《班姬辞辇》（北魏）

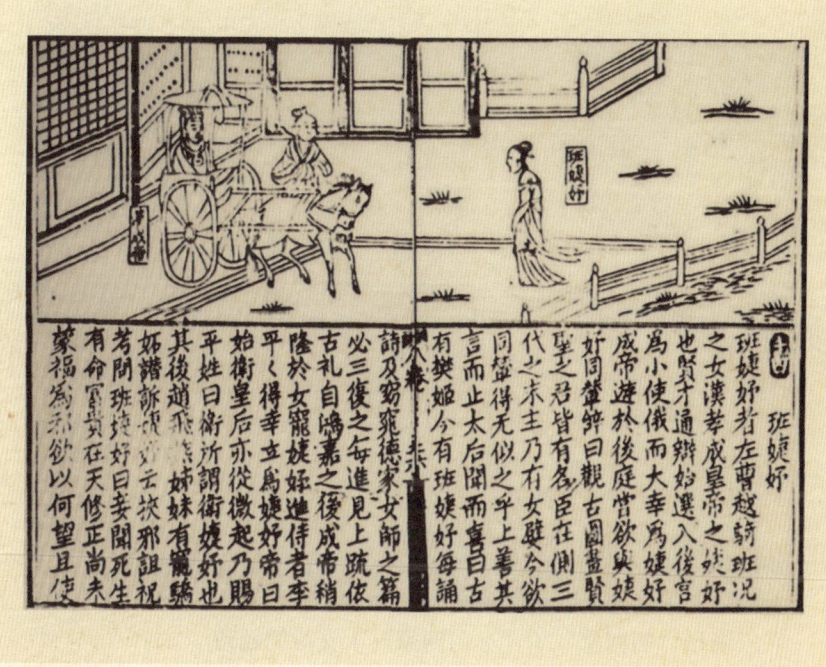

◎摹刻宋本《列女传》的《班婕妤》（清）

◎唐伯虎《班婕妤团扇图》（明），现藏于台北故宫博物院

右一"吴中四才子"之一祝允明题诗

右二画坛"明四家"（"吴门四家"）文徵明题诗

右三文徵明弟子王穀祥题诗

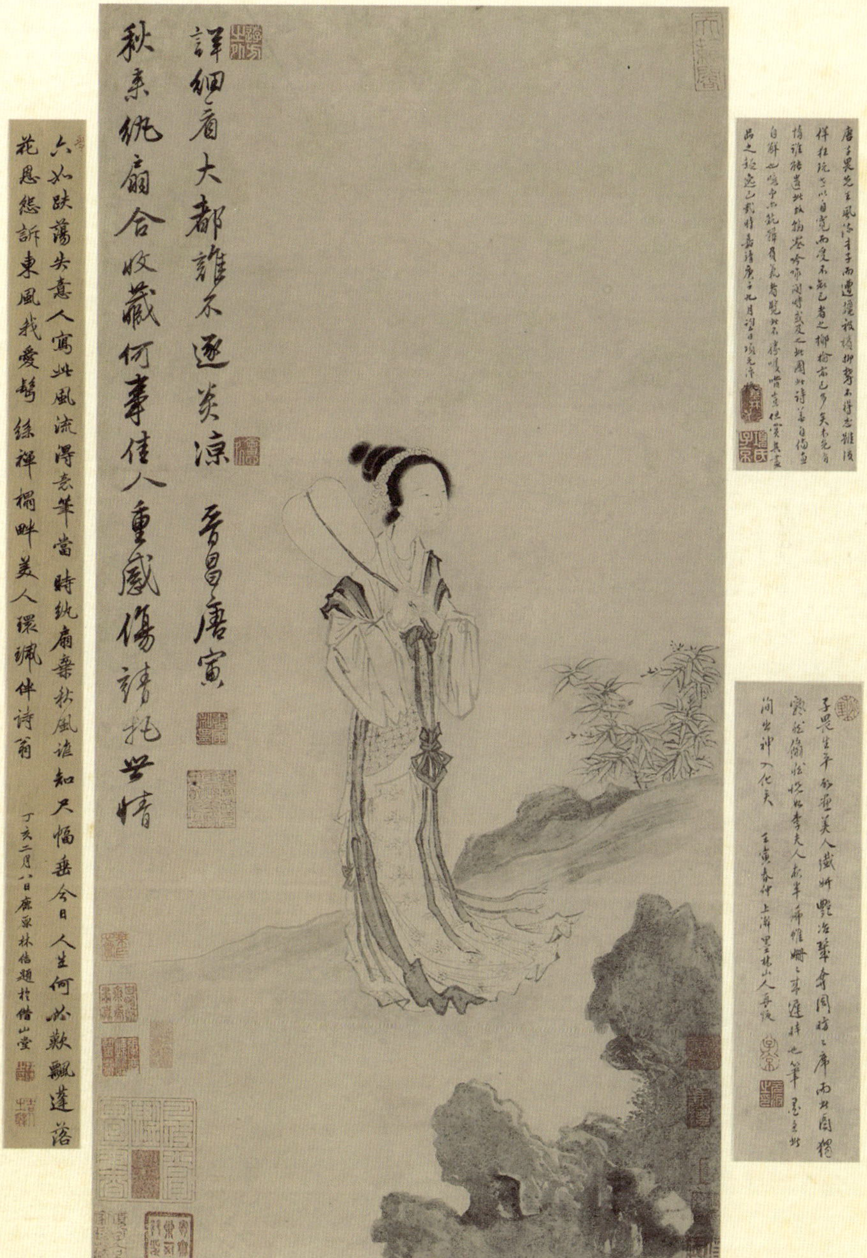

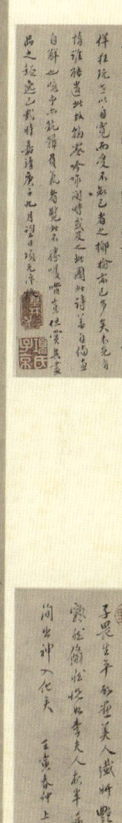

◎唐伯虎《秋风纨扇图》（明），现藏于上海博物馆
　左为清藏书家、书法家林佶题诗
　右为晚明收藏家、鉴赏家项元汴题跋两则

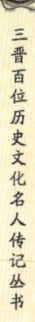

◎传说中的班婕妤墓

◎《日本谣曲狂言选》1985年版
（申非译，日本－室町幕府·世阿弥谣曲《班女》入选）

序：现代化进程中的山西文学

杜学文

从传统社会向现代社会的转化是人类发展进程中的重大课题。每一个国家、每一个民族都将面对，难以回避。个人，作为社会的组成细胞，也同样如此。这并不以我们自己的意志来转移。综观世界各国，在这种转化的进程中，都有了不同的选择，并表现出各异的特色。但总的来说，还是目前我们称之为"发达国家"的率先实现了现代化。其成功的转化有诸多原因，但从文化的角度来看，与其自然环境的特殊性、农耕文明的不发达，以及突出的个人奋斗精神、重利思想、实用主义等有极大的关系。而目前世界上的欠发达国家或发展中国家，则在向现代化转化的历史进程中，又表现出各自不同的特色。就中国而言，在其漫长的历史进程中，农耕文明得到了充分发展，并达到了最为繁荣的境界。现在的发达国家在转型早期的生存压力等表现得并不明显，从而一种自给自足、自得其乐的生活方式逐渐固化。向现代化转型的原生性动力并不强大。从某种意义来看，中国实际上进入了一种人类最美好的发展境界，那就是，依靠劳动来创造财富，与大自然和谐共处，有剩余的时间来体验人生的乐趣等等。中国从传统社会向现代社会的转化主要靠外部的强力推动。就是说，因为先发国家对财富、权力、欲望的强烈追求,在吸纳了东方文化,其中非常重要的是中国文化之后,骤然表现出突飞猛进的发展状态。其商业首先得到了快速的发展。特别是依靠对海外市场的分割,使过去形成的传统的世界市场在大航海时代变得更加活跃。同时,工业技术得到了快速的进步。人类的新发明成几何级数增长。新技术的出现使社会生产力得到了空前的解放,物质生产表现出前所未有的丰富。而与之相应的是社会制度的进一步变革。一种能够服务新的生产力发展的社会管理系统逐渐建立,并在血与火之中不断完善。在这样的变革转型中,东方古老的中国受到了西方先发国家的强烈冲击。传统的农耕文明与新发展的工业文明之间出现了严重了错位,并引发了控制、占有与反控制、反占有的残酷斗争。中国从农耕文明的辉煌顶峰跌落,中国人开始睁开眼睛看世界,并反思自身文明存在的问题。在外力的冲击下,中国不自觉地开始了向现代化转化的历史进程。一代又一代的中国人筚路蓝缕、奉献牺牲,前赴后继、求索奋斗,就是要重新找到国家独立、发展、进步的正确道路,实现民族的复兴。在不同的历史时期,他们承担了不同的历史使命。不同的人们从自己所从事的事业中为这样一个艰难而宏伟的目标作出了自己的贡献。而中国的文学,同样没有疏离民族的历史追求,甚至在许多关键的历史时刻,承担了开启民智、传播思想、激发斗志、重塑文明的历史重任。在这样一个艰难的充满了探索的转型进程中,中国人民表现出了自己最大的智慧与韧性。一直到新中国的建立,才基本形成了主权统一、独立自主的现代国家形态,并以超人的勇气与奋斗精神、惊人的创造力与发展速度迈向现代化。在这样一个伟大的转化进程中,中国虽然经历了失败、屈辱、挫折,但终于创造了他人所没有的成就。而我们的文学,正是这一历史的亲历者、推动者、表现者。就山西文学来说,是中国文学的重要方阵,当然也是这一历史的组成部分。其努力与贡献非常突出。

　　首先是推动了现代汉语的大众化，为现代汉语从知识阶层走向普通民众，并使二者有机结合作出了积极的贡献。在中国追求现代化的进程中，经历了一个从"器"到"道"的转变。所谓"器"，就是中国人在最初以为是西方发达国家的技术、器物先进，因而倡导"洋务运动"，开办现代工厂，引进西方设施，等等。这些努力从历史发展的必然来看，当然是非常重要的。但是，事实很快证明，仅仅引进西方的先进技术并不能解决问题。之后发生了制度层面的改革，包括推翻清王朝，建立立宪政权，仿效欧美三权分立及选举制度等等。但是，这种形式上的制度变革没有使中国强大起来，反而使中国成了一盘散沙，四分五裂。于是，更多的人开始反思中国的文化。一方面，对中国传统文化中的落后部分进行批判；一方面引进国外的思想如无政府主义、新村主义，包括马克思主义等等。新文化运动成为当时风生水起的社会思潮。从今天来看，其对中国传统文化的批判有许多过激之言。但是如果我们回到具体的历史场景，就会感到这些批判背后所表露的急切心情及历史合理性。在新文化运动中，一个最为突出的问题，也是最为重要的成果就是把中国人使用了数千年的文言文转化为白话文。从文化发展传承的角度来说，以文言文为代表的中国书面语言具有其重要的历史价值、文化价值、文明意义。可以说，文言文的简洁、精炼、典雅，以及其表情达意的丰富性，是世界上任何语言都难以企及的。这也正是其生命力之所在。但是，从历史发展的现实来看，文言文也具有非常严重的局限性，难以适应现代社会的发展要求。首先是缺乏精确性。由于中国传统文化中思维追求整体感、人文感、艺术感，中国的语言缺少对事物的准确表述。这种特点虽然具有非常强烈的人文色彩，以及超越了具体现象的整体感，但是与现代工业技术发展中对事物精确性表达的要求有很大的距离。语言的背后体现的是思维方式。如果语言难以体现精确性要求,人们的思维同样将不能适应时代发展的要求。其次是书面语言与口头语言的分离。虽然任何语言都会表现出书面与口头的差别,也就是说,人们不可能把口头语言照搬为书面语言。但这种差别在汉语中表现得尤为突出。这就是作为书面语言的文言文与口头语言的"白话"之间的区别。这种区别使更多的普通民众与书面书写脱离,对开启民智、提升大众的文化素养产生了障碍。而现代化的实现并不仅仅是少数"文化人"的事,而是全民族的事。因此,语言的变革,使之更能够适应现代化的需要就成为一种时代的必然。20世纪的新文化运动,除了其在价值观方面的追求如"科学""民主"等之外,对语言的解放也是一种非常强烈的期待。一些有识之士率先放弃了对古代汉语的使用,积极采用白话文来构建现代汉语。这其中,出现了许多具有代表性的人物,如鲁迅、胡适等。今天我们仍然能够感受到鲁迅的语言中存留有古代汉语的元素。这是中国语文从古代汉语向现代汉语过渡的典型表现。而胡适等人则努力使自己的书面语言更加通俗化、口语化,也显示出某种过分倾向于白话的特点。另外一些具有欧美留学背景的人则企望借鉴外来语言对中国的语言进行改造,因而出现了许多非常欧化的表达方式。就中国现代汉语的成熟完善来说,这些努力都是非常珍贵的。但是,真正使新生的现代汉语从古代汉语中出走,并吸纳了民间语言的丰富、生动的特质,使之成为一种既有古代汉语的节制、典雅,又有民间口头语言的生动、活泼,从而使现代汉语能够成为一种具有完整的语法体系、鲜活的表现力,以及体现民族语言特色的"现代汉语"形态,则是以赵树理为代表的作家们作出了重要的不可忽略的贡献。

就赵树理个人的创作而言,其早期也是走欧美语法特色浓重的路线。但是当他发现这条路难以被普通民众接受后,其语言表达发生了转化,开始更加注重民族语言与现代性的融合。他的语言生根于中国古代汉语与民间语言的丰厚土壤。在保持语言典雅品格的同时，至少从这样两个方面进行了努力。一是更多地吸收了民间语言的表达方式，使普通民众能够走进这样的语言，使用这样的语言。也正因此，他的语言表现出非常鲜活、生动的状态，使语言的活力大大增强，表现力得到了拓展甚至突破。二是他的语言在规范性方面进行了重大的努力。一方面剔除了民间语言、方言中粗俗的、生僻的元素，使之更加典雅、庄重，另一方面，他保持并强化了以北方方言为主的结构形式，使之在语法形态方面更加完善严谨。所以，今天我们读赵树理的作品，其语言的流畅、生动、鲜活仍然非常突出。可以说，在中国现代汉语出现、发展、完善的进程中，赵树理作出了不可跨越的贡献。当然，这种贡献不可能是他一个人完成的，而是在特定历史条件下，由包括他在内的一大批作家共同努力，并在一代又一代作家的接力中实现的。赵树理丰富了现代汉语的表现力，并使这种获得新生的语言成为广大民众自己的语言。这后一方面的贡献更为重要。因为如果一种新生的语言难以得到民众的认可，其生命力是非常值得怀疑的。可以这样说，如果没有这些作家的努力，中国的现代汉语很可能成为一种"精英"的语言。也就是说，很可能成为一种少数有"文化"的知识分子的语言。这不仅将使语言的普及受到阻碍，也将因为得不到大众的认可而导致中国现代化的迟滞。

　　山西的作家受赵树理的影响甚深。除了创作理念、题材选择等方面外，在语言的运用上也同样如此。这也就是说，从赵树理以来的几代山西作家不仅坚持了赵树理的创作方向，也共同为中国现代汉语的进一步完善、发展作出了努力。尽管今天我们可以说，这些作家个人的成就不同，在语言表达方面风格各异，但是他们有一个共同的特点，即在坚持语言的民族化方面都进行了非常积极的实践。进入新时期，随着改革开放的不断深化，各种创作观念竞相显现。山西作家虽然与全国的创作相比更多地表现出固守的姿态，但是新的创作手法、元素等也在自觉不自觉地借鉴当中。其中就语言表达的追求而言，大体表现出两种特点。一种是仍然坚持语言表达的民族风格，并随着时代的发展变化使之更加丰富生动起来。他们的语言，不仅缘于题材选择的民间性、地域性，以及人物、故事的原生性，更缘于吸纳了民间语言的鲜活元素，在叙述、描写等诸多方面更多地体现了植根于本土的语言活力。另一种虽然也注重题材的地域性选择，但在语言表达中更多地呈现出一种开放的意识，比较侧重吸纳外来语言中的合理成分。如修辞的繁复，语句的长结构，象征意象的频繁使用等等。虽然这两种追求表现出各自不同的倾向，但他们随着时代的发展而推动现代汉语不断进步的努力是一致的。

需要我们重视的是，山西作家在自己的创作中表现了中国文化的原生态及其变化。这种原生态不是指文化最初形成的形态，而是指数千年来一直呈现出来的未经现代化浸染、改变的文化。从某种意义来看，它已经成为生活在这样的历史环境中每一个人不自觉的潜在意识，并支配着人们的思想与行为。文学的表达虽然是语言与形象的表达。但是隐藏在语言与形象背后的却是生成这种语言与形象的文化。如果一种文学性的描写没有隐晦地展示出某种文化及其价值观，我以为就是一种表面性的甚或肤浅的描写。山西作家在自己的创作中表现出一个非常突出的特点，即对自己生活的土地、家园有一种执着的关注。而就山西这一地域来说，其文化又具有某种典型性。这就是生根于黄土高原的农耕文化。在中国现代化的进程中，一个非常艰难的任务就是要改变这种文化，使之蜕变为一种新的文化：现代化。这一过程是非常艰难的，也是非常痛苦的。数千年的农耕劳作，已经形成了一种自足的完善的文明体系。但是，就在这种文明体系达到顶峰的时刻，我们突然发现她已经不能适应现代化的要求。于是，开始不自觉地改变自己。这一过程伴随着战争、灾难、屈辱、失去国土与家园等等。在经受这种外在考验的同时，还有我们内在的情感、思想、精神等诸多方面的考验。一方面，救亡与重生成为一种时代的必然使命。另一方面，精神与文化的重建、新生也面临着更大的挑战。就前者而言，山西作家的创作并不是真正的重点。而后者却是其在描写社会变革进步中隐藏的中心。山西是中国最早开始工业化、现代化建设的地区，但是我们很少能够看到山西作家所描写的这方面的作品，而曾经作为抗日战争敌后根据地中心的山西，实际上也没有太多的文学作品来表现。反倒是有许多作品在这样的社会背景下来描写当时的人们如何生活，并参与了这一影响世界文明进程的历史。可以说，这些作家们表面上看起来对社会变革更关心。但是一到拿起笔的时候，就情不自禁地流露出他们对于特定文化及其价值观的不自觉的关注。这实际上成就了他们，也局限了他们。如果就当代文学而言，最早的表达在于农民群体的觉醒。他们感受到了时代的变化，并参与、推动了这样的变化。比如小二黑，虽然具有了杀敌英雄的身份，但作家所要说的却是旧的文化观念，以及由此形成的生活方式对人性的伤害——当然是从爱情的角度切入的。作家的贡献不仅在于表现了时代变化中人性尊严的重新确立，更重要的是，作家生动地再现了这种旧的文化制约在人们劳动、生产、生活、情感，以及社会关系诸多方面的表现。也就是说，作家不是把一个关于追求自由恋爱、自主婚姻的故事作为一种孤立的现象展示出来，而是生动地表现了这种文化观念在旧的生活方式中的普遍性，以及其荒谬性。也就是表达了必须改变这种文化观念的必然要求。这当然是非常符合时代需要的，也是中国在现代化进程中必须跨越的。在山西作家的创作中，相当多地表现了劳动者——当然主要是农民，以及农民出身的、具有农耕文化背景的其他身份的人们对劳动的热爱，对土地的执着，对家庭的重视等等。从历史的层面来看，这些内容都构成了农耕文明的重要组成部分，也是这一文明能够发展、生长的原动力。但是从时代的要求来看，这种文化又成为那些最终必然要离开土地，不再是农民的人们内心世界与精神领域的时代痛苦。比如在改革开放之后，工业化的浪潮漫卷一切。在最具现代化特点的大型露天煤矿当工人的吴福却难以适应这种快节奏的标准化的生活方式。他无限怀恋地回到了自己的家乡。但是家乡已经不再是曾经的家乡，吴福也不再是过去的吴福。他身跨两界，无所归依，内心充满了痛苦。这是一种时代转换、文明更替的痛苦，是一种具有重大典型意义的内心再现。而在现代化程度日益加深的历史时期，农村也已不再是传统意义的农村。农民也不再是仅仅从事农业生产的农民。更大的市场与财富吸引了更多的农民，城市成为新的生活中心。虽然从某种意义来看，城市化可以作为现代化程度的一种标志。但是城市化也同时带来了传统文化的消失、传统生活方式的改变，以及传统人际关系的新建。老甘，这个仍然坚守在内心世界的"过去的农村"中的农民，痛苦地怀恋着昔日活色生香的农村及农村的生活。但是，过去的一切似乎已经义无反顾地过去了。他的农村已然不再。如果说这样的农村随着市场化程度的提高有新生的希望的话，也与过去的农村大不一样。老甘的痛苦同样是一种时代的痛苦，是我们在走向现代化进程中不可回避的痛苦。当然，山西的作家也描写了这种进程中人们的希望、新生，以及由此而来的快乐、自信。宋老大进城送公粮时那种发自内心的自豪感、主人感，那种终于直起了腰板的幸福感将永远感动我们。而在首都打工并学会说普通话的小雪也动人地透露出新一代农民美好的未来。

　　山西的作家们也企图从比较宏大的层面来揭示中国文化的品格，以及由此而反映出来的中国精神。这些描写不在意于对现实生活具体人事的再现，而是企图通过某种具象化的人事具有隐喻意味地表达作家对民族性的理解。他们营造的人物生活环境不太具体,而是具有某种概括性,超越了具体的、实指的时间、空间。其中人物的行为,以及由这种行为所表现出来的文化内涵、价值选择体现出一种超越了具象的恒久性。由此可以使我们领略一种民族的生存状态与价值操守。其中的一部分作品甚至具有进行人生意义、价值意义探求的哲学性努力。这时,作家关注的不再是现实生活中具体的人事,以及其中透露出的社会文化内涵,而是超越其上的价值追寻。在临危受命的戴夫人身上,作者赋予她民族人格最为优秀的内涵。她不仅具有一般人所可能具有的大局观,以及人性的智慧,而且作为生命个体,她具有了一种古人所言的"浩然之气"。她在漫长艰难的商旅途中,没有感受到生命的渺小,而是站在太行山顶吟诵前人的诗篇。她感受到的是生命的博大、伟岸,以及大自然的神奇、浩渺,是一种天人合一、物我两忘的至高境界。这不仅是她个体生命的壮美华章,也是民族文化中价值体系的完美内化。张马丁的遭遇则从另一种角度表现了不同文化短兵相接所引发的一系列事件,以一种宏阔的视野描写了文化境遇背后各异的价值体系之间的交锋、错位、融合。还有许多作品通过对具体人物生命境遇的描写,表现了具有历史意味的在潜意识中特定价值观支配下的民族精神世界。

  读山西作家的作品,事实上也可以看到中国从农耕文明的顶峰跌落到重新崛起,实现现代化的历史进程。在当代文学中为数不多的抗日战争题材的作品中,我们可以看到以中国北方农民为主的人们如何从屈辱中觉醒、抗争,并取得了历史性意义的胜利。抗日战争的胜利,不仅仅是军事的胜利,而且是中华民族在经历了无数的失败、屈辱之后终于走向独立、自主,重新以一个文明民族的形象自立于世界民族之林的标志;也是中国在经历了种种探索,尝试了不同发展道路之后,终于表现出走向正确发展道路,迈出实质性转型步伐的标志。

尽管一直以来我们都有这方面的创作，但是具有宏观性、历史深刻性的作品还不多。新中国的建立是中华民族终于在百余年的努力之后有了自己独立政权的大事，也是中国开始以超人预料的成就向现代化迈进的起点。山西的作家以自己敏锐的笔触描写了这一关键时刻中国普通人内心世界的喜悦、自豪，以及对未来的憧憬。还是在1949年10月1日，诗人高沐鸿就创作了诗歌《这是我们人民自己的胎生》，为新中国的建立而欢歌。之后的一系列文学作品生动地表现了站起来的普通民众内心世界的巨大变化，特别是其人格世界的变化。他们实实在在地感受到了新社会的进步，以及当家做主的自豪。他们不仅在经济上得到了解放，在政治上得到了翻身，而且在精神世界上发生了积极的蜕变。一个新的时代带来了新的发展与进步。也正是这些作品成就了这个新文学史上一个最具典型意义、产生重大影响的文学流派——"山药蛋派"。他们有共同的创作追求，有共同的题材选择，有以赵树理为代表的领军人物。这个流派出现的意义，不仅仅是属于文学的，更是属于中国文化的。他们在尊重并表现中国优秀传统文化价值观的前提下，呈现在这种价值体系影响下中国民众，主要是农民如何生活、生产、思考、发展。读这些作家的作品，不仅使我们能够了解到特定历史时期中国发生的事情，而且将使我们了解中国人是怎样的一种生活方式，中国人在新的历史时期发生了怎样的变化。在20世纪70年代末、80年代初，山西的作家们非常敏锐地感受到时代将要发生的巨变。这种感受不是源于理性的分析研究，而是源于他们对现实生活的关注与热爱，是他们从具体的生活中感受、发现了时代变革的动力。其中有他们对极"左"路线的批判，以及对中国变革发自内心世界的呼唤。这首先是已经成名的一批被称为"老作家"的人们走上了历史的舞台。而另一批将在中国文学园地表现出勃勃生机的作家以自己的敏锐发现了生活的变化。至20世纪80年代中期，以《当代》发表一组山西作家的作品为标志，文学"晋军崛起"成为中国文坛的一个重要事件，引起了广泛关注。这批作家一进入文坛即表现出不俗的活力，显得生龙活虎，风生水起。他们首先成为对极"左"路线的批判者。通过一系列生动的、充满生活意蕴的人物形象来揭示中国曾经走过的弯路，以及即将出现的变革。而后，出现了一系列呼唤改革的优秀作品。一些小说被改编为影视作品，在当时传媒欠发达的条件下产生了极大的轰动效应，甚至有万人空巷之叹。其中的朱克实、李向南、李高成等成为新的历史条件下拨乱反正、推进改革的典型人物。这些作品既是文学的，更是时代的、历史的。它们表达了中国人内心深处希望变革的期待，也呼唤着一个新的历史时期的到来！

中国的改革是中国从传统的农耕文明出走，迈向现代化的重大事件。随着改革开放的不断深化，中国表现出强劲的发展态势。同时，也遇到到了许多需要解决的问题。一方面是现代化程度的不断提高，另一方面是这一进程的艰难演进。一个时期，那种充满浪漫主义色彩的乐观情调被现实生活中的艰难前行所生发的复杂性代替。改革并非一帆风顺，充满了困惑、曲折，有许多困难需要智慧与勇气来克服。这一时期，山西的文学创作沿两条主线展开。一方面是直面现实，表现新的发展时期人民的智慧力量，及时代的进步，如农村改革，国企改革，全球化背景下的商业博弈，以及反腐倡廉、环境保护、民主选举、基层生活、重大事件等等。总的来说，山西文学表现出社会的艰难进步，这种进步首先是积极的、正义的、人民的力量战胜了消极的、不义的、损害人民利益的力量。同时也表现出了中国传统社会在时代的发展进步历程中逐渐变化：如传统农村的式微与新盛；农村人口向城镇的转移；土地的工业化、商业化等等；商品经济的蔓延，城镇化的发展；以及身处其间人们内心世界的彷徨、痛苦、选择；人对土地以及建立其上的生产生活方式的依恋；对改革进程中传统国有企业的情感等等。从这些作品中，我们可以观察、感受到中国正在发生的翻天覆地的变化。另一方面，许多作家企图从超越现实的具有形而上意味的层面来探求中国的民族精神。一些作品甚至具有了某种哲学性品味。他们可能借助于某一历史事件，或者设计一个与现实生活隔离的故事来表现自己理解的民族精神。这一类作品可能表面上与现实生活没有直接的关联，但是对我们认识民族文化、民族品格具有积极的意义。事实上这些作品为我们提供了一种思想文化资源，是对现实生活中剧烈变革引发人的价值观的迷茫进行的某种文化性指引。它不涉及现实问题，不为我们思考感受现实生活提供具体的形象。但是，为我们提供观照现实、解决现实问题的精神力量、价值选择和思想资源。这其中也有一个如何认识人生、如何认识民族、如何面对个人价值的问题。

总之，不论是对现实生活的直接表现，还是以隐晦的笔法对现实生活提供精神资源，都可以看到山西作家对社会生活、人生价值的一种积极的态度。他们试图以自己的描写来表达某种具有积极意义的思想内涵，为今天的人们提供精神力量，以推动中国社会的发展、进步，以及在历史蜕变中人的完善。这些努力也可以视为是在现代化进程中对民族精神的一种回顾与追寻。读山西作家的作品，可以使我们从一个侧面感受到中国走向现代化的历史进程。

山西作家在艺术创造上也进行了积极的努力。就山西文学的当代面貌来看，表现出一种从一元向多样的发展态势。当代山西文学受以赵树理为代表的"山药蛋派"影响甚重。一代一代的作家不仅受到这一流派作家关注现实生活、关注社会民生的创作理念的影响，而且在表现手法上也多承续这一流派。因此，直至改革开放前，山西文学基本呈现出一种"山药蛋派"式的一元状态。但是，进入改革开放的新时期后，这种局面开始发生变化。一些人更注重语言描写、心理表达等等。不同于"山药蛋派"风格的作品开始大量出现。首先是题材选择表现得更加多样，其次是表现手法更加多样，再次是创作观念也呈现出多样化的格局。山西文学终于形成了从一元走向多样的创作态势。那些坚持以农村为主要创作题材的作家们也积极地吸纳了其他的表现手法，使农村生活的表现领域大大拓展。另一方面，山西也出现了典型的所谓"现代派"小说。心理结构、借鉴侦探小说手法的"悬念"结构、无情节结构、意象结构、寓言式结构等等次第登场，宏大叙事与个人化叙事并存一体。这些作品有的已经产生了比较大的影响。无论如何，他们都是山西作家对文学自身进步的积极探索。

从某种角度来看，山西文学似乎为我们呈现出了中国走向现代化的百年变迁史。这不仅表现在人们广为关注的小说创作之中，同时也更加丰富地表现在文学的其他领域，如诗歌、散文、戏剧，以及逐渐从散文文体中独立出来的报告文学及传记文学之中。当我们追寻这种变迁的历史时，不能割断由山西而表现出来的中国五千年文明史。山西是华夏文明的主要发祥地，从远古以来，这一文明代代相传，承续不绝，其中涌现出众多的仁人贤士。作为个人，他们有自己所处的具体的历史环境、成长条件，对人类文明的进步作出了自己的贡献。但是，作为一种文化现象，他们似乎勾勒出中国文明发展进程的历史脉络。在他们身上体现了中华文明的历史贡献、价值选择，以及思维模式。对他们进行研究，并用传记的方式表现出来，使今天的人们了解并感受他们所具有的闪光的人文价值，不仅对今天的改革发展具有积极的意义，对我们现代化进程中的文明重建同样具有非常重要的意义。这将首先使我们看到历史发展进程中文化的影响力，进而使我们能够进一步确立文化的自信心与自觉性。在这些如星光一般闪烁的先人身上，我们将体会到中华文化的魅力、价值和绵延不绝的生命力。承续山西文学的精神品格，创作出新的能够表现时代精神的优秀作品，是我们这一代人的使命。而对五千年文明发展进程中那些曾经作出突出贡献的英杰才俊进行文学式的描述，也将是我们传承民族精神的一种努力。因此，组织编辑出版山西文学"双百工程"，有着非常积极的现实意义。

这一"工程"包含两个序列三个方面的内容。一是"百部长篇小说"，其中一部分是已经发表出版并产生了较大影响的现当代小说。通过集中编辑出版，可以使我们比较全面地回顾审视山西文学某一方面的成就与贡献。另一部分是新创作的长篇小说。其目的是推动山西长篇小说的不断繁荣。把它们列入这一工程，即是对文学发展的新推动，也可以延续已有的成果，使人们看到山西文学创作的最新成就及更加生动的面貌。二是"百部山西历史文化名人传记"。山西的报告文学近些年来表现出非常活跃的态势。不仅参与创作的作家比较多，出现的作品比较多，而且产生的影响也比较大。其中一些作家应该说是中国报告文学领域的领军人物。同时山西也是华夏文明的重要发祥地，在五千年的文明发展历程中涌现出许许多多的对中华文化发展进步作出重大贡献的英杰先贤。以传记的方式把这些先人在中华文化发展进程中的贡献表现出来，有助于我们重新认识中华文明对人类的重大贡献，有助于我们进一步追寻中华文化的精神、操守、品格，并使我们从先人的风采中找到自己前行的楷模和动力，激励我们推动中国的改革发展进步。所以，这也就成为我们的一种责任。相信通过这一努力，既将促进山西文学的进一步繁荣，也将进一步增强我们的文化责任，重塑我们的文化形象，展示中华民族在漫长发展历程中表现出来的精神力量与智慧，为实现民族复兴的中国梦作出积极的贡献。

目录

第一章　祖考：班氏之先，与楚王室同姓 …………… 001
　　芈姓王族 ……………………… 002
　　边地"素封" …………………… 009
　　任侠少年 ……………………… 021

第二章　班府：和花和月，婕妤初长成 …………… 031
　　家君入仕 ……………………… 032
　　弄瓦之喜 ……………………… 038
　　私塾时光 ……………………… 046
　　汾水之畔 ……………………… 064

第三章　承宠：十五入汉宫，花颜笑春红 …………… 072
　　金风玉露 ……………………… 073
　　惺惺相惜 ……………………… 087

　　　　宫苑辞辇 …………………………………… 106
　　　　家族荣耀 …………………………………… 120
　第四章　见弃：宫殿秋草密，君王恩幸疏 ………… 126
　　　　"亲亲"之劫 ………………………………… 127
　　　　情泣团扇 …………………………………… 136
　　　　后宫风波 …………………………………… 147
　第五章　辞宫：看花开花落，流年度 ……………… 162
　　　　长信侍奉 …………………………………… 163
　　　　一揽芳华 …………………………………… 170
　　　　坐看风云 …………………………………… 185
　第六章　清守：西风残照，汉家陵阙 ……………… 202
　　　　阴阳相守 …………………………………… 203
　　　　手足情深 …………………………………… 213
　　　　躬亲民间 …………………………………… 221
　第七章　典范：贤才通辩，泽被千年 ……………… 233
　　　　德传四海 …………………………………… 234
　　　　才荫两代 …………………………………… 242
　第八章　流芳：总有一缕香，为她续魂 …………… 263
　　　　乐府撷英 …………………………………… 264
　　　　花开别枝 …………………………………… 301
　　　　东瀛散韵 …………………………………… 317
　主要参考文献 ………………………………………… 323
　后　记 ………………………………………………… 329

第一章 祖考：班氏之先，与楚王室同姓

芈姓王族
边地"素封"
任侠少年

> 楚之先祖出自帝颛顼高阳。高阳者，黄帝之孙，昌意之子也。
>
> ——汉·司马迁《史记·楚世家》

阴山南，是草原。无边无际，千年万年。

古老的商朝，王畿之外存在许多部族方国。"四方""四土"，或为商王控制，或与商王对抗。这浩浩草原，就是戎狄中土方、鬼方、西落鬼戎和燕京戎交替活动的区域。

也是这里，部族方国与中原的接壤地带，游牧部族古楼烦人，像戎狄人一样，结穹庐，逐水草，以畜牧为生。他们彪悍，勇猛，善骑射，追熊逐鹿，栉风沐雨，生生不息。

远古的风，吹到秦始皇末年。

雁门郡楼烦县，慷慨接纳了一位来自南国的楚人。有谁能够知道呢，这名青年男子，竟然会是未来西汉皇妃——班婕妤的近祖。而她的远祖，更是尊贵无比。

芈姓王族

但凡世家大族，都以拥有高贵的祖先而荣耀。班固《汉书·叙传》开篇即述："班氏之先，与楚同姓，令尹子文之后也。"

班氏家族，原本是楚王室的后裔。

而楚国先祖，出自黄帝的孙子颛顼帝高阳一脉。

高阳生子，取名叫称；称生子，取名叫卷章；卷章生子，取名叫重黎。颛顼帝驾崩了，黄帝的曾孙高辛氏帝喾即位。重黎给帝喾当火正，推广用火，照亮了天下。有亮天下之功，帝喾赐重黎祝融的称号。"祝"，有永远、继续的吉祥寓意；"融"，代表光明。

那时候，共工氏作乱，帝喾派重黎南下征讨。重黎英勇，大胜，但没有把他们杀绝。帝喾极不满意，杀了重黎，让他的弟弟吴回当继任者，再任火正之职，仍旧做祝融。

《山海经·大荒北经》有载："大荒之中……有神，九首人面鸟身，名曰九凤。"《说文解字》曰："凤，神鸟也。"传说，祝融也是凤鸟的化身。

兄与弟，前仆后继，给人类带来永久的光明。为了纪念，人们把重黎和吴回子孙建立的部落称作"祝融部落"。

那吴回生有一子，名叫陆终。祝融部落与鬼方部落联姻了，陆终娶鬼方氏的妹妹女嬇为妻。《史记》说，女嬇一胎就生下六个儿子。很神奇啊，全部是腹裂而生。老大叫昆吾，老二叫参胡，老三叫彭祖，老四叫会人，老五叫曹姓，老六叫季连。从此，祝融部落便分为六姓。季连姓芈，后来的楚国王族就是他的后代。

夏商时代，祝融部落厄运不断。昆吾氏到夏桀时被商汤灭掉，彭祖氏在商朝末期也被灭掉。季连的后裔鬻熊为避灭顶之灾，带领部落从新政一带，顺着禹县、叶县这条古代的通路，逐步南迁，辗转迁至今河南、湖北西北交界处的丹淅之地。

此后，商末的王，一代不如一代，由成汤一手打下的江山处于崩溃的边缘。

鬻熊看到商朝的腐朽与没落，毅然带领部族投身于周王室。周文王正在求贤纳士，被文王拜作老师的鬻熊，像儿子般服侍文王。

鬻熊曾孙熊绎生活在周成王时代。成王仁厚，要封赏文王、武王功臣的后代。幸运啊，享受先人恩泽，熊绎被封在楚蛮地区，赐给子男爵位的田地，姓芈，定都丹阳。

周夷王时代，王室衰微，季连的后裔自立为王。

周宣王时代，季连的后裔熊仪即位楚君。这位楚君，就是若敖。

那一年，若敖纳䢵国国君的女儿作为妾室。第二年，这个妾为若敖诞下一子，名叫斗伯比。斗伯比天资聪颖，颇受若敖疼爱。

然而，当时天下，无论南北，盛行的都是宗法制度，为的是确保家长、氏族首领乃至国王的财产和权利，永远都属于嫡长子。有权继承父亲权位的嫡长兄是大宗，其余都是小宗。大宗不仅继承遗产和权利，还可立祖庙，主持祭祀祖先的仪式，小宗只能列席陪祭。小宗大多要自立门户，开创新业，壮大自己的家族。

若敖死后，嫡长子熊坎顺理成章地即位了，这就是霄敖。

霄敖元年（前763），作为庶子的小宗斗伯比，只好跟随母亲回到外祖父的䢵国，打着父亲若敖的旗号，开创自己的家业。

䢵国，地处江汉平原。那里的云梦泽，方圆九百里。

美丽富饶的云梦泽，水道曲折，湖泊密布。夏季来了，雨水不断，云梦泽水气氤氲，充满勃勃生机。小宗斗伯比已经长大了，年轻，英俊，有为。在云梦泽，斗伯比牵着小表妹的手，常常消失在香草间，花深处。

秋风起，云梦泽硕果累累，斗伯比乖巧貌美的小表妹也怀孕了……

这让斗伯比的舅母郧夫人心烦意乱，寝食难安。郧夫人不准女儿走出庭院，对外只称女儿病了，需要静养。十月怀胎，瓜熟蒂落，女儿生下一子。为给女儿遮丑，郧夫人悄悄将男婴丢在云梦泽中。

这个男婴，就是楚君若敖的孙子、楚国的三任令尹、班氏的远祖子文。

中国很古老。

与她同样古老的，是神话与传说。

周朝的始祖后稷，名叫弃。他的母亲是有邰氏的女儿，叫姜嫄，是帝喾的元妃。那一日，闲来无事，姜嫄来到野外。看到巨人的足印，惊奇，喜爱，忍不住踏它一下。没想到，一踏上巨人的足印，姜嫄自觉腹内陡然震动，如同受孕。一周年之后，姜嫄生下一子。认为这儿子不祥，姜嫄就把他抛到小巷里，但经过的牛羊都避开他，不去践踏；姜嫄又将他移放到树林中，恰好碰到山林里人很多；只好再把他抛在水渠的冰块上，一群飞鸟过来了，却用翅膀覆盖和衬垫着他。好神异的孩子！姜嫄便收养起来，抚育成人。因为开始想抛弃他，便取名叫弃。

子文的降生，同样被蒙上一层神秘色彩。

仲夏季节，云梦泽湖烟波浩渺，云蒸霞蔚，是狩猎的好时节。

一日，斗伯比的舅舅郧君出行到云梦泽打猎。车马浩荡，走到花草深处，郧君左顾右盼，欣赏周围的景色。顾盼之间，郧君突然瞥见一只雌虎，它安然卧着，一个粉嫩的婴儿正在吸吮它的乳房。郧君大惊失色，急急返回家中。

看到夫君这么快就回来，郧夫人上前询问："刚出去就返回，何故？"

鄅君将所见告知夫人。鄅夫人见无法再隐瞒下去，便将女儿的隐私如实告诉鄅君。

"夫人哪，你，你好糊涂啊！"鄅君立即带人驱车赶往云梦泽，将外孙抱回家，并特意给这个孩子取名"毂於菟"，字"子文"。鄅国为多民族杂居之地，"毂"是古越语喂奶的意思。"於菟"是古彝语，义为"虎"。"毂於菟"意为老虎喂奶。子文的"文"，取老虎斑纹之义。

鄅君开明，耐心劝说夫人，成全了女儿和斗伯比的婚事。

斗伯比德行超群，智慧，勤勉，后来成为楚武王的执政大夫，辅佐君王开拓疆土，功勋卓著，被封于"斗"地，从此以斗为氏。斗伯比的儿子斗子文因为吃过老虎的乳汁，也被称作斗毂於菟。

斗子文，即是班氏家族的远祖。

楚文王执政的时候，斗伯比去世。斗子文领受父亲的爵位，忠心辅助文王。文王去世后，子文又辅助文王之子熊恽登基，这就是楚成王。楚成王八年（前664）秋，成王任命斗子文为楚国的最高行政长官——令尹。

子文去世后，他的儿子斗班任令尹。斗班为穆王制定联合抗秦、争霸中原的策略，取得成效。先后参加灭江、伐郑、伐陈的战争，大获全胜。

人世间，唯仕途最为险恶。楚庄王时期，谦谦君子斗班终被逆臣蔿贾诬陷，惨遭杀害。而斗氏家族，也因为斗班的侄儿、司马斗越椒的谋反弑君，被楚庄王灭门。

所幸，上天不绝斗氏。

斗班的儿子斗克黄，是楚国的文官，任箴尹之职。斗越椒内乱之前，克黄正出使北方的齐国（今山东北部），得以保存生命。

斗氏家族，从此沉寂了三代。

到了斗克黄的曾孙斗成然，他帮助楚平王铲除异己，有功，被任命为令尹。斗氏家族再度显赫起来。

好景不长，未到一年，斗成然居功自傲，被平王处死。

后来，斗成然的儿子斗辛被封为郧公。从此，斗氏家族离开宗室——楚王室的最高权力中心。

毕竟是王室一脉，虽然远离郢都，但斗辛不辱先祖，对楚王忠心耿耿，是楚国一代良臣。

《史记·楚世家》记载了发生在斗辛身上的一件事：

  楚昭王十年，冬天。吴国联合唐国和蔡国，一同征讨楚国。双方夹着汉水布阵，楚军败退。吴军乘胜追击，经过五次战役，一直打到郢都。楚昭王仓皇出逃。

  昭王逃跑到云梦。云梦人不知道他是国王，射伤了他。昭王跑到郧邑，郧公斗辛的大弟斗怀说："平王杀死了我们的父亲，今天我们杀死他的儿子，不也可以吗？"郧公制止了他。

  斗辛担心斗怀杀害昭王，便跟着昭王逃往随国。

作为楚王室一族，如果不是后来的强秦灭楚，斗氏家族会一直姓斗。果真如此，也就没有后来的班氏家族了。

古楚国，一度曾是世界上最大的国家。中国历史上，第一段长城修筑在此，第一座南方大都市——郢都纪南城建立在此，第一支毛笔诞生在此。古楚文化与古希腊文化，几乎同时登上当时文明的最高峰，东西相映，媲美环球。

月圆则缺，盛极必衰。

战国晚期，楚威王让楚国步入鼎盛时代，成为世界上最大的国家。然而，畸变的政治制度——封君制如同利刃，最终削弱了国王至高无上的权力，六十多个封君在自己丰腴的土地上为所欲为，对国王的号令置若罔闻。那些王室贵族，早已背弃春秋时代先人所拥有的光荣与梦想，他们，追名逐利，夜夜笙歌……

一代雄主楚威王，再也无法阻止楚国滑向深渊的车轮。

而此时，西秦正悄然崛起。

秦军频频东进，直逼楚国。

公元前278年，秦军攻破纪南城，楚顷襄王被迫从荆州迁都到陈城（今河南境内）。作为楚国第四座都城，陈城仅仅存在二十五年。

公元前230年，秦人的旷世君主——秦王嬴政开启灭六国的征程。

命中注定，楚国君臣已无力回天。

春秋时代，战争是贵族之间的游戏，准则是礼仪、荣誉和尊严，不以吞并其他国家为目标。

到了战国时代，战争变得极为功利。

公元前224年，秦王答应大将王翦率六十万大军攻楚。在蕲县（今安徽宿州），楚军最后的精锐集体毁灭，将军项燕，于绝望中挥剑自刎。

残阳下，尸横遍野，血流成河。天地为之失色！

公元前223年，秦师南下，势如破竹，径直打到楚国的都城寿郢。楚王被俘。

楚王负刍上了押往秦国的囚车。他环视一下王宫，眼中有不舍，更有绝望。继而，双泪长流。

这一日，雪大如席。

天亦有情，给楚国送上一个洁白的葬礼。

为防止楚国东山再起，秦始皇下令，将楚王室成员全部驱逐出境。

北方的晋代之间，将是楚国贵族们未来的家乡。

楚王宫，一片愁云惨淡。

斗氏家族的家长们集聚在祠堂里，面面相觑，惶恐无助。族长强作镇静，在这里最后一次行使作为族长的权力。

按照族长的吩咐，家长们回去后，开始催促阖家上下收拾东西。楚国贵族的生活精致，讲究。到了这个时候，女主人也顾不得尊卑之分了，和女仆一起，将春夏秋冬的衣服分门别类；组、纱、罗、绢、锦、绦、丝绵、麻，这些成匹的丝织产品被搬到庭院，由男仆装到黑漆描红的大箱里。鼓、竽、瑟、排箫、七弦琴、埙、笙，每一件乐器都先用丝绵包裹，再用绦一圈一圈捆起来，小心放到不同的盒子里。漆器是楚人最喜爱的生活用品，凤鸟是楚人心目中至真至善至美的神鸟，凤鸟莲花豆、木雕凤鸟座屏、凤鸟双联杯、凤形勺、描凤梳妆盒……以凤鸟为主要造型的生活器物都被收集到一起。

男主人都在书房，他们比女主人更专心，将写在竹简上的《诗》《尚书》《周礼》《周易》《论语》《吕氏春秋》，老子的《道德经》，屈原的赋……一册一册展开，又一册一册放入锦袋，扎紧，再码到同样描着红色、金色云纹或凤鸟图案的书箱里。轻轻抚摸书简，似乎还有着家国的温度，这让即将背井离乡的楚国贵族心里有了些许的安慰。

第二天清晨，斗府门前排起一溜马车，家族的男女老少默默走出来，依次上了自家的车子。车队向北面的城门走去，街市上，门户紧闭，冷冷清清。辚辚的车辖辘声，打破了王宫的寂静，也碾碎了贵族们的心。出城门，跨过护城河，不远处的官道上，挤满王室贵族的车子。道路两旁，是押送楚人的秦国骑兵。

斗氏族长首先下了马车，对着城门，大喊一声：跪！

全族人，面向城门跪了下来，再深深一拜。这一拜，就是永远的别离，千山万水的别离。

不知是谁在抽泣。

瞬间,人群中哭声四起,悲怆之音在王宫上空回旋。

前路,何其漫漫!

边地"素封"

春天出发,送走夏天,秋天已过,寒冬来临。三九之末,楚王室成员终于到达发配之地。

此时的晋代之间,一片冰天雪地。朔州兵道许九皋曾作古诗《关外吟》:

> 紫云横处几多家,仅见苍术不见麻。
> 壁立山头风吼至,雨花飞过是冰花。
> 西北天低山势赊,惟余白草与黄沙。
> 羊裘生处无絺葛,六月佳人不浣纱。

秦朝初年,秦始皇将天下分为三十六郡,在代郡(今山西怀仁)设置班氏县。或许,这是始皇帝有意为之,将楚王室成员集中在某地安身,不准他们再继续使用斗姓。但身为国君,心中又不免存有一丝怜悯之意,允许他们用先祖的氏"班"作为姓。

然而,班氏后人却有自己的说法。

北方边地,严冬,除了荒凉,就是冰雪。温润富饶的江汉平原养育的楚国贵族,怎经得起来自北方的冰冻雪侵?公元20世纪,有班氏宗亲在记述自己的汉朝始祖时,为世人呈现了此类文字:

> ……斗氏家族中的一支双亲年迈,母亲又遭遇恶疾,在北上的途中先撒手人寰。来到代郡不久,羸弱的王族父亲,终究对抗

不过严冬的摧残。临终前，他伸出骨瘦嶙峋的双手，捧着唯一儿子的脸庞，挣扎着说："儿啊，楚国亡了，再继续姓斗，只能跟着王姓吃苦了。你还小，改名换姓，逃命去吧！"

秦始皇末年，出生在楚幽王元年（前237）前后的斗氏少年长成青年。未敢忘记父亲的临终遗言，那一晚，月黑风高，青年带着新婚妻子，到父亲的坟上作最后一次祭拜。然后，用一具牛车，拉着父母从楚国带出来的全部家当，消失在茫茫夜色中。

为躲避当朝，小夫妻落脚雁门郡的楼烦县（今山西宁武）。这里，地势高峻，山岭纵横，人烟稀少。为纪念先祖斗班，青年自改姓班，名叫班壹，意为班氏第一人。

这个班壹，就是班氏家族的近祖，汉朝时的始祖。

一夜春风，呼啦啦绿了马仑草原。年轻气盛的班壹站在滚滚绿涛之中，目光如剑，似乎穿过时空岁月，看到了春秋时代的两场战争。

台北故宫博物院收藏着一套编钟，铸造的人叫子犯，他是春秋时晋文公的舅父。最大的那只编钟上铸有一百三十二字铭文，讲述了一场改变历史的战争。铭文表达了这样的意思：五月初的一天，子犯辅佐晋文公恢复他的晋国。由于楚国不听王命，子犯和晋文公率六师，讨伐楚国。

铭文中记录的，就是历史上著名的晋楚两军"城濮之战"。

公元前632年，四月初四，城濮地区（今山东鄄城西南）上空战云弥漫。为争霸主地位，在这里，晋楚两军展开了一场战车大会战。为了兑现当年流亡楚国时许下的君子诺言：有朝一日，两国交战，将"退避三舍"。晋文公令晋军后退，避开楚军锋芒。楚军统帅子玉骄傲轻敌，不顾楚成王告诫，率军冒进，被晋军歼灭两翼，结果惨败。领先一步，晋文公成为后世所称道的"春秋五霸"之一。

"城濮之战",应该是中国历史上已知的最早有详细记载的战例,也是诱敌深入战术的典范。

不过,另一场战争,让中原局势发生了惊天大逆转。

"邲之战",或称"两棠之役",是公元前597年的一次著名会战,也是当时两个最强大的诸侯国——晋、楚争霸中原的第二次重大较量。大战之中,晋军内部分歧严重,指挥无力,这些都是两军对垒的大忌。楚军利用晋军弱点,适时出击,战胜对手,从而一洗"城濮之战"中失败的耻辱,楚庄王也由此跻身"春秋五霸"的行列。

晋和楚,春秋时代一南一北两个强国,曾经对峙交战数百年。国君们恐怕无论如何都没能料到,楚王室的贵族后裔,有朝一日会成为晋人。

沧桑世事,就是这么的令人难以预料。

班壹定居楼烦初期,天下正处于多事之秋。

秦始皇登基,自称千古一帝。书同文,度同制,车同轨;筑长城,修灵渠,建立郡县制……只是,这些功劳,远远不能抵过。秦始皇,不信任功臣,不亲近士民;废弃行仁政的王道,树立个人霸权;焚书坑儒,执行残酷刑法;穷奢极侈,漫游中国;大兴土木,修建宫殿……秦国的民力、财力,秦始皇独占三分之一。国库空,国基衰,大秦的败象渐显。

秦二世胡亥以非法手段取得帝位,暴虐无道,变本加厉。破坏宗庙,摧残百姓,重建阿房宫,刑法繁多,杀戮严酷,百姓穷困,奸伪纷起,从君侯公卿到黎民百姓,人人自危。

此时,政治危机,民不聊生,大秦帝国,烽烟四起。

然而,这一切,都与班壹无关。

天高皇帝远,边塞浩瀚的草原,早已越出了朝廷的视线,也远离了战争的硝烟,楼烦的百姓,四季平安。楚王室后裔班壹,秉承先人"筚路蓝缕以启山林"的创业精神，在汉族地区与匈奴部族之间，往来游牧，如鱼得水。

秦国，曾以虎狼之势消灭战国六雄。之后，仅仅十五年便迅速灭亡。"楚虽三户，亡秦必楚"。公元前202年，平民楚人刘邦在定陶称帝，拉开西汉帝国二百多年历史的序幕。

新兴的汉朝，承担了秦朝所有的弊端，但又以秦亡为戒。西汉君臣认识到，守治，不同于攻取。攻取是以武力迅速获得，守治则是长治久安；攻取靠诈谋和武力，守治靠秩序和人心。朝廷为自己找到了新的治国之术："黄老之学。"为达到"黄老之学"的理想社会——国无盗贼，百姓丰衣足食，统治者节用爱民，朝廷以清静无为作为施政纲领，采取"与民休养生息"的政策。

春秋战国时期，各国以士、农、工、商排序。而楚国例外，商人排在第一位。班壹贵为王族，深受楚风濡养，有智慧，善经营，在汉初宽松的政治环境下，迅速积累财富。汉初，国家穷困不堪。皇帝出行，驾车的四匹马都不是同色；将相出行，只能乘坐牛车。但是在孝惠、高后时代（前194–前180），班壹已拥有牛马羊数千群。

按照今人的推算，班壹家族拥有六百余万的牛马羊，班氏游牧的地区，约占二十八万平方公里。

中国第一史学家司马迁，在《史记·货殖列传》里首次提到"素封"。他说：现在把那些没有官职俸禄供养或爵位封地收入，而生活过得幸福欢乐，可与有官爵者相比的人叫作"素封"。在传的结尾还有感而发：致富没有常业，而财货也没有常主。能干的人可以聚集财富，没本事的人则会败家失财。千金之家可与地方大吏、列侯封君比富，亿万富翁便能与国君同样享乐。难道这就是所谓的"素封"者吗？难道不是吗？

此时的班壹，堪称司马迁笔下的"素封"。

楼烦地处晋北塞外，靠近中原，经济生活介于中原农耕民族与草原牧民之间。像匈奴人一样，楼烦人大都过着游牧生活。班壹入乡随俗，每年春暖花开，在马仑草原、天池，他带领牧农，常年支帐为居。秋末冬初，再把养得膘肥体壮的马和羊赶出深山，运到与雁门郡接壤的郡县，贩卖给南来北往的客商。班壹牧场牧养的是北方优良品种代马，他雇佣的牧养师技艺精湛，适时掌握马匹的配种季节，加强对孕马和幼畜的看护。班壹的马匹，个个皮毛光亮，奔跑快，耐力强，特别受客商的青睐。

为了经营便利，吃住安逸，在太原郡的原平县（今山西原平）、雁门郡的马邑县（今山西朔州），班壹都盖起简易结实的居屋，供家人和远道客商居住。还购置数目可观的田地，由佃农们精耕细作四时农作物，以满足主仆与客商的衣食之需。

只是，王室贵族出身的班壹，非常不习惯这种居无定所的生活方式，他深深怀念遥远的母国楚国。为解思乡之苦，夜深人静，班壹便打开描有红色凤鸟的黑漆箱子，取出一卷竹简，靠近如豆灯盏，默默诵读。这是楚国诗人屈原的赋作《招魂》，楚国宫廷的富丽堂皇，内部装饰的精雕细刻，被屈原描述得淋漓尽致。

……

　　高堂邃宇，槛层轩些。
　　层台累榭，临高山些。
　　网户朱缀，刻方连些。
　　冬有突厦，夏室寒些。
　　川谷径复，流潺湲些。
　　光风转蕙，氾崇兰些。

　　经堂入奥，朱尘筵些。

砥室翠翘，挂曲琼些。
翡翠珠被，烂齐光些。
蒻阿拂壁，罗帱张些。
纂组绮缟，结琦璜些。
室中之观，多珍怪些。
……

翡帷翠帐，饰高堂些。
红壁沙版，玄玉梁些。
仰观刻桷，画龙蛇些。
坐堂伏槛，临曲池些。
芙蓉始发，杂芰荷些。
紫茎屏风，文缘波些。
……

  这不单单是文学描写，少年班壹就生活在这样的环境里：大堂高高，屋宇深深，栏杆围护曲回的轩廊。亭台层层，楼榭重重，傍山靠岭居高临下。大门镂空，涂满红色，刻着方格的图案疏密有致。冬有温暖的深宫，夏有凉爽的内室。山谷相衔，小径曲折，溪流发出悦耳的声响。阳光下，微风拂过，摇动蕙草和丛兰。穿过大堂，进入内室，上面悬挂有隔尘的红色竹席。室壁光滑，装饰翠色的鸟羽，还有挂衣物的晶莹玉钩。锦被缀满翡翠珠宝，灿烂生辉，艳丽动人。轻薄的蒲席、细软的丝绸悬垂壁间，罗纱帐设在内室的中央。四种不同颜色的彩色丝带，缀结起各色玉器，错落系满罗帐。宫室中那些陈设，多是造型奇异的珍宝……翡翠色的帷帐，装饰在高高的殿堂。红漆髹墙壁，丹砂涂隔板，屋梁镶有黑色的美玉。雕刻的方椽上，画的是龙与蛇的形象。坐在堂下，凭栏远望，看到的正是庭院曲池。荷花初开，菱角荷叶碧绿连天。描着水葵的屏风，纹理随着水波轻轻荡漾……

《招魂》的每一个字，都被班壹刻在脑子里。面对沉默的大山，辽阔的草原，默默吃草的马和羊，他常常在想：什么时候，才能有一处像样的居所呢？

时光给班壹带来财富，也给班氏家族带来子嗣。历经数次的儿女早夭之痛，三十五岁那年，班壹再得贵子，他给儿子取名班孺。这一日，班壹坐在床边，摸摸儿子红扑扑的小脸，再看看生产后尚未复原的妻子，掩饰不住心中的喜悦。他伸出双手，把妻子的一只手捂在掌心里，轻声细语对她说："你是我大楚的夫人，在异国他乡给楚国生下王室后裔。我一定要为你盖一座楚式的庭院。"

楼烦地处大同盆地。盆地周围的山区，生长着茂盛的原始森林。班壹动用车马劳力，从森林里拉回来大批的原木。两年之后，一座充满楚风的大宅院矗立在楼烦县城外的山坡上。

这座方方正正的大院，似乎是楚国都城的简约版。深厚的夯土围墙，高耸的大门，正门南大门上方，用砖砌出两座装饰性的小门楼，门楼中央，两只凤鸟昂首高歌，向背而卧。凤鸟是神鸟，也是楚人祖先祝融的化身，班氏将凤鸟作为家族图腾，倍加崇拜。凤鸟美丽，高贵，安卧在门楼上，向世人传递出一种神秘的浪漫气息。院内的西北角和东南角，各建有一座望楼，墙外环绕宽宽的流水，阳光下，波光粼粼。南北两门前面，分别修造一座横跨流水的木桥。南大门内两侧建有小型房间，作为宾客住宿之用。迎门壁后面是高大的前堂，前堂两旁是侧室，均是迎来送往、家人聚会的场所。堂后有一排低于前堂的屋，有门窗与前堂相连，是家人居住的地方。距离后屋五十米处，另建有宽大的后堂，是宴饮歌舞的场所，两旁的侧室，分别住着巫师、乐师、歌伎。穿过后堂，迎面一道长廊，将堂和屋与花园、菜地隔开。从花园可以直接出北门。院子西侧有一排居屋，是奴婢童仆住处。东侧，建有车库、马厩、厨房、酒室、仓房。

遵照《周礼·考工记·匠人》中对帝王宫廷"左祖右社"的大体布局，班府的东面是班氏祠堂，西面为祭社稷神之所。班府的后面，是被围起来的百亩牧场。

边塞苦寒，文化贫瘠，艺术荒芜，班壹纵然是楼烦县一大豪族，也难以把班府建成《招魂》里描写的那般富丽堂皇。但是，屋脊上有高挑的飞檐，飞檐上有展翅的凤鸟，迎门壁、大堂、后堂上的廊柱，回廊，都绘满黑色的线条画。画里充满原始崇拜的意味，其中有龙、蛇、兽、鸟、神、人、巫。楚地是神话的故乡，绘画里自然少不了神话故事：两条双首人面蛇，互相缠绕，可能是传说中的女娲、伏羲；一只大鸟展翅，鸟的爪下有一人，左手拽鸟尾，右手举木棍，在做击鸟的动作；鸟长长的颈部上下，各有一个大圆点，酷似太阳，这幅图应该是夸父逐日……所有这一切，都是楚国装饰艺术的再现。

广袤的原野上，蓝天丽日下，新建的班府，傲若王宫。

班壹选了乔迁的吉日，派家仆将请帖一一送到楼烦县官家、士绅、商贾的府上。

吉日到来，通往班府道上的车马络绎不绝，一会儿工夫，班府左右水道两旁停满了车马。班壹一身新衣，在前堂迎接远道的客人。大厅里，高朋满座，宾主相对，谈笑风生；长廊下，楚乐阵阵，楚歌声声，乐人们在奏《涉江》《采菱》，歌伎们在唱《阳阿》。

中午时分，宾主移步后堂用餐。班壹请县令与夫人一同上座，来宾东西向对坐。班壹满脸是抑制不住的喜悦，首先举起手中外黑内红的漆制酒杯，恭敬地说："这些年，承蒙县令大人抬爱，各位士绅、同道关照，班某才有今天。我先敬大家……"觥筹交错间，立在后堂西侧的乐师们开始奏乐，鼓、竽、琴、瑟、排箫，次第响起，十名歌伎，身穿楚式窄袖长裙，分列两排，或相对、或相背、或交叉，踏地应节，且歌且舞。一时间，丝竹和鸣、高歌唱和的声音回荡在辽阔的草原。

狩猎是古代社会的一项重要活动。《周礼》记载，君王四季田猎，称作春蒐、夏苗、秋狝、冬狩。每一次的狩猎，所得都要分成三部分，一作祭祀之用，一作宾客宴请，一作天子御膳。楚国虽然远离周王庭，但一直严格遵循中原王庭的礼制，每年都要举行大型狩猎活动。

楚国灭亡的前一年十月，少年班壹跟随父亲，参加了王室在云梦泽举行的最后一次狩猎活动。狩猎的壮观场景，班壹至今记忆犹新——

云梦泽的北面，有大山高耸。山北的森林有各种树木，黄梗树、楠木、樟木、桂树、花椒树、木兰、黄蘗树、山梨树、赤茎柳、山楂树、黑枣树、桔树、柚子树，芳香远溢。树上有赤猿、猕猴、孔雀、鸾鸟、善跳的猴子和射干。树下有白虎、黑豹、蟃蜓、豻、大象、野犀牛……

王室的狩猎队伍，浩浩荡荡来到围场。先是鼓乐齐鸣，再派专门从事狩猎的勇士，空手击杀这些野兽。紧接着，楚王乘坐美玉雕饰、插满旌旗的车，左手执乌嗥名弓，右手拿强劲之箭，在越来越密集的鼓点中冲向林深处……

队伍中，还有体态婀娜的美女。楚王兴致勃勃，与众美女在蕙圃夜猎。楚王走上坚固的水堤，动作从容而缓慢，用网捕取翡翠鸟，一箭射落白天鹅，中箭的鸧鹅，双双从天而坠……猎后疲倦，楚王命令船夫拨动游船，泛舟清池之中。划着画有鹢鸟的龙船，扬起桂木的船桨。张挂起画有翡翠鸟的帷幔，竖起鸟羽装饰的伞盖。用网捞取玳瑁，钓取紫贝。敲打金鼓，吹起排箫。船夫开始唱歌，声调悲怆嘶哑，却悦耳动听……

夜猎结束，敲起灵鼓，点起火把。战车按行列行走，骑兵归队而行。队伍接续不断，整整齐齐，缓慢行进，回宫……

作为王室宗孙，班壹从小就随父亲恪守王室礼仪。汉初，朝廷解除了许多对于人民的禁令，百姓生活相对自由。一年四季，班壹总要邀请楼烦官府和士绅、商贾中过往亲密之人，再召集一批年轻力壮的好猎手，一同进深山老林狩猎。

太阳初升，班府门前，车光鲜，马精神。宾主寒暄一番，吉时到，班壹让家仆给来宾全部换上班家饲养的代马，迤逦的车队朝着森林方向驶去。远远望去，锦旗蔽日，骏马们浑身闪烁着绸缎一样的光亮。随行的乐师，手执排箫、角、笳、笛，反复吹奏着冀求财富的祝福诗《朱鹭》："朱鹭，鱼以乌。路訾耶鹭何食？食茄下。不之食，不以吐，将以问诛者。"

狩猎的队伍走进原始森林。森林间隙处，绿草地无边无际，野花应季盛开。野猪、野马、野牛等在林中追逐奔驰。猎人们策马飞箭，紧追猎物，班壹和来宾则悠闲地漫步林间，在一旁观赏猎人与猎物之间的生死游戏。

日西斜，猎人们将大批猎物绑在众人的车上，剩余的驮在自己的马背上，宾主尽兴而归。

回到班府，已是入夜时分，主人自然要烹煮新鲜的猎物招待来宾。宴毕，班壹以最好的猎物赠送贵宾。

在天朝无禁忌的年代，班壹尽情享受昔日楚国宫廷般的生活。

战国时，匈奴人已在北部草原崛起。

秦始皇执政后，民间曾有传言"亡秦者胡。"据说是秦二世胡亥亡秦的谶语，但秦始皇却以为"胡"指的是匈奴。于是，派大将蒙恬和公子扶苏北击匈奴，并修筑长城。匈奴败后，再也不敢进犯。秦二世时，公子、蒙恬冤死。秦末，中原大战不断，匈奴趁机收复当年的失地，军力也日渐强盛，勇士多达数十万。

也因之，新生的西汉帝国，数十年间，接连不断受到来自北方匈奴的威胁。

边塞之地，汉匈战争频仍。

班氏的斗姓先祖，对楚王室一贯忠诚。身为楚国徙民，班壹对汉庭亦心怀感恩之情。秉承先祖遗风，几十年里，班壹无偿捐赠大批优良马匹给朝廷，作为驱逐匈奴之用。在汉朝兵营的大帐外，那些体型饱满、头细颈高、四肢修长、皮毛闪光、步伐轻灵的战马，多出自班壹庞大的牧场。而边塞将士食用的牛羊肉，也多来自于班壹的牧群。

汉武帝时，大将军卫青、霍去病不负君命，三次北征，大破匈奴，迫使匈奴远遁漠北。唐太宗李世民平定宋金刚之乱后写下的这首《饮马长城窟行》，似乎也可以作为汉武帝时，汉军将士顶风冒雪、打败匈奴、保得边境安宁的真实写照：

塞外悲风切，交河冰已结。
瀚海百重波，阴山千里雪。

迥戍危烽火，层峦引高节。
悠悠卷旆旌，饮马出长城。
寒沙连骑迹，朔吹断边声。
胡尘清玉塞，羌笛韵金钲。

绝漠干戈戢，车徒振原隰。
都尉反龙堆，将军旋马邑。

扬麾氛雾静，纪石功名立。
荒裔一戎衣，灵台凯歌入。

只是，战争也给人民带来深深的创伤。在雁门关外的广武，方圆二十余里，有封土堆二百九十余座，是汉代古墓群遗存。驻足这里，唐代诗人陈子昂《感遇》中发出的慨叹，犹然在耳：

汉甲三十万，曾以事匈奴。
但见沙场死，谁怜塞上孤。

少年时即成孤儿的班壹有慈悲心肠，收纳、救助了许多老弱妇孺，善行誉满四方。一时间，当地人以壹字为荣，名叫张壹、李壹、高壹……的比比皆是。以班壹为楷模的也实有其人，在雁门郡马邑就有一个效仿班壹的人——聂壹。

聂壹是汉武帝时人，他是西汉的一位豪商，更是著名的"马邑之谋"的发动者。虽然"马邑之谋"最后以失败告终，但聂壹奉命以自身作饵，亲到匈奴阵营，向当时的军臣单于诈降。一系列忠义之举，赫然载入地方志史册，并附有古诗《马邑即事》对聂壹加以赞赏："古来忠节知多少，谁向当时属聂豪。"

积德行善，天必佑之。《汉书》的《序传》中记载：班壹"年百余岁，以寿终。"

由此推断，班壹应于公元前130年间的汉武帝时代谢世。

班氏始祖班壹，寿终后葬于何地？历史没有明确记载。

而民间，仍然留有痕迹。

在山西省忻州市的原平，有班政铺、下班政、班村。如今，这里早已没有班姓人家，但在沿沟乡班政铺村的西边，遗存三座圆形陵墓土丘。其中一座，直径约二十米，高约八米；另外两座直径约十米，高约三米。当地坊间传说，三座古墓，原先很庞大，有城墙和宫殿。如果真是如此，那应该是古代的陵园建制。村民说，班政铺、下班政、班村的形成，是因为这三座坟墓，班家的长工和仆人们，曾经常年住在这里，守墓，种田，放牧……

不知是哪一年，又在班政铺挖出一块清朝同治年间的石匾，上面赫然镌刻四个大字："三班故里。"也因之，全国的班姓宗族认定，这三座墓是他们祖先的陵墓。从2011年开始，每逢清明时节，全国各地的班氏宗亲便集聚在此，举行"三班故里祭祖大典仪式"，叩拜先祖，共叙亲情。

姑妄猜之，班壹在晚年这样告知儿孙："吾儿孺，吾孙儿长。我们楚王室的斗氏子孙，从吾辈起，再无望回归先祖的中原。山高，水长，路途迢远，也难落叶归根，回到楚国。但无论如何，我们不能老死在这丛山峻岭之中。待我百年之后，一定要葬在太原郡原平县自家的私地里。那里离中原近……"

姑且信之：班政铺村的三座西汉墓冢，极有可能就是班壹、班孺、班长祖孙三代的安息地。

任侠少年

春秋时代，是士阶层游侠盛行的时代。荆轲刺秦，便是最鲜明的例证。

刺杀秦王之事已定，荆轲入秦在即。

易水之上，舟楫悠悠。燕太子丹与同谋者，着素衣，戴素冠，为荆轲摆下饯别宴。击筑声中，荆轲举杯迎风，慷慨悲歌：

"风萧萧兮易水寒，壮士一去兮不复返！"

而西汉时代，则是任侠者组织化的时代。

后世史评家说："在中国历史上，有争夺帝位的野心者不外两种人。一是豪族，如杨坚、李世民等是，二是流氓，如刘邦、朱元璋等是。"

刘邦是一个什么样的人？"不事家人生产作业""好酒及色"，结交三教九流，终日游手好闲。但是，有一年，刘邦应征去咸阳服徭役，恰巧碰到秦始皇出巡，特许百姓夹道观看。远远见到秦始皇坐在精美华丽的车上，八面威风，他忍不住连连感叹："啊……啊……大丈夫，理当如此！"

只一句话，便泄露了刘邦心中的秘密，他渴望，有朝一日能成为人间豪杰。

《史记》中说：刘邦，天生貌奇，高鼻梁，凸龙额，一副美髯，左腿有七十二颗黑痣。

貌奇者，必有奇遇，必建奇功。

果然，布衣刘邦，草莽起家，三年使秦亡，四年灭项羽，七年成为大汉朝开国皇帝，成立了中国政治史上首次的"布衣政局"。

这位汉高祖，马上夺取天下，平素极不喜爱文学，尤其不好儒学。随他南征北战，后来被封为王侯将相者，均出身布衣，桀骜不驯，重武轻文，是他们君臣共同的特征。少年豪吏萧何、曹参、樊哙，与刘邦同里并同日生的卢绾，四处拉丁的少年之徒郦商，亡匿下邳任侠的张良，好带刀剑的韩信……汉初统治者阶层的乖张性格，人生经历，令人羡慕的高贵地位，对世间的影响无以复加。

自上而下，西汉社会弥漫着任侠之风。

鲁国人一向以躬行儒教著称，汉高祖时代的朱家，却以侠义享誉天下，发生在他身上最著名的故事是"家藏季布"。

季布是楚人，以"狭义"自任，凭借力气，专爱为人抱打不平，在楚地很有名气。楚霸王项羽让他带兵，曾多次围困汉王刘邦。待到项羽灭亡，汉高祖刘邦悬赏千金，捉拿季布。并下令，有敢收留季布者，罪连三族。已经收留季布的濮阳大户周家用了一计，让他剃去头发，用铁箍束着他的脖子，身穿粗布衣服，与周家的奴仆几十人，一并卖到鲁地的朱家。

朱家心里清楚，那个剃发之人是季布，遂将他安排到田庄上。并告诫儿子："耕作上的事，听从这个奴隶，要同他吃一样的饭菜。"

安排妥当，朱家坐着轻便小车前往洛阳，拜见汝阴侯滕公。滕公留朱家在府上小住，每日酒肉，招待殷勤。

朱家趁机对滕公说："季布犯了什么大罪，皇上追捕这么急？"

滕公说："季布多次替项羽围困皇上，皇上怨恨得很，一定要捉到他。"

朱家问："依滕公看，季布是什么样的人？"

滕公答："是一个有才能的人。"

朱家便说："身为人臣，都要替主上效劳。季布效劳项羽，完全是分内之事，难道要将项羽的臣下全部杀掉吗？现如今，皇上刚刚得到天下，仅凭一己私恨来追捕一人，不就是向天下人显示自己的胸襟狭窄吗？更何况，季布有贤有能，当朝追捕得如此急迫，料他不是向北投靠匈奴，就是向南投靠南越。因为记恨勇士而帮助了敌国，这应该是伍子胥鞭打楚平王尸体的来由吧。滕公何不伺机向皇上进言呢？"

滕公知道朱家是著名的游侠，猜想那季布一定藏在他家，于是便应了一声"诺"。

瞅到机会，滕公果真按照朱家之意向皇帝进言，皇帝便赦免了季布。当时，社会领袖纷纷称赞季布，顺应情势，化刚为柔，朱家也因此出名。季布被皇帝召见，当场认错，服罪，皇帝任命他担任侍卫官。

自季布尊贵以后，朱家终生没有再见他。如此品洁义高之士，从函谷到关东，人们没有不伸长脖子愿意与他结交的。

轵县人郭解，是汉文帝时代的人。他年轻时内心狠毒，杀人越货，私铸钱币，挖坟盗墓，藏匿亡命之徒，做过许多坏事。虽然年长之后，改邪归正，一心行侠，但每当他外出或是回家，一路上人们都躲避着他。唯有一人蹲坐在那里，傲慢地望向他，他便打发人问了那人的姓名。有门客提议将此人杀掉。郭解说："住在自己的乡里，却不被乡人尊敬，是我自己德行没有修好，他有什么罪？"便暗中嘱咐掌管兵役的尉史说："这个人，是我要特别关照的人，轮到他当差的时候免掉他。"这以后，好几次轮到那个人，尉史都不找他。那人心中奇怪，找尉史查问缘故，才知是郭解替他解脱的。于是他袒衣露体，找郭解谢罪。好多年轻人听到此事，都格外仰慕郭解的行为。

雒阳城中有一对仇家，贤豪们从中调解十几次，双方都没有听从。郭解的门客向他说了这件事，郭解就在夜间见了仇家中的一位，仇家委婉地听从了郭解的劝解。郭解便对仇家说："我听说雒阳的豪士们调解，您多不听从。今天您幸好听从我的劝告，但我郭解怎么能到别的县来侵夺人家的权利呢？"于是当晚就离开了，不让别人知道。临行时告诉仇家："您先不要听我的话，等我离开了，还是让雒阳的豪士们从中调解，您就听从他们的。"

雒阳人以做生意彰显才能，汉景帝时代的剧孟，偏偏以行侠显名于诸侯。吴楚等七国叛乱时，朝廷派名将条侯周亚夫为太尉，率领三十六名将军，限期三个月平乱。周亚夫乘坐条车，极速出征。在将要到达河南的时候，周亚夫将剧孟招到自己门下，高兴地对人说："吴楚七国起事，却不求剧孟参与，我便知他们不会有什么作为。"天下这么动乱，宰相如能得到一个剧孟，就如同得到一个国家的力量。剧孟的行为酷似朱家，他母亲死后，远道而来送丧的车子大约有千乘。待到剧孟去世，家里财产却很少，不足十金。

且看大唐诗人们如何歌赞游侠。

诗仙李白的五言诗《侠客行》，采用了夸张浪漫的写作手法：

赵客缦胡缨，吴钩霜雪明。
银鞍照白马，飒沓如流星。

点缀着素色胡缨的帽，霜雪一样闪亮的宝剑，银鞍映照的白马，如飒飒流星一般的奔驰，只写物件与坐骑，赵国游侠儿的气势、风貌便让人一览无余。

　　十步杀一人，千里不留行。
　　事了拂衣去，深藏身与名。

仅用二十字，就高度概括了游侠替人排忧解难、不图名利、尚义气、重承诺的高尚人格，显示出主人公的豪纵、慷慨之气。

诗佛王维的七律《少年行》，唯美得很：

　　新丰美酒斗十千，咸阳游侠多少年。
　　相逢意气为君饮，系马高楼垂柳边。

游侠与少年，紧密相连。彼此从未谋面，仅仅因为"少年意气"……

这种情调，源于游牧民族的生命状态，也仰仗于四方侠士肝胆相照的生命体验。生于汉高祖五年（前202），与游牧民族朝夕相处的班氏二世祖班孺，就是名满西汉的任侠少年。

班孺是班壹的独子，自幼受到良好教育，家有名师教导，文武皆通。少年时，班孺即仰慕"闾巷之侠"朱家、郭解和剧孟，也有任侠之气在身。

生活优渥的班孺，一如李白诗中所写："银鞍照白马，飒沓如流星。"

那日，夏阳洒满班家的牧场。少年郎班孺扬鞭策马，冲出牧场，在通往县城的官路上奔驰，侍从紧追其后。突然，在临近县城大坡下的拐弯处出现人影，一个年轻的妇人，发髻散乱，怀中抱着一两岁的孩儿，左臂挽着一个蓝土布包袱，慌慌张张，急促地走过来，还时不时回头张望。等到那妇人走近，班孺翻身下马，主动询问：

"敢问这位大嫂，为何如此慌张？"

农家小妇人，弯眉大眼，身段窈窕。路遇生人，不知该不该回答，只是更紧地抱着怀中的孩儿，一双惊恐的眼睛紧盯着眼前的少年郎。

跟在班孺后面的侍从插话了：

"你不用怕，这是班府的班孺少爷。"

班府，班家老爷，楼烦县上下，没有不知道的。听侍从这么一说，又看见少年眉宇间有一股英气，小妇人的脸色顿时缓和下来，朝班孺行了一个礼。说道：

"乡里有个恶少，平时，常在我家门口转悠。我丈夫力气大，他不敢怎样。现在，我丈夫被征到军队打仗去了，他便天天找上门来。家里只有年迈公婆，实在没办法，二老让我抱着孩子先回娘家避一避。"

听了小妇人的诉说，班孺双眼圆睁，剑眉竖起。他一跃上马，再让小妇人与孩儿骑着侍从的马，由侍从牵着前面引路。

在一条热闹的街上，小妇人带着主仆二人，沿着一家一家的门市寻找。来到一间小酒肆，小妇人用手指了指里面柜台边的男子。

独自当垆卖酒的，是一位年轻漂亮的胡姬，白皮肤，高鼻梁，深眼窝，眉黛，唇红。她内穿一件桃红色长襟衣衫，腰系两条对称的连理锦罗带，外罩一件袖子宽大、绣着象征夫妇合欢图案的翠绿短袄，头上戴着美玉做的首饰，发簪两端挂着两串西域产的宝珠，一直下垂到耳后，流光溢彩。高高挽起的两个环形发髻，美不胜言。那男子端着酒碗，正与胡姬调笑。

班孺下马，冲进去，一个箭步来到柜台前。

那男子听得动静，转过身来。班孺伸出右手，一巴掌打掉他的酒碗，再死死掐住他的脖子。瞬间，那张马猴一样的脸由白变红，由红转紫。班孺对着无赖，厉声说道：

"这个大嫂的丈夫在边塞打仗，你才能在这里快活，喝酒。你竟然还要欺辱她！班大少爷我警告你，以后再敢到这位大嫂家胡作非为，就让你竖着进去，横着出来！"

说罢，班孺分开酒肆门口聚集的看客，跃身上马，绝尘而去。身后，留下阵阵喝彩声。

班孺的侠义行为在闾巷传颂，县城的少年们对班孺更是崇拜，时常追随左右。在热闹的街市上，只要班孺一众人马出现，行人中知道他的都点头问好，小商贩纷纷把自己经营的吃食往班孺的怀里塞。

《汉书》有言："孺为任侠，州郡歌之。"安徽巢湖的班姓家谱记载："孺生于汉高祖初年，性喜任侠，志趣慷慨。及卒，州郡歌之，数百年不衰。"

历史没有留下班孺为侠的确切文字记载，却赋予我们无尽的猜测与想象：

会像朱家，救人于危难不图回报吗？

会像郭解，好结交，有声名，以德报怨，行侠仗义吗？

会像剧孟，助大将军为当朝平定内外之乱吗？

否则的话，怎么能够美誉州郡数百年？

父亲班壹极善经营管理，班孺只乐得行侠州郡，不参与家族的畜牧事业。但凭借他除恶扬善的好名声，同样给班家带来滚滚财源。中原来的客商听到当地人赞扬班孺，都抢着和班壹做生意，他们认为，能教养这么侠义的儿郎，为父的一定是个讲诚信、重承诺的好商人。

春去秋来，花落花开，当年的任侠少年二十岁了。像父亲班壹一样，班孺也有了一子，起名班长。班壹看着小孙儿，笑得眼溢泪花，长髯颤动。苍茫边塞，苦寒之地，五十五岁的班壹已然双鬓夹雪，长髯挂霜，脸上纹路纵横。看着历尽沧桑的父亲，班孺心头一紧，鼻子发酸，抱紧儿子，"扑通"一声双膝跪地，呜咽着说："父亲，你有了孩儿那年，承诺给母亲造一座楚式的班府。孩儿今年也有儿子了，要给父亲造一座楚式的狩猎营苑。"

班孺在父亲吟哦屈原赋的声音中长大。每到夜晚，万籁俱寂，班壹常常在院中高声吟唱屈原的《招魂》：

　　……
　　高堂邃宇，槛层轩些。
　　层台累榭，临高山些。
　　网户朱缀，刻方连些。
　　冬有穾厦，夏室寒些。
　　川谷径复，流潺湲些。
　　光风转蕙，氾崇兰些。
　　……
　　坐堂伏槛，临曲池些。
　　芙蓉始发，杂芰荷些。
　　……

　　听得久了，出生在楼烦的班孺，对从未得见的母国建筑是那样熟悉：高高的大堂，深深的屋宇，栏杆围护着一层一层的轩廊。层层亭台，重重楼榭，面临着崇山峻岭。大门镂花，遍涂红色，刻着方格的图案。冬天，深宫温暖，夏天，内厅凉爽。山川峡谷，路径曲折，溪流潺潺，悦耳动听。阳光中，蕙草在微风中轻摇，香兰丛丛，芳馨四溢……可坐在堂上，也可倚着栏干，面对的是弯弯曲曲的池塘。荷花，才开始绽放，有荷叶参差其间……

　　那些日子，班孺，侍从，工匠，他们的马蹄几乎踏遍了楼烦县周遭的山山水水。晋山之祖——阴山余脉管涔山上，原始森林绵延不尽，野生动物种类繁多，是狩猎的好地方。主峰荷叶坪山，宁武全境最高点，顶部宽阔平夷，是丰饶的高山草甸，也是理想的天然牧场。

管涔山下，滔滔汾水，万年流淌。班孺把苑址就选在这汾水岸畔。

五年以后，一处仿楚的高台式土木建筑群矗立在汾水河畔。和《招魂》中描述的一样，堂高，屋深，轩廊层层，楼榭重重……历代楚王好建行宫，几百年间，有章华台、乾溪台、荆台、渐台、小曲台、附社台、中天台、高唐观、阳台、云梦台、兰台、豫章台陆续建起。根据所在位置，也随母国风俗，班壹给新建的猎苑取名汾水台。

汾水台竣工，正值深秋。班壹备好乐师、歌伎、猎人，邀请官、商、士绅各界友人进山游猎，夜宿汾水台。

当晚，汾水台内外，灯火通明，楚乐绕梁。大堂之上，宾主席地而坐，每人面前设有食案。班壹和夫人陪县令及夫人上座，其他宾客按照长幼，依次东西向分坐。刚刚捕杀的猎物，已经变成热气腾腾的佳肴，被仆人们陆续端上来。美食配美器，食案上都摆着楚国漆制的酒壶、酒盏，里面已经斟满班府自制的佳酿。乐舞声中，宾主开怀畅饮。

酒到酣处，席间，一位客商兴起，要求乐师们弹奏鼓吹铙歌《巫山高》。客商举杯而歌：

巫山高，高以大。淮水深，难以逝。我欲东归，害梁不为。
我集无高，曳水何梁？汤汤回回，临水远望，泣下沾衣。远道之
人心思归。谓之何！

巫山高，高又大。淮水深，深又急。我想东归回家，没有船只可以渡河。我的家乡那么远，涉水何处有桥梁？站在浩浩荡荡的河边，临水远望，禁不住泪湿衣衫。远在他乡，我心思归，怎么办啊怎么办！

客商眼中，泪光闪闪，苍凉的歌声充满大堂。

歌声勾起班壹的思乡之情。

他端起酒盏，踱步到堂外的轩廊。

夜空深邃，月明星稀，汾水在不远处哗哗流淌。乐声，歌声，人声，似乎都隐去了，班壹从来没有像现在这样孤单寂寞过。他仰头向苍穹，忍不住一声长叹："天神啊，难道，我楚王室的后裔，就要世世代代在这里，以养马牧羊为生吗？"

第二章 班府：和花和月，婕妤初长成

家君入仕
弄瓦之喜
私塾时光
汾水之畔

> 承祖考之遗德兮，何性命之淑灵。
>
> ——班婕妤《自悼赋》

中国历史上，继秦之后的西汉，应该是封建帝国之中结构最为复杂的朝代。

西汉初年，皇族，诸侯，地方豪族，三种势力共存。

从高祖刘邦到景帝刘启，近七十年间，黄老之学，一直是汉家执政的指导思想。只是，黄老之学讲求清静无为，皇权被严重削弱；诸侯王的势力急剧膨胀，对中央政权构成极大威胁。随着帝王更迭，诸侯王势力逐步减弱，地方豪族也已摆脱高祖时的羞辱：不得穿丝、乘车，交付重税，另立"市籍"，社会地位如同贱民。但直到文景二帝执政，商贾之门的子孙，同样难以成为官吏，依旧是皇权压制的对象。

景帝后元三年（前141），汉景帝去世。十六岁的太子刘彻即位，是为汉武帝。

少年皇帝还是太子时，受的就是儒学教育，儒学的积极入世，很符合他的想法。然而，祖母窦太后信奉黄老之术，与儒家学说格格不入。此时，因为武帝年少，祖母窦太后和母后王太后仍然居宫摄政。

迫于形势，武帝在窦太后的阴影下度过四年。

窦太后去世，汉武帝终于可以亲政。他一改先帝们的执政纲领，开始加强皇权，扩大国家力量，以对抗匈奴的频频进犯。国家力量，需要地方社会力量的参与，地方豪族，恰恰就是社会力量的杰出代表。而武帝种种新的治国理念，也亟需新的理论作为支撑。建元六年（前135），武帝欣然接受大儒董仲舒的建议，尊崇五经，广开"通经入仕"之门，启动了儒学走向至尊的历史车轮。

秦帝国时代，秦始皇"焚书坑儒"，导致思想文化凋零，殃及新生政权——汉朝。汉朝初建，经济残破，民生艰辛，文化传播更是困难重重，能够通过学习经学参与到国家政权中来的，大都是那些家资雄厚、教育条件优越的地方豪族子弟。

班壹的后代子孙，终于等来了走出牧场的天赐良机。

家君入仕

两千多年以后，公元1936年2月21日。从湖南湘潭韶山冲走出的一代伟人毛泽东，率领中国工农红军总部执行中央政治局决议，由陕北东渡黄河，在山西石楼县的辛关登岸，去开通抗日前进的道路。在石楼县留村，毛泽东创作出千古绝唱《沁园春·雪》：

　　北国风光，千里冰封，万里雪飘。

望长城内外，惟余莽莽；大河上下，顿失滔滔。
山舞银蛇，原驰蜡象，欲与天公试比高。
须晴日，看红装素裹，分外妖娆。

江山如此多娇，引无数英雄竞折腰。
惜秦皇汉武，略输文采；唐宗宋祖，稍逊风骚。
一代天骄，成吉思汗，只识弯弓射大雕。
俱往矣，数风流人物，还看今朝。

不愧于后世伟人的精彩评说，能与秦皇并称的一代英杰汉武帝，的确是一位具有雄才大略的帝王，追求发展是他的执政宗旨，改革制度、垂范后世是他的历史使命。元光元年（前134），国家初立察举，举孝廉成为察举科的主要项目，由四科取士：一是德行高妙，志节贞白；二是学通行修，经中博士；三是明晓法令，足以决疑；四是刚毅多略，遇事不惑。元朔元年（前128），武帝下诏，把察廉举孝作为考核地方官的一项内容，对于不积极去发现和举荐人才的地方官进行免职处分，郡国察举制遂成定制。元丰五年（前106），武帝作《求贤诏》，命令州郡举荐奇才异能之士为茂才（秀才），以改善吏治。无论举贤良、茂才还是孝廉，均须中央复试，即由皇帝亲自策问。

班壹自幼在楚王宫受楚文化熏陶，勤习先秦典籍。落籍楼烦，繁衍子嗣，虽身处文化贫瘠之地，但班壹从未放松对子孙的文化教养。加之班壹班孺父子，数十年间，在经济上对朝廷及地方政府的诸多贡献，以及怜悯众生，或慷慨解囊，或挺身相助的种种善行义举，班氏家族从第三代起，便饱受州郡举荐之惠，离开雁门郡，步入仕途。

班长，生于汉文帝年间，因举贤良方正，去东北方向的上谷郡（今河北省西北部、北京市西北部的延庆县、昌平县等地区）任太守。

班回，生于汉武帝年间，因举茂才，南下任上党郡长子县（今山西省长子县西）县令。

班况，生于汉昭帝年间，因举孝廉，入京城长安为郎官。

郎官，源于先秦，盛于秦汉，是皇帝的侍卫近臣。汉承秦制，帝王居住的地方，分为禁中、宫中。郎官在禁中为中郎，在宫中为郎中，在宫外为外郎，合称"三郎"。武帝时，又分中郎为三，派生出议郎和侍郎。郎官，是汉代政权中的青年新锐，高级官员的后备力量。

少年侍郎班况，十七岁即在禁中执戟当值。

宫中的郎官有护宫之责，平日不得擅自离岗。不过，家境富裕的郎官，如果能够填补宫中的一些财用，就可以破例潜出宫门，外出玩耍一番。更有富豪子弟出钱行贿，甚至可以天天买闲，外出游戏找乐子。

不过，也有例外。

班氏家族祖规谨严，班壹以老子的《道德经》经义作为家训：上善若水，不争无尤；知足不辱，知止不殆；大巧若拙，大辩若讷；慎终如始，则无败事；强大处下，柔弱处上；弱之胜强，柔之胜刚；天道无亲，常与善人。班况谨守家训，虽出身豪门，言行举止丝毫不见纨绔习气。

在禁中，经常会出现以下场景：

"况弟，我有事外出，再代我值一个班。"

"班兄，又要劳烦你。"

总有人请班况代班，殿门前，常常能看到他执戟肃立的身姿，挺拔，英武，专注。

天长日久，汉宣帝刘询也注意到这个频频当值的少年侍郎。一日，又轮班况当值，宣帝问身边的大臣："这个侍郎，是谁家的公子？"

大臣回道："是楼烦县豪族班家长子县令班回的公子。班家祖先班壹，在先帝武帝驱逐匈奴的战争中贡献了大批战马。"

宣帝连连点头称赞："忠良之后，果然不同一般豪门子弟。"

汉宣帝刘询，西汉的第七代帝王，是武帝刘彻的曾孙，戾（卫）太子刘据之孙。征和二年（前91），戾太子遭遇"巫蛊之祸"，殃及太子妃和三子一女。案发时，刘询出生才数月，也被监禁在郡邸狱中。后来武帝发现，"巫蛊之祸"不过是江充陷害戾太子的阴谋，遂下令诛灭江充全家，还为发兵杀江充、进而对抗朝廷、最终兵败自杀的戾太子修筑"思子宫"，并下令大赦。刘询这才被廷尉监邴吉送到祖母史良娣老家，由曾祖母贞君亲自抚养。旋而武帝又下诏，刘询得以恢复皇族身份，由后宫掖庭抚养。元平元年（前74），十七岁的刘询继位。

从阶下囚到大汉皇帝，《西京杂记》"身毒国宝镜"一则故事讲述了汉宣帝的传奇经历——

刘询关押在郡邸狱时，手臂上还佩戴着祖母史良娣编织的有彩色图案的婉转丝绳，上面系着一枚来自身毒国的宝镜。宝镜有八铢钱那么大，相传这宝镜能够照得见妖魔鬼怪，佩戴他的人会得到天神的福佑，所以刘询能够从危难中得到解救。刘询继承皇位后，每次拿着这枚宝镜，都会感叹呜咽好一阵子。

幼遭家难，生长于下层，宣帝不仅崇尚节俭，敏而好学，而且少年时代"喜游侠，斗鸡走马"。登基之后，宣帝旧习难改，依旧喜好四处周游，三辅之地，寸山寸水，处处都有他御驾亲游的痕迹。

五凤二年（前56），暮春时节。

一日清晨，宣帝乘辇上朝。班况执戟目送。

帝辇在通往未央宫朝堂的甬道上缓缓移动。

哪里的一声婉转鸟鸣，彻底打散了宣帝临朝的神思。他抬头望天，湛蓝，如洗。心头突然一动：怎能辜负这大好春光？

"今天不朝了。"

宣帝要出宫游春。

帝辇掉头返回。

时过一刻，宣帝再次走出禁中。他一身便装，坐进一辆素车中，前有便衣羽林骑兵开路，后有班况骑马，便装跟随。

这已经不是班况第一次伴君微服出行了。宣帝喜爱这位豪门侍郎，只要出宫，必定要点班况随行。

轻装，简从，宣帝一行，悄然出宫。

跨出未央宫东宫门，君臣直奔长安城的西安门。

出了长安城，一路向东。

旋即，一条灞水横在眼前，君臣来到位于长安东十多公里处的灞水桥上。

这里是东出西安的必经之地。《西安府志》写道："灞桥两岸，筑堤五里，栽柳万株，游人肩摩毂击，为长安之壮观。"灞桥设有驿站，也叫灞亭。人们多在这里迎宾送客，依依话别。灞水，灞桥，灞柳，灞亭，不知有多少人为之倾倒。加之"柳""留"同音，离愁别绪，诗情才气，在这里表现得酣畅淋漓。李白就在此处留下著名的《霸陵行送别》：

> 送君灞陵亭，灞水流浩浩。
> 上有无花之古树，下有伤心之春草。
> 我向秦人问歧路，云是王粲南登之古道。
> 古道连绵走西京，紫阙落日浮云生。
> 正当今夕断肠处，黄鹂愁绝不忍听。

而此时，灞桥两岸，柳枝低垂，柳絮儿飞扬，宛如漫天雪飘。这便是"长安八景"之一的"灞柳风雪"。

宣帝的车子穿过熙熙攘攘的人群，下了灞桥，直奔周至县东南的长杨宫而去。

在渭河之南上林苑中的长杨宫，碧水环流，青山相依，林木葱翠，鲜花吐香，亭台楼阁掩映其内。宣帝特别爱来这里狩猎游乐，因为他的曾祖父武帝，生前每年都来此打猎。"白马金鞍从武皇，旌旗十万宿长杨。楼头少妇鸣筝坐，遥见飞尘入建章。"唐代诗人王昌龄的这首《青楼曲》，描写的就是武帝狩猎时的宏大场面。

上林苑中，森林茂密，野兽出没，为了避免被误伤，当时武帝下令猎手们到密林深处捕捉猛兽，然后关到离宫庞大的场馆里，供他亲自射猎。在射熊馆，武帝曾创造日射二十四只黑熊的记录。

眼前长杨宫，春深草木新。

远离皇宫，宣帝胸中激情澎湃。他从羽林郎手中牵过一匹骏马，纵身而上，双腿一夹马肚，那马儿长啸一声，飞奔而去。见此情状，班况扬鞭策马，紧紧跟上。

小桥，流水，亭台，楼阁，奇石，池沼……长杨宫的建筑在眼前唰唰闪过，宣帝的马儿径直往密林处奔去。

哒哒哒哒，急促的马蹄声打破了离宫的寂静，也惊吓到关在各馆的猛兽。黑熊吼叫着，在馆内疯狂奔跑，拼命撞击四周高高的围栏。宣帝的坐骑在这里突然受惊，止步不前，前蹄竖起，昂首，嘶鸣……宣帝坠地在即！

紧追而来的班况，这个在马背上长大的青年侍郎，情急之下，用了一个在草原上骑马惯用的姿势，从马背上挺身一跃，凌空扑向惊马，双手紧紧抓住它的缰绳。在外力的钳制下，直立空中的惊马前蹄着地，乖乖就范。

惊魂甫定，宣帝在班况的肩上重重地拍了两下：

"嗯，班爱卿，你又救了朕一命。朕要重重地奖赏你。"

古代帝王，历来以黄金赏赐国人。公元前194年，汉惠帝刘盈即位。这位十七岁的汉帝开始以爵位赏赐国人，任职满六年的中郎、郎中赐爵位三级，满四年的赐爵位二级。此时，十九岁的班况任职还不到四年，因屡屡护驾有功，宣帝特别赐予他爵位三级。

黄龙元年（前49），宣帝驾崩，二十六岁的太子刘奭即位，是为汉元帝。同父亲一样，元帝登基后广赐爵位，收拢人心。

班况还是在禁中宿卫。第一次为新皇当值，班况就被元帝召入殿内。

与班况同年，元帝说话的口吻显得颇为随意，轻松：

"班爱卿，父皇在世时，两次破例赐你爵位三级，第二次赐爵离现在还不满一年。不过，朕当太子的时候，父皇常常夸赞你，说你言行律己，尽忠职守，多次舍身护驾。感念你对父皇的忠心，朕今天再赐你爵位一级。"

班况跪拜：

"叩谢陛下隆恩！"

弄瓦之喜

天佑忠臣，班况喜事连连。元帝赐爵不久，儿子降生。因为是长子，第一次当父亲的班况给儿子取名班伯。

两年以后，汉元帝初元二年（前47）。

夏影摇红，彩蝶翻飞，班况又喜得一女。

中国人取名，自古有"女诗经、男楚辞"一说。《诗》里，有许多能够代表女子容貌美丽、品行贞静的汉字：燕、淑、惠、静、姝、婉、贞、云、媛、灵、琇、莹、琼、英、菁、湄、玉、芬、柔、馨、惠、宁……班况由皇帝策试为郎官，应该熟读《诗》，他完全有可能从中选一字嵌入女儿的名字。

然而，没有人知道，班况究竟为女儿起了怎样一个雅致的名字。历史没有给人们留下班况女儿的芳名。

应该怎么称呼她呢？

一百多年之后，东汉和帝时代，班固的《汉书》问世。其中的《外戚传》写道："帝孝成班婕妤，帝初继位选入后宫。"世人这才知道，这个班婕妤，就是班况的女儿。

班婕妤，便是班况女儿留给世人的唯一称谓。

现在，我们只能将班况刚刚出生的女儿称作班婕妤。

翌年。盛夏。

这一日，天空碧蓝如洗，大块的白云挂在上面，像棉絮，散开，聚拢，再散开，再聚拢。一大清早，班府院子里就弥漫着瓜果的香气，仆人们在前厅后院来回穿梭，有洒扫庭院的，有修剪花草藤蔓的，有杀猪宰羊的。乐师们在后堂调弄琴弦，歌伎们在轻歌曼舞。长廊下面，班婕妤正被年轻健壮的乳母抱在怀里。小婕妤活泼好动，只见她仰起头，伸出胖乎乎的小手，去抓弄从廊檐上垂下来的藤蔓，玫瑰花瓣似的小嘴里发出咿咿呀呀的声音。班伯从后花园里一路跑过来，右手拿着带杆的网子，左手捏着一只蜻蜓，边跑边喊："妹妹你看，妹妹你看，哥哥给你逮了个大头蜻蜓……"

巳时，通往班府的那一段路上，车马络绎不绝。府内也开始热闹起来，携家眷前来的官商士绅，在大门口向迎上来的班况行礼：

"恭贺大人千金周岁之喜！"

告假回乡的班况连忙还礼：

"同喜同喜！"

并伸出右手摆出请的姿势，将客人引入前堂大厅用茶。

班府大管家则小心接过各家随从带来的贺礼。

原来，今天是小婕妤周岁生日。难怪府上充满喜庆之气，就连鸟儿们的鸣叫都格外悦耳动听。

班氏先祖班壹，虽是地方豪族，富比王侯，但毕竟不是官身，面对县令总是恭恭敬敬。自班长开始，班家两代子弟都是郡县之首。到了班况，更是为班氏家族卸下远祖徙边的命运枷锁，突破边郡，走进京城，任职皇帝的内侍郎官。楼烦县令对班况礼敬有加，商贾士绅对班况更是表现出恭敬之意。

县令与班况并坐上席，他微微倾身向班况，小心问道：

"大人已经侍奉两帝。敢问当今圣意与先帝有何不同？地方上应该做何应对？还请大人不吝赐教。"

班况面露微笑，连连摆手说：

"赐教不敢当，权当小弟与县令兄闲聊。元帝还是太子的时候，对儒学就很是痴迷，曾向宣帝建言，说陛下用刑太深，应该启用书生。宣帝当时就训斥太子，说汉家自有制度，一向是霸王道并用，怎么能只用儒教！宣帝的霸王道，就是先秦法家的'霸道'和儒家的'王道'。元帝即位以后，开始对书生委以重任，治国完全以经学为先导。元帝召关东大儒琅琊人贡禹进京，拜他为谏大夫，负责献计献策。还多次召见贡禹，当面聆听他对国政的意见。贡禹便大胆提出，为皇室服务的机构庞大，违背了儒家的治国理念。元帝立即采纳，下令削减皇室马匹数量，撤销上林苑中饲养观赏禽兽的机构，解散皇家杂技团，撤销设在齐国的皇室织造坊，还把宜春苑的土地交给贫民耕种。今年，贡禹再次上书，建议减少皇宫宿卫的数量。元帝马上下令，解散建章宫和甘泉宫的宿卫部队，让士兵回家务农。元帝即位第一年，孔子第十三世孙孔霸上书，请求奉孔子祭祀。元帝立即作《令孔霸奉孔子祀诏》，孔霸被封为关内侯，赐食邑八百户，号褒成君，给事中，加赐二百金。元帝治国施政，都以经为本；发布各项政令诏书，也多是引经为据；质问大臣，每次都问'经义如何处之'？大臣执法，要求他们'顺经书意'；如果大臣奏议上不符合经义，元帝会当庭谴责。"

班况侧向县令，语气委婉地说："元帝执政，以儒学五经为先。作为地方父母官，县令兄在本县加强儒学教育，才不辜负当今圣意。"

县令不住地点头。

班况又对分列在东西向坐席的宾客说："诸位仁兄，现在朝廷选官用人，以儒学为标准，大大增加了太学博士弟子的数量。在宣帝朝，全国有太学博士弟子二百人。元帝即位不久，很快增到近千人。对这些博士弟子，每年按照甲、乙、丙三科考试，考试合格的，即可授予相应的官职。在座的都是本县士绅豪族大户，一定都给儿孙留下了丰厚的家业。不过，长安城里正流传这么一句话，'遗子黄金满籝，不如一经'。所以，依小弟愚见，当下，敦促儿孙研习儒学，才是诸位仁兄最最紧要之事。"

满堂宾客连连赞叹说："是啊是啊，大人提点得极是。"

在后屋，温婉端庄的班况夫人正在款待来宾的女眷，和她们共话家常。屋里的长条几案上，早已摆满了礼品，一排是颜色各异的绢：酱紫、烟色、金黄色、香色、驼色、藕色、赤色、墨绿；一排是花色繁复的织锦，姹紫嫣红，让人眼花缭乱。这些绢和锦，都是班况按照夫人的意思，在长安城的绸缎庄里提前采买好的。

说了一阵子话，班夫人微笑着对女客们说：

"你们家的老爷，和我们班府是多年的至交。承蒙各家老爷对我家老爷的抬爱，班府无以为报，那边案上有长安城绸缎庄的新料子，还请姐妹们挑两样可心的拿去。"

女客们起身走到几案前，伸出手触摸着布料，一个个口中啧啧称赞道："看看这，京城的布料，就是漂亮！"各自选了自己喜爱的，又谢过班夫人。她们心里都清楚，手中的布料，要比自家老爷带来的贺礼贵重好几倍。

"不成敬意，只要姐妹们喜欢就好。"

看着女客们心满意足的神情，班夫人很是喜悦。嘱咐侍女将布料分别包好，以方便女客们回家时携带。细心的班夫人，另外又给县令夫人预备出一份厚礼。

午时四刻，后堂大厅。

家宴开席了，宾主食案上，被仆人不停地端上美味佳肴。鹿肉、兔肉、熊肉、雉肉、雁肉，是班家雇请猎人打来的；牛肉、羊肉、猪肉、鸡肉、鱼肉，是班家自己牧养、圈养、塘养的；芹菜、芥菜、葫芦、菠菜、韭菜、蔓菁、藕，产自班家的菜地荷塘；醇香的清酒，也是班家自酿；主食同样很丰盛，有胡饼、蒸饼、煮饼、油炸饼、甘豆羹；还有来自班家牧场的牛乳、羊乳，新鲜，香浓。这一切，都显示出班府待客如家人的心意。美酒，被仆人用木制的漆卮斟到同样质地的耳杯里。这套酒器是班家祖传，由近祖班壹的父母从楚国带出来，传至班况，已是第五代，看上去依然鲜亮如新。每逢宴请宾客，班家主人都会吩咐仆人，将精心收藏、象征家族尊荣的祖传酒器从酒窖里取出来使用。这套产自楚国的酒器，器形高雅，做工精致，器身内红外黑，黑底上，用红色、褐色两种漆料和金色涂料，绘成凤纹、鸟纹、卷云纹、柿蒂纹和几何纹。佳肴，被盛在时下最讲究的汉代食器里。宾主一边享用美酒美食，一边欣赏美妙的演奏、曼妙的舞姿。

班氏子弟，从来没有忘记过自己楚国贵族的身份。乐舞之中，必少不了的，是昔日楚国宫廷的乐和舞。

接下来，是宴会最重要的一个仪式。

在大厅中央，男仆铺开一张绘有朱色描金凤纹的黑色大毯。两个女仆抬着满满一箩筐物品进来，把它们分别摆放在毯子上面。酒具，擀面杖；针线盒，捣衣砧；投壶，埙，排箫；铜镜，玉制的梳子和发簪，箆子，装有化妆品的妆奁；竹简，毛笔，墨锭，砚台，石研钵……

这情景，再现了班伯周岁时的一幕，在场宾客无不会心而笑。

楚人崇神好巫，眼前这个仪式是楚国的古老风俗，名叫"试儿"。这个风俗在《左传》昭公十三年有记载，楚共王没有嫡子，想在五个受宠爱的庶子中选嗣，于是遍祭名山大川，祈祷说："请神择于五人者，使主社稷。"又以一块玉璧遍示名山大川，然后说："当璧而拜者，神所立也，谁敢违之。"回宫后，楚共王命人将这块璧秘密埋在祖庙的庭院里，让五个庶子依长幼次序，进庙拜跪祖先，谁正好压在埋玉璧的位置上，他就是神灵所确立的王嗣。年龄最小的楚平王被抱进祖庙后，两次下拜，均压在了玉璧的璧纽上。但最终，楚共王还是把下跪时两足各跨玉璧一边的长子楚康王立为太子。大臣韦龟当时非常感慨，认为共王的行为，违背了天命。私下里，便将自己的儿子托付于平王。后来，平王果然在楚国内争中坐上了王位。

"试儿"也是楚国家庭内的一项俗信活动，孩子周岁了，摆一些日常的东西让他抓。长辈们认为，抓在手里的东西，乃是天神的旨意，能预示孩子的未来。

乳母抱着一身新衣新鞋的小婕妤走进大堂，把她轻轻放到毯子上。小婕妤身穿绢制的粉红色小汉袍，脚上是一双翠绿面的织锦鞋。满屋子都是生面孔，但是，小婕妤一点也不惧怕。她旁若无人，兴致勃勃，在毯子上爬来爬去，打翻了酒具，推倒了投壶，针线盒、铜镜、妆奁、梳子、篦子和发簪，统统被她的小胖手拨拉到两边。待爬到竹简跟前，小婕妤停了下来，盯着看了片刻，竟伸出双手紧紧抓住。然后，抬起头，两只眼睛左顾右盼，急切地寻找着。认出坐在上席的父亲母亲，小婕妤突然笑了，细细的涎水，顺着下巴流到竹简上。

"嗬嗬，了不得，了不得，班大人，你的千金喜欢书，将来，一定有大学问！"县令颔首赞叹。众人也齐声附和。

班况似乎没有听见来宾的夸赞，只听见自己心底的声音：我这个女儿啊……

汉初，匈奴势力强大，不断进犯汉朝边境。汉文帝时期，朝廷没有与之相抗衡的军事力量，文帝一边推行和亲政策，一边采取晁错"徙民边疆实塞下""输粟于边"的措施，用以巩固边防。

汉武帝击败匈奴之后，保持边疆安定，设置了河西四郡。战争时期，连年用兵，军需甚多，而内地遥远，运输非常困难。西北边郡，土地广大，肥沃，气候适宜，水源丰富。武帝继续实施文帝的措施，令常年征战的军人和从内地迁来的富有经验的农人，一起开垦良田，自给自足。

《汉书·匈奴传》有记载："置田官，吏卒五六万人。"

西北屯田，便是从汉武帝开始。

在边郡地区，专门主持屯田一事的长官是农都尉。到了汉元帝时期，西北边郡至少设有十一个农都尉：敦煌、张掖、酒泉、武威、北地、朔方、上郡、西河、五原等。

说到屯田，不能不提及"使领护"一词。这是汉代官制中一个专用词，意即皇帝派中央某官员为使者，兼领他官他职。也就是说，对地方上的事务，皇帝会直接委派内朝官员为"使者"，予以领护。

侍郎是皇帝近臣，直接宿卫皇帝，自然是内朝官员。

永光三年（前41），春节刚过。未央宫宣室殿上，元帝对立在堂下的群臣说：

"《诗》里说，'曾孙之稼，如茨如梁。曾孙之庾，如坻如京。'这是说周王的庄稼丰收，垛在打谷场上的禾谷，圆形的像一排排草屋，长形的像一道道桥梁。周王储藏粮食的谷仓密集，像绵延的山坡，像高高的山丘。在西北屯田，一是为边疆安定，二是为西北地区的徙民设县做好充足准备。这两件事，都是我朝重大事务。各位爱卿，你们的命运，都与大汉朝的命运息息相关。班爱卿在禁中多年，宿卫父皇与朕，勤勉恭谨，恪尽职守。从今日起，侍郎班况使领护北地郡，任上河农都尉职，主管当地的屯田事宜。"

按照汉朝的吏制，官员升迁赴任之前，可以回家稍作休整。班况拜别朝中同僚，离开京城，衣锦还乡。

班况晋升农都尉，自然是楼烦县的荣耀。县令、士绅、商贾，纷纷到班府道贺，那些天，班府门庭若市。身为外乡人，班氏家族一向谦逊好客，贺喜的人来了，班况定设宴隆重款待。热热闹闹的，竟达半月之久。

眼看启程在即，班况才得空安顿家中事宜。他首先将管家请到堂上，与自己同坐。然后说："我要去北地郡富平县的上河城赴任，家中一切事宜，还要劳烦您老人家悉心照应。"

多年的老管家，到班况这一辈已经是第三代，对班家一直忠心耿耿。见府上主人称自己为老人家，老管家慌忙起身，恭敬地弯了弯腰，忙不迭地回答："老爷大可放心，夫人和少爷小姐们我会精心照顾。老爷给班家光宗耀祖，我拼上一把老骨头，也要保府里上下平安。"

班况放下心来，又说："请夫人过来。"

片刻，班夫人来到前堂。

见夫人进来，班况连忙起身迎上前去，揽住夫人的腰，引自几案旁坐下。

斟满一盅热茶，班况恭恭敬敬双手递过去："夫人，我敬你一杯。"

班夫人双手接过茶盅，柔声说："老爷，你我夫妻，何必如此客气。"

班况说道："夫人呐，按照当朝吏制，这次上任，我本可以携带家眷。只是，北地郡自秦朝以来，中原王朝与义渠、匈奴、羌族的冲突，尤其是与匈奴之间的冲突就没有停止过。现在，北地郡虽然没有了战争，但毕竟两百多年间的摩擦与战争都发生在那里，很难保证完全安定。咱们的孩子都还小，伯儿八岁，婕妤六岁，斿儿四岁，稺儿才两岁。如果让你和几个孩子随我迁到西北边郡，终日过清苦生活，那真是太委屈你们了，我实在于心不忍，打算只带几个男女家仆照顾我的日常起居。我这一走，回来的次数会少之又少，要辛苦夫人了。我们这样的人家，对子女的教养尤为重要。当朝圣上大力推崇儒学，伯儿已经到了入学的年龄，我打算在家里开个书馆,乡里愿意来学的孩童都可以来。前几日,我已经拜请前来道喜的儒学夫子于老先生,请他当书师,从蒙学教育开始。刚才已给老管家吩咐过,把后堂最大的那间屋子布置成学堂,安排于先生住在最好的客房,每隔五天让先生归家休沐一天。"

班夫人娘家也是名门望族,知书达理,温婉贤淑。听了夫君一席话,她心中虽有万般不舍,也只是连连点头应诺。

启程的日子到了。

班府门外,停着备好的车马,一大早,班况就带着家仆准备上路。府里的人都集中在前院,为主人送行。

班夫人把孩子们带到班况跟前,与父亲作别。一身锦绣的班婕妤紧紧抱着班况的胳膊,稚声稚气地说:"父亲不能走!父亲不能走!"

女儿的娇憨,让班况心头一软。他俯下身,抱起小婕妤,紧紧搂在怀里。女儿聪明,乖巧,伶俐。回家这些天,小婕妤的一颦一笑,一举一动,都让宿卫禁宫、行为刻板的班况心中充满温暖和喜悦。离别在即,他才发现,原来,自己心中最大的牵挂,竟然是女儿!

私塾时光

"妹妹,抓紧……"

后院传出班伯欢快的声音。旋即,又飞出班婕妤"咯咯咯"一连串清脆的笑声。

花园内,班婕妤正坐在秋千架上荡秋千,每次从前面荡回来,班伯都在后面推妹妹一下。推过去,荡起来,秋千越飞越高。班斿、班穉站在一旁,看哥哥姐姐玩得高兴,心中很是羡慕。

正当他们陶醉在嬉戏之中,家仆过来传话,书师让大少爷和小姐回书馆读书。

书馆开学，婕妤才六岁，还不到开蒙年龄。开学第一天，婕妤和弟弟们在后花园玩耍，书馆里传出的琅琅书声，一下子就把她吸引住了。婕妤想读书，就去找母亲。经不住女儿的央求，班夫人领着她去书馆见书师。就这样，婕妤成了书馆里最小的学童。

班婕妤还没有玩够，坚持让哥哥继续推她。

时过一刻，书师于先生亲自来到后花园。看到班婕妤在秋千上荡来荡去，班斿、班穉欢呼雀跃的样子，老夫子也受到了感染，捋捋长须，脸浮笑意。但他马上意识到，自己作为书师，要严格管教班府的少爷小姐，不能任其贪玩，否则，来日无法向班大人交代。

老夫子收敛笑容，板起面孔呵斥："班伯，快停下来，和婕妤回书馆去。"

班伯很听话，乖乖放手，走到先生身旁。

班婕妤依旧在秋千上缓缓悠荡。

面对执拗的班府大小姐，于老夫子不能不妥协，他和颜悦色地说："婕妤，你现在把《苍颉篇》前七章背一遍。只要背得对，书师就让你玩个够。"

《苍颉篇》是中国字书的始祖。秦始皇消灭六国以后，开始统一文字，命丞相李斯作《苍颉篇》七章，车府令赵高作《爰历篇》六章，太史令胡毋敬作《博学篇》七章。汉初，闾里书师将三篇合为一篇，六十字为一章，共五十五章，统称《苍颉篇》。

开学才数月，于老先生认定班婕妤背不全。

"好呀好呀"，班婕妤连连应诺。她下了秋千架，跑到先生面前，背起双手，有板有眼地吟诵：

苍颉作书，以教后嗣。
幼子承诏，谨慎敬诫。
勉励讽诵，昼夜无置。

苟无成史，计会辨治。
超等轶群，出尤别异。
初虽劳苦，卒必有意。
……

老先生吃惊地张大嘴巴，在他眼里，才六岁又活泼好动的小婕妤，在课堂上也就是边学边玩。没想到，这位班府大小姐竟然这么的冰雪聪明，将没有韵律的《苍颉篇》背得一字不差。老先生欣喜异常，尽管他清楚，婕妤只是死记硬背，并不懂得这些字的意思，但仍有些小小的得意，只有我于某才能教出这样的学生。心里一高兴，便对班伯说："书师说话算数，你们就再玩一会儿吧。"

说毕，老先生转身，背手，嘴里诵着《诗·关雎》，摇摇晃晃去往后堂。

妹妹《苍颉篇》背得好，班伯脸上也颇有光彩，将妹妹推得越来越高。笑声，欢呼声，惊飞了落在院中高树上的雀儿。

此后的日子，小婕妤——学堂上，听书师讲《孝经》《论语》《诗》；后花园内，和兄弟们一块儿，春荡秋千，夏做游戏，秋摘莲蓬，冬打雪仗；屋子里，母亲手把手教刺绣；长廊下，跟着琴师弹奏楚乐；院子外，水渠旁，听祖父讲祖先的故事；牧场上，被马夫抱到马背上驰骋……

苍天之下，厚土之上，班氏家族的第一位千金班婕妤，在远离皇城、偏居一隅的楼烦县，被家里人精心教养，安稳成长。

林花谢了春红，太匆匆。

不觉间，班况任职上河农都尉已近五载。

像往年一样，腊月中旬，班况坐在官车上，在大风雪中接连行走数日，赶赴京城长安述职。

进宫前，班况照例先吩咐家仆，按照他列的清单，到城内的集市上购置年货。述职完毕，班况返回官署吏舍，将买回来的东西一一过目后，让家仆装上满满一车，便马不停蹄地往家赶。

已经到了年根上，在老管家的指派下，家仆们各司其职，仔细打扫，班府里里外外已经焕然一新，只等老爷回府了。

待班况踏进大门，班府就开始弥漫着年的气氛。老管家吩咐家仆，将车上吃的东西搬到厨屋，给家人的礼物拿到老爷夫人的上房。

洗掉一路风尘，班况做的第一件事，就是到父亲班回的屋里请安，递上一件从长安城带回来的上等狐裘。稍坐片刻，返回自己的屋子，开始给众人分发礼物。老管家是一包上好的烟叶，夫人是衣料和首饰，班伯、班斿、班稚三兄弟是鞭炮，班婕妤是簪在头上的绢花，连家中仆人都有属于自己的那一份。众仆人从老爷手里接过礼物，道一声谢，个个笑逐颜开。

班况的目光扫视了一下全屋，独独不见女儿婕妤，正要开口问夫人。"父亲！父亲！"随着一声声清脆的呼唤，婕妤从门外跑进来，径直来到班况跟前。

又是一年不得见，女儿好像一下子长成了大姑娘，班况都不能伸手去抱了。是啊，婕妤长高了不少，层层的锦衣薄袍也掩盖不住她纤细的小腰身，长发漆黑，垂至腰间，被七彩的丝线从中间紧紧地系住。可能是一路跑来的缘故，她俊俏的脸庞泛着红晕，额头沁出细密的汗珠。

"女儿，这是给你的礼物，拿去。"看着立在面前的婕妤，班况发自心底的喜爱都涌到脸上。

"我也有礼物要送给父亲。"婕妤冲着班况甜甜一笑，露出两排珍珠似的牙齿。

"喔？"班况这才注意到，女儿的手一直是背在后面的。

"父亲，你猜，女儿手里是什么？"婕妤调皮地歪起头，笑吟吟的。

"嗬嗬，我猜不出来！"班况摇摇头。

"父亲你看。"婕妤从背后拿出一样东西,双手递给班况。

是一只崭新的书袋,黄色的绢面,取朱红、棕红、橄榄绿的丝线,采用锁绣针法绣出飞卷的流云。流云间,隐约可看见露出头的凤鸟,寓意是凤鸟乘云,如意吉祥。

"是你自己绣的?"

"是母亲教我的。父亲,好看不?"

"好看。好看。"

班况左看右看,爱不释手。

"母亲说,这个书袋,让父亲装屈原的《离骚》。"

"乖女儿,《离骚》是咱楚国的文化瑰宝。从这个春节开始,我每年回来都教你学习《离骚》。我不在家的时候,就让祖父教你。好不好?"

"好!父亲,祖父说了,《离骚》是我曾曾曾曾祖父从楚国带出来的。"婕妤说出的叠字还故意拖着长腔,逗乐了一屋子人。

二十四节气的立春日,也是大汉朝的春节。这一日,天刚蒙蒙亮,仆人们就起来洒扫庭院,燃起炊火。府里的老太爷、老爷、夫人和少爷小姐们也陆续起床,穿上新衣。女仆在给班婕妤梳头,簪花;班伯、班斿、班穉在庭院里放炮仗;班况和老管家走到大门口,在大门上贴了一对墨色线描的门神。是两个勇士,手拿着大棒,两腿叉开,面部表情夸张,看上去很神勇。

祭祀祖先的祭品已经准备齐全。

牛、羊、猪三牲,在祭祀的时候齐备,称作太牢;只有羊和猪,称作少牢。太牢是最隆重的礼,天子祭祀社稷要用太牢,诸侯祭祀社稷要用少牢。

虽然是家祭,班府用的也是少牢。在铜鼎中烹制完毕的猪、羊,山中野味,被家仆小心翼翼地从厨屋抬到庭院,再从庭院抬往府外的祖庙。府里的老太爷、老爷、夫人和少爷小姐们,全都到祖庙拜祭。

作为王室后裔,班府的祭祖仪式依然遵循周朝的祭礼。《诗·小雅·楚茨》一篇,对于周朝贵族祭祀祖先神灵的过程有详尽记载:

……
济济跄跄!絜尔牛羊,以往烝尝。或剥或亨,或肆或将。
祝祭于祊,祀事孔明。先祖是皇,神保是飨。孝孙有庆:报以介福,万寿无疆!

执爨踖踖,为俎孔硕,或燔或炙。君妇莫莫,为豆孔庶。
为宾为客,献酬交错。礼仪卒度,笑语卒获。神保是格:报以介福,万寿攸酢!

我孔熯矣,式礼莫愆。工祝致告,徂赉孝孙。苾芬孝祀,神嗜饮食。
卜尔百福,如几如式。既齐既稷,既匡既敕。永锡尔极,时万时亿!

礼仪既备,钟鼓既戒。孝孙徂位,工祝致告:神具醉止,皇尸载起。
钟鼓送尸,神保聿归。诸宰君妇,废彻不迟。诸父兄弟,备言燕私。

乐具入奏,以绥后禄。尔肴既将,莫怨具庆。既醉既饱,小大稽首。
神嗜饮食,使君寿考。孔惠孔时,维其尽之。子子孙孙,勿替引之!

有必要用浅白的语言表述一下《楚茨》大意:

我们步趋有节,神情端庄,把那些牛羊涮洗清爽,拿去奉献冬烝和秋尝。有的人宰割,有的人烹煮,有的人摆牲,有的人调酱。祝官先祭于庙门之内,祭祀的过程完备周详。先祖的神灵在这里徘徊,他们将祭品一一品尝。孝孙将获得神的赏赐:赐予的福分宏大无量,神灵保佑万寿无疆!

掌膳的厨师谨慎麻利,盛肉的铜器硕大无沿,装满烧的肉和烤的肝。族中的主妇们勤勉有礼,将盛食品的豆器排成一列。席上则是宾客济济,主客互敬,觥筹交错。种种礼仪都合乎法度,谈笑有分寸也恰到好处。先祖的神灵大驾光临:赐福回报子孙的心意,子孙的洪福与天齐!

我们的祭祀恭敬严谨,礼仪周全,无可挑剔。祝官向大家致词,赐福给主祭的孝子贤孙:上供的祭品美味芬芳,神灵喜欢这样的美食。要赐给你众多的福气,既遂了你的愿,又符合法度。祭祀者态度恭敬,举止敏捷,庄严隆重又小心谨慎。因而永赐你极大福分,绵长无穷尽!

各项仪式已经齐备,钟鼓之乐已经就绪。孝孙回到祭祀的主位,司仪致词向大家宣称:神灵已经酒足饭饱,神尸起身离开了神位。打鼓敲钟送走神尸,先祖神灵也起身回程。那边的厨师和帮厨的主妇,撤去祭品的动作非常迅速。在场的叔伯和同辈兄弟,一起来参加家族的宴饮。

乐队移往后堂开始演奏,全族人安享祭后的福禄。这些美酒佳肴色香味美,欢乐中没有抱怨只有庆幸。大家都吃得酒足饭饱,老老少少告退时一起叩头。神灵就喜好您的饮食,他一定保佑您长寿不老。祭祀顺利而圆满,全仰仗主人尽心恪守孝道。惟愿您的子孙们代代相传,让这隆重的祭礼绵延久长!

班府祖孙三代祭祀完祖先,才回到府中用餐。大年初一,阖府上下,不分主仆,都在宽敞高大的后堂用餐。午餐尤其隆重丰盛,同平日里接待宾客一样，有楚乐、楚舞，孩子们破例可以饮一些酒。

热闹的家宴结束，班况对班伯、班婕妤、班斿、班稚说："听书师讲，你们这些年学了《孝经》《论语》，去年开始学习《诗》。现在，你们每个人从中选一篇或者一首，背诵一遍。"

班况让班伯从书馆取来三套书简，新年第一天，他要考核儿女们的课业。

班伯背诵了《孝经》开宗明义章第一：

子曰：夫孝，德之本也，教之所由生也。复坐，吾语汝。身体发肤，受之父母，不敢毁伤，孝之始也。立身行道，扬名于后世，以显父母，孝之终也。夫孝，始于事亲，中于事君，终于立身。大雅曰："无念尔祖，聿修厥德。"

班斿背诵了《论语》颜渊篇第十二的一段：

子张问："士何如斯可谓之达矣？"子曰："何哉，尔所谓达者？"子张对曰："在邦必闻，在家必闻。"子曰："是闻也，非达也。夫达也者，质直而好义，察言而观色，虑以下人。在邦必达，在家必达。夫闻也者，色取仁而行违，居之不疑。在邦必闻，在家必闻。"

班稚背诵了《孝经》卿大夫章第四：

非先王之法服，不敢服。非先王之法言，不敢道。非先王之德行，不敢行。是故非法不言，非道不行，口无择言，身无择行，言满天下无口过，行满天下无怨恶。三者备矣，然后能守其宗庙，此卿大夫子孝也。诗云：夙夜匪懈，以事一人。

053

班婕妤最后背诵，她选的是《诗·国风》中邶国的《泉水》：

毖彼泉水，亦流于淇。
有怀于卫，靡日不思。
娈彼诸姬，聊与之谋。

出宿于泲？饮饯于祢？
女子有行，远父母兄弟，
问我诸姑，遂及伯姊。

出宿于干？饮饯于言？
载脂载舝，还车言迈。
遄臻于卫，不瑕有害？

我思肥泉，兹之永叹。
思须与漕，我心悠悠。
驾言出游，以写我忧！

待四人背诵完毕，班况又说："你们把自己背的再说解一遍。"

班伯解道："开宗明义章第一，是全部《孝经》的纲领，它的内容就是开示全部孝经的宗旨。文中说，有一天，孔子在家里闲坐，弟子曾参也陪坐在他的旁边。孔子说，'古代的圣王有一种崇高至极之德，要约至妙之道。拿它来治理天下，天下的人民都能够很和气的相亲相敬，上自天子，下至庶人，都不会相互仇恨。这个道德的妙用，你知晓吗？'听着这段话，曾子感到道理很深奥，不觉肃然起敬。他离开坐位站起来，向孔子答对说，'我曾参很鲁钝，不大聪敏，怎么能够知晓这样深奥的道理呢？'

孔子见曾子很谦恭地起来答对，就告诉他说，'你先坐下，我慢慢告诉你。凡是一个人的身体，或者很细小的一根头发和一点皮肤，都是父母遗留下来的。身体发肤，既然承受之于父母，就应当体念父母爱儿女的心，保全自己的身体，不敢稍有毁伤，这就是孝道的开始。这个孝道，可分成三个阶段，幼年时期，承欢膝下，事奉双亲。到了中年，充当公仆，替长官办事，藉以为国家尽忠，为民众服务。到了老年，就要检查自己的身体和人格道德，没有缺欠，也没有遗憾，这便是立身，这才是孝道的完成。'最后，孔子引《诗经·大雅》篇文王一章的两句话说，不要再追念你的祖先了，要努力修持你自己的德行。"

　　班斿解道："颜渊篇第十二，这一段讲的是名实相符、表里如一的问题。子张问，身为士，怎样才可以算作通达？孔子说，你说的通达是什么意思？子张答道，一个士子，在国君的朝廷里必定有名望，为大夫做家臣必定有名声。孔子说，这只是虚假的名声，不是通达。所谓'达'的人，那是要质朴正直，好尚礼义，善于分析别人的言语，观察别人的脸色，经常想着对人谦恭有礼貌。这样的人，在朝廷做官一定会'达'，为大夫做家臣也一定会'达'。至于有虚假名声的人，只是外表上装出仁的样子，而行动上却正是违背了仁，自己还以仁人自居，毫不惭愧。这样的人，他在朝廷里一定要虚名，在大夫的封地里也一定要虚名。"

　　班穉解道："卿大夫章第四，是说明卿大夫的孝道。不是先王所制定的合乎礼法的衣服，不敢穿戴；不是先王所说的合乎礼法的言语，不敢说；不是先王实行的道德准则和行为，不敢做。所以不合乎礼法的话不说，不合乎礼法道德的行为不做；开口说话不需选择就能合乎礼法，自己的行为不必着意考虑也不会越轨。如果能做到这些，那么所说的话，即便人人皆知也不会有过失之处，所做的事，哪怕传遍天下也不会遇到怨恨厌恶。衣饰、语言、行为，这三点都能做到遵从先王的礼法准则，才能守住自己祖宗的香火，延续兴盛。这就是卿、大夫的孝道啊！最后，孔子引用

《诗·大雅·烝民》里的两句话作为告诫，要从早到晚勤勉不懈，专心侍奉天子。"

班婕妤解道："《泉水》，是一首出嫁女子想回到家乡的诗。诗中说，泉水汩汩，流淌不息，一直流到淇水里。因为怀念卫国的家乡，我在这里日思夜想。那几个同姓的姑娘真是美丽，我姑且和她们共同商量这件事。回家那晚在济水边住宿？送行的酒席摆在祢沟？姑娘长大要出嫁，远离父母兄弟的家。先回去问问几位姑姑，然后再和大姐商议。要不然当晚住在干？送行的酒宴安排在言？抹好车油，上好轴盖，准备好车辆就上路。赶回卫国走得又急又快，大概不会有什么妨害吧？我一想到那肥泉，不由得连声发出长叹。再想到须邑和漕邑，心里的忧愁就没个尽头。驾着马车出去游游，或许能排解心中的忧愁。"

四个孩子的吟诵和解读让班况很满意，只是女儿婕妤选的这首《泉水》，令他颇感意外。"女儿，你怎么选了这首？"

婕妤微微皱起眉头，犹犹豫豫地回答："父亲，这个女子，年纪还很小吧，是不是一个陪嫁的小姑娘呢。你看，她想回家，要问几个姑姑，还要问大姐。自己假想了两种回到卫国的方法，但最终也没有办法实现。嗯……很可怜，随嫁到外乡，思念家乡。"然后，从案旁起身，走到母亲跟前，轻轻说："我长大了，不嫁人，就在父亲和母亲身边。"

班夫人看了班况一眼，将女儿搂在怀里。婕妤说的声音很小，但班况还是听见了。

为了消除女儿的低落情绪，班况满面笑容，大声对众人说：

"今天过年，我给你们讲个故事。是发生在吴家沟村的狐精故事，名叫《饶四爷遭祸败家》。饶四爷的后楼上住着一家皮狐精，它们对他很好。这一年饶四爷嫁女儿，做了全副的嫁妆。一天，二更过后，母皮狐精在楼上问饶四爷，嫁妆可置办齐了？还差什么，你只管说出来，我们自有办法。饶四爷就说，样样都有了，就只差个洗脸盆。第二天晚上，母皮狐精来到一个姓王的大户人家，把柜子里锁着的金洗脸盆拿起就走，但在厅屋里被终葵拦住去路。母皮狐精见状，将金盆扔到王家门口的烂水坑里，夺路而逃。回去后，母皮狐精给饶四爷讲了偷盆的过程。饶四爷说，人情我领了，多谢你们帮忙。王家不见了金盆，挖地三尺也没找着。饶四爷嫁了姑娘，人也闲了，装扮成算命先生来到王家，帮家主人在水坑里找到金盆。家主人想要感谢饶四爷，偏偏饶四爷只要他们家墙上挂的那幅终葵像，计划用他赶走皮狐精一家。家主人很爽快，当下就给了。皮狐精一家知道了这件事，把饶四爷家的粮食倒进烂水沟，腊肉扔进茅厕，衣服、被子、铜钱、银子统统带走，再也没有人知道他们的去向。这个故事就是要告诫人们，为人，要知恩图报，不能恩将仇报。

"你们知道拦住皮狐精的终葵是谁吗？相传，殷时代的遗民有七大家族，分别是陶氏、施氏、繁氏、树氏、樊氏、饥氏、终葵氏。他们的姓氏大多来源于他们的手艺，陶氏是做陶器的，樊氏是做围墙篱笆的，而终葵氏家族的专长是做大木槌。古时候，我们楚国的祭神仪式上要跳傩舞，跳舞的是手拿大木槌、带着脸谱的巫师，他把大木槌称为制作它的人终葵。巫师频频用终葵打鬼驱邪，久而久之，人们认为大木槌有神奇的力量，终葵二字也很吉祥，就把终葵当作驱神巫师的名字。后来，人们又把终葵画成画贴在大门上，让鬼不敢进门，把邪气挡在门外。咱们大门上贴的，就是两幅戴着不同脸谱的终葵。"

听了父亲讲的故事，婕妤的脸上云开雾散，又绽开了笑颜，班况和夫人这才松了一口气。班夫人对乐师说："取来小姐的七弦琴，让她弹奏一曲《阳阿》给老爷听。"

《阳阿》是先秦时期的楚曲，是劳作时的歌舞之曲，也是表演娱乐性舞曲，能击鼓和声而歌，也能踏地应节而舞。

班婕妤端坐琴前，静默片刻。然后，轻轻抬起手腕，纤细的手指在琴弦上流水一般滑过，楚国的流行歌曲《阳阿》在大堂内响起。听着女儿手下传出来的活泼欢畅的琴声，班况好像看到母国田野中黎民载歌载舞的情形，又看到楚国宫廷宴饮的华丽场景。

此时的婕妤，神情专注，姿态优雅，是标准的荆楚小美人。班况脸浮笑意，入神地看着抚琴的女儿，看得目不转睛。

女儿是班况的珍宝。他觉得，已经到了给女儿造新屋的时候了。

烟雨江南。小院，清风，菱花窗掩日影，树绿花红。员外家的小姐，身穿绣衣，亭亭玉立在绣楼上，轻抛绣球。绣楼下，人头攒动，一群手持纸扇的年轻公子纷纷争抢。

这是后世戏文里一个经典的情节：大户人家的千金绣球选婿。

小姐绣楼的雏形，应该始于汉代。

班府西北角，那座新造的二层建筑坐北朝南，一层住班伯、班斿、班稚，班婕妤住在二层。班况和夫人担心女儿害怕，让家中一个中年女仆在侧屋陪住。

婕妤的屋子，雅致，温馨，舒适。新泥的土墙上，悬挂着绘有云纹、凤鸟的粉蓝色丝帛壁衣；地下，铺着毛织品的地衣，不但防寒防潮，看上去也非常的美丽。屋子一分为三，西侧，立一座四扇屏风，朱色的底子，上面用黑线描着花草虫鸟的图案。屏风后面，粉红色的帷帐内是婕妤的睡床。中间，是婕妤的书房和琴房，书架上摆着竹简制成的书籍。和兄弟们一样，按照书师的教导，这些书籍也是班婕妤自己一笔一划誊写。书籍都装在锦袋里，五颜六色的书袋都是婕妤亲手缝制。书袋束口处缝制一截白色的绢带，上面写着《孝经》《论语》《诗》等字样，是娟秀的汉隶，也出自婕妤之手。木格子的南窗下，长长的琴案居中安放，案上搁一张黑漆的七弦琴，案头有一个小小的高脚铜盏，盛有香草的余烬。靠近北墙，支有书案。书案左边，摊开一卷屈原赋作，年代久了，来自楚国的竹简已经暗黄，字迹也略有磨损，散发着岁月的光泽。右边，有铜制的豆形灯、毛笔、墨锭和石砚。书案中间是一堆新制的木简，还残留着新木的清香，有几支简上已有了字迹。婕妤在誊写屈原赋作，这是班况临走时给女儿布置的课业，他要求婕妤不仅会背会解屈原的赋，还要将原本是楚篆的赋，用汉隶重抄一遍。屋子的门开在东侧，有织锦的帷帐将堂屋与书房隔开。堂上安置一具二人对坐的合榻，榻上放置木几，木几两边放置锦垫。榻旁支着半人高的镜台，镜架上面托放一枚铜镜，镜台上放着红底、黑纹描金的妆奁。

童年时光，悠闲而漫长。

但自从住进新屋，似乎一下子，班婕妤就从小女孩变成了少女，后花园很少再听到她清脆的笑声，每天从书馆下学，她就径直上楼。这时候，乐师也会跟着上来，教婕妤两个时辰的琴曲。要教楚乐，也教和着韵律的《诗》和屈原赋作。

没有姐妹，长到十四岁，班婕妤已经习惯了孤单一人。独上西楼，她的伙伴就是一张琴，一架书。那么多的先秦典籍，婕妤最喜欢《诗》。这里面，一个宏大、神奇的世界向她敞开。或许从小常听祖父讲楚国始祖南迁创业的缘故，婕妤尤喜欢刚刚学到的《诗·大雅》。

比如《绵》：

绵绵瓜瓞！民之初生，自土沮漆。古公亶父！陶复陶穴，未有家室。

古公亶父！来朝走马。率西水浒，至于岐下。爰及姜女，聿来胥宇。

周原膴膴，堇荼如饴。爰始爰谋，爰契我龟。曰止曰时，筑室于兹。

迺慰迺止，迺左迺右。迺疆迺理，迺宣迺亩。自西徂东，周爰执事!

乃召司空，乃召司徒，俾立室家。其绳则直，缩版以载，作庙翼翼!

捄之陾陾，度之薨薨。筑之登登，削屡冯冯。百堵皆兴，鼛鼓弗胜!

迺立皋门，皋门有伉。迺立应门，应门将将。迺立冢土，戎丑攸行。

肆不殄厥愠，亦不陨厥问。柞棫拔矣，行道兑矣。混夷駾矣，维其喙矣!

虞芮质厥成，文王蹶厥生。予曰有疏附，予曰有先后，予曰有奔奏，予曰有御侮。

诗中叙述了周部族的避难、安居、振兴：

周人的发祥地，原本在低洼潮湿的漆水旁。英明的太王古公亶父，率民开掘出窑一样的地室，窖一样的洞穴。只是，还没有开始筑屋，修建厅堂。古公亶父，清早打马出行，沿河岸一直向西，来到岐山脚下。他娶姜氏女为妃，二人共察山水和住地。周原上，土地肥沃，堇葵苦菜，甜如麦芽糖。谋划，商量，再刻龟甲看卜象，兆示宜居。于是，就在这里安家定邦，划疆治理，开渠垦荒。先召司空定工程，再召司徒定工匠，然后建造房屋和宫室。王城的郭门，高耸入云；王宫的正门，气势雄伟；大社前面，戎狄俘虏排列下跪。拔除柞树、棫树，道路宽正，畅通；野蛮的昆夷胆战心惊，奔逃四散，疲惫不堪。虞芮两国，因土地之事，前来王廷寻求公平，文王启发了他们相亲相爱的天性，也因之文王名闻四方。我以为，她有了附属之国，还拥有了辅助的臣，奔走的臣，御侮的臣。

更多时候，班婕妤还是流露出小儿女情态。

暮春。院子里，高树上，新翠满枝。麻雀儿叽叽喳喳的叫声，从树的缝隙中传出。叫声急促，正在屋中抄写屈原赋的班婕妤，忍不住从书案前起身，走到南窗前，推开窗户。寻声望去，只见树上雀巢里面有几只雏雀，正大张着黄黄的小嘴巴，嗷嗷待哺。婕妤心里突然一阵焦急，他们的双亲在哪里？正担心着，两只大雀飞回来，先后将嘴巴伸进雏雀的嘴里，然后又匆匆飞走了。婕妤知道，他们又为自己的孩儿捉虫去了。

亲爱和睦的雀之家，打乱了班婕妤宁静的心情。她轻轻关上窗子，揭开七弦琴上覆盖的锦布。

先弹唱《诗·国风》周南卷中的《葛覃》：

葛之覃兮，施于中谷，维叶萋萋。
黄鸟于飞，集于灌木，其鸣喈喈。

葛之覃兮，施于中谷，维叶莫莫。
是刈是濩，为絺为绤，服之无斁。

言告师氏，言告言归。
薄污我私，薄浣我衣。
害浣害否，归宁父母。

这般美丽的画境，呈现的是未出阁女子欢愉的心情：

葛藤绵长，在山谷中蔓延，叶子郁郁葱葱。黄雀飞翔，聚集在灌木丛，喈喈的叫声，婉转动听。

葛藤绵长，在山谷中蔓延，叶子茂密繁盛。割下葛藤，煮在锅里，织成粗布和细布，衣服穿在身上，内心格外欢喜。

求助教授四德的女师，教我为妇的技艺。用灰水清洗内衣的油腻，用清水洗涤弄脏的外衣。该洗的，不该洗的，都能分清楚，出嫁了，就能让父母安心。

接下来弹唱召南卷中的《何彼秾矣》：

何彼秾矣？唐棣之华。
曷不肃雍？王姬之车。

何彼秾矣？华如桃李。
平王之孙，齐侯之子。

其钓维何？维丝伊缗。
齐侯之子，平王之孙。

诸侯国的公主出嫁了：

什么花儿，如此繁茂美丽？是刚刚盛开的唐棣。婚车怎能不肃敬雍容呢？那是王姬出嫁时用的专车。

什么花儿，如此繁茂美丽？是正在盛开的桃李。车上坐着周平王的外孙，那也是齐侯出阁的千金。

钓鱼竿上拴着什么样的鱼线？是好几条丝线拧成的线绳。车上坐着齐侯出阁的千金，那也是周平王的外孙。

再弹唱卫国卷的《淇奥》：

瞻彼淇奥，绿竹猗猗。
有匪君子，如切如磋，如琢如磨。
瑟兮僴兮！赫兮咺兮！
有匪君子，终不可谖兮！

瞻彼淇奥,绿竹青青。
有匪君子,充耳琇莹,会弁如星。
瑟兮僴兮!赫兮咺兮!
有匪君子,终不可谖兮!

瞻彼淇奥,绿竹如箦。
有匪君子,如金如锡,如圭如璧。
宽兮绰兮!猗重较兮!
善戏谑兮,不为虐兮!

这是在赞美一位贵族男子:

远望淇水弯弯处,竹林绿叶婆娑。那位君子,好像牛骨象牙经过了切磋,好像美玉宝石经过了琢磨。光彩照人,多么优雅!德行显赫,胸怀宽广!文采风流的君子,总是让人难以忘怀!

远望淇水弯弯处,竹林翠叶青青。那位君子,悬在两鬓旁的玉瑱明亮晶莹,缀在朝冠上的美玉璀璨如星。光彩照人,多么优雅!德行显赫,胸怀宽广!文采风流的君子,总是让人难以忘怀!

远望淇水弯弯处,竹林郁郁葱葱。那位君子,德行精纯犹如精炼过的金和锡,光辉成就犹如细磨过的圭和璧。心胸开阔,性情柔和!斜倚车耳,无比从容!言谈风趣的君子,从来就没有粗野的举动!

琴声悠悠。
歌声细细。
此时此刻,班婕妤早已忘记四年前和母亲说过的那句话:"我长大了,不嫁人,就在父亲和母亲的身边。"她有节奏地摆动着柔软的肢体,沉浸在乐和诗的意境里。完美的妇功,出嫁的公主,儒雅的公子,这一切，是不是也暗示着婕妤对女儿家未来生活的渴望与期待？

听到花开的声音。

汾水之畔

李白诗说："黄河之水天上来。"

而其实，黄河之水出自青海的巴颜喀拉山。

黄河穿山越岭，浩浩荡荡来到北地郡富平县西（今宁夏吴忠市南），径直向北流去。河两侧，高山相对，水出其间，郦道元的《水经注·河水》称之为上河峡。上河峡西岸有上河城，上河城是北地郡上河农都尉的所在地。班况就在这里任职，为大汉朝储备西北粮仓。

北地郡，上接北方少数民族畜牧地区，下临中原农耕之地，郡中有黄河穿过，涵养得区域内草木丰美。这里，既是中原王朝御外护内的战略地带，也是经济开发的重要地区。为巩固和加强西北边防，汉朝在西北边塞地区驻守了大量的戍卒、屯兵，还有农都尉所统领的屯田卒。

远离家乡，远离亲人，屯田卒们既从事农业生产，又有防卫边塞的任务。在这里，他们过着半军事化的生活，衣服由国家统一发给，集体住宿，集体劳动。班况虽口含金钥，呱呱坠地，但作为屯田卒的最高长官，生活一样简朴。从晨至昏，终日操劳屯田事务，精于田官、农令、农亭长的三级管理。他经常走出农都尉公府，在田官的陪同下，到大田之间查看谷物的春种秋收情况，随时解决生产中出现的问题。西北地区，自然环境恶劣，终年降水量小，蒸发量大，气候异常干燥。为了使谷物得到灌溉，班况亲自四处勘察，再派屯田卒开凿新渠，将流过富平县的沮水、泾水引到田地里。

秋风起，叶儿黄，大雁南飞避寒霜。

在北地郡，呈现出的则是波涛翻滚的金色海洋。

正是由于班况的亲力亲为，悉心治理，北地郡的屯田事务被安排得井井有条，年年谷物大丰收，屯田卒可以自给自足，也解决了边疆驻军因运输困难造成的粮秣问题。富裕的谷物，有时还用来缓解内郡的匮乏。

作为主管全国财政的中央大司农，拥有对钱谷租税等财政收入和支出的管理权。这种管理，既包括郡国地方，也包括国家屯田。每年，大司农都要代表朝廷，前往各郡国考察官员的政绩，班况在课考中连年第一。根据大司农的上书，汉元帝召集将军、公卿廷议，诏准班况转为皇家卫队的越骑校尉，统领一支由少数民族士兵组成的军队，与其他军队一起护卫京师。同时，班况还拥有可以受尚书事的加官——左曹。

"九"，在中国古代是一个神秘的数字，也是一个吉祥的数字。起初，它只是一个龙形或蛇形的图腾化文字，继而演化出"神圣"之意。

寒来暑往，已过九载。在九的神光照拂下，班况终于离开北地郡，重返京城长安。

此时的班况，官秩已经赶上远祖——楚王室宗亲二千石的高官。

漫漫人生，相聚与欢乐无数。其中，最暖心的相聚是家人团聚。

班况迎来了回京后的第一个上巳节。

本可以随皇帝到灞水之滨，祭祀，宴饮，君臣同乐，但班况提前告假，意欲回楼烦与亲人团聚。

班况多年坚守北地郡，业绩不俗，元帝准其所奏。

飞奔的马车载着班况，穿过柳絮儿飘飞的长安城。

班况突然回来，阖府上下又惊又喜。尤其是班婕妤，跟在父亲身边，几乎寸步不离。吃完饭后，婕妤就请父亲到她的屋子里，坐在书案旁，听她弹琴唱歌。婕妤的琴技歌艺大有长进，班况内心充满喜悦。他称赞了女儿，然后说：

"父亲想听你背诵一遍屈原的《橘颂》。"

婕妤高声朗读：

> 后皇嘉树，橘徕服兮。受命不迁，生南国兮。
> 深固难徙，更壹志兮。绿叶素荣，纷其可喜兮。
> 曾枝剡棘，圆果抟兮。青黄杂糅，文章烂兮。
> 精色内白，类可任兮。纷缊宜修，姱而不丑兮。
>
> 嗟尔幼志，有以异兮。独立不迁，岂不可喜兮。
> 深固难徙，廓其无求兮。苏世独立，横而不流兮。
> 闭心自慎，不终失过兮。秉德无私，参天地兮。
> 愿岁并谢，与长友兮。淑离不淫，梗其有理兮。
> 年岁虽少，可师长兮。行比伯夷，置以为像兮。

班况点点头："再解颂一遍。"

婕妤走到琴案旁，在铜盏中添一撮香草段，小心点燃。一边踱步，一边解诵：

美好橘树，天孕地育，生来就适应这方水土。禀受使命，再不迁徙，永远生长在南国的楚地。扎根深固，不离故土，立志恒久又专一。叶儿碧绿，花儿素洁，缤纷又讨喜。树枝层叠，长有利刺，果实圆美无比。青的黄的，错杂相映，色彩绚烂美如霞辉。外皮鲜丽，内纹洁白，一如堪托大任的君子。气韵芬芳，修饰得体，美质脱俗无一丝瑕疵。

真心赞美，南国橘树，自幼志向与众不同。独立于世，终不迁移，志节超群令人惊喜。扎根深固，不离故土，胸襟开阔且无欲无求。远离浊世，超然自立，气节充盈不随波逐流。坚守清心，洁身自爱，从来也没有什么过失。秉持道德，公正无私，节操可与天地相比。我愿随岁月的流逝，与你作永世的友人。秉性温良，从不放纵，枝干坚挺，纹理清晰。虽是少年，已经可以为人师长。品行高洁，堪比伯夷，将永远是我立身的榜样。

班婕妤的解诵，流利，自然，感情充沛，富有韵律，唤起班况深藏在心的对屈原的敬仰。

屈原是战国时期伟大的诗人和政治家，青史留名，芳泽千载。

汉武帝是第一个热爱屈原赋作的皇帝，他的《秋风辞》，充满屈原赋的气息。

作赋达八十余篇的淮安王，称屈原《离骚》兼有《诗》的《国风》《小雅》之长，体现了屈原"屈浮游尘之外"的人格风范，可"与日月争光"。

司马迁《史记》为屈原作传，将《离骚》与孔子删定的《春秋》相提并论，盛称前者"其文约，其辞微，其志洁，其行廉……"是屈原伟大完满人格的写照。

……

而在班况心里，屈原是安邦定国的楚国良臣，他的赋是楚文化的传世瑰宝。作为王室后裔，班况是屈原爱国精神和文化精神的追随者。他表情认真地对婕妤说：

"《橘颂》是一首咏物诗。在诗里，屈原将橘树比喻成深固难移、遗世独立、闭心自慎、柔德无私的谦谦君子。乖女儿，后天是上巳节，我想让你在船上弹唱它。我会安排琴师，为你挑选一支合适《橘颂》的琴曲。"

女儿婕妤聪慧伶俐，班况希望她有朝一日能明白自己的心意。

从班况的眼神中，班婕妤读出父亲对自己的期待，她郑重其事地点了点头。顿了一顿，又提出一个小小的请求：

"父亲，我们家的狩猎营苑，就建在汾水之畔，我还想弹唱一首《诗·国风》魏国卷的《汾沮洳》。"

女儿能这么想，班况很是欣慰，连连说："甚好！甚好！"

上巳节，一个古老的中国节日，也被称作尚子节。

远在周朝，每年三月的第一个巳日（上巳日），一大早，人们就纷纷结伴，到水边祭祀，用香熏的草药沐浴。《周礼·春官》说："女巫掌岁时祓除衅浴。"意即女巫职掌每年的祓除仪式。

到了汉朝，上巳节的祓除仪式被称作祓禊，古老的巫祭礼仪也被淡化。但祓禊求子，行"修禊"之礼，以祛除晦气的美好愿望流传下来，成为自皇帝、重臣到庶民百姓普遍参与的风俗活动。这一日，汉高祖与戚夫人曾到过百子池畔，汉武帝曾到过霸上，均是为皇家祈求子嗣。

上巳节到了，楼烦天气出奇得好。天空澄澈，高远，湛蓝。春风温柔，像婴儿的小手触摸在脸上，让人禁不住地心里痒痒。

汾水河畔，班府狩猎营苑周围，早已是人声鼎沸。受到班况的邀请，县衙的官员，富商巨贾，乡里士绅，都携亲带友，前来与京城的高官共度上巳节。知道班府的老爷回来过上巳节，一传十，十传百，闾巷的老幼妇孺，红男绿女，也蜂拥而至。

北方的春三月，纵是阳光明媚，也抵不得江南的春江水暖，汲水沐浴，除垢纳新，自然也就无法实现。于是，祓禊求子，男欢女爱，踏青郊游，游船荡波，就成为世俗男女的游乐盛事。

狩猎营苑门户大开，好奇的人们鱼贯而入，观赏这座罕见的楚风建筑；青年男女的身影，陆续隐入远离河水的绿树林中；年轻的母亲站在水边，拉紧孩童的一只手，以免他戏水时不小心掉进河里；壮年的汉子三三两两蹲在那里，抽着旱烟，说着他们自己才明白的事情；老翁和老媪，沿着河畔缓缓地走，再将回忆的思绪扔进南流的河水里。

热闹壮观的场景，还是在汾水之上。虽然场面远不如汉武帝《秋风辞》中的"泛楼船兮济汾河，横中流兮扬素波。箫鼓鸣兮发棹歌……"，但在这个地域偏远、文化贫瘠的县份，也称得上是一个盛大活动。

各色木船，迎风争渡，班府满载宾客的大游船最引人注目。船舱装饰华丽的幔帐、七彩的丝带，船舱外，乐师吹奏，歌伎起舞。

舞过三曲，乐师将七弦琴摆在中央，班婕妤娉婷上场。楚人崇尚红色，今天，婕妤穿一袭红色汉袍，是母亲精心缝制的新装。她一边抚琴，一边咏唱《橘颂》。

碧波之上。琴音如击磬，激扬清越；歌声如鹂啼，婉转动听。

婕妤唱毕，引来宾客一阵喝彩。

施礼谢过众人，她继续弹唱《汾沮洳》：

彼汾沮洳，言采其莫。彼其之子，美无度。美无度，殊异乎公路！

彼汾一方，言采其桑。彼其之子，美如英。美如英，殊异乎公行！

彼汾一曲，言采其藚。彼其之子，美如玉。美如玉，殊异乎公族！

这是先秦时代魏地（今山西芮城、运城一带）的汉族民歌，可看作是赞美劳动者的歌谣，也可看作是民间女子赞美心上人的情歌：

在滔滔汾水的低洼处，采摘脆嫩的酸模。看那个勤劳的小伙子，英俊得无法言说。英俊得无法言说，绝不同于掌管大车的"公路"！

在滔滔汾水的河岸旁，采撷养蚕的嫩桑。看那个勤劳的小伙子，英俊得如鲜花怒放。英俊得如鲜花怒放，绝不同于掌管兵车的"公行"！

在滔滔汾河的拐弯处，采摘鲜嫩的泽泻。看那个勤劳的小伙子，英俊得如一块美玉。英俊得如一块美玉，绝不同于掌管皇家宗事的"公族"！

又一番赞叹之后，有人提议：

"班大人，如果可以，何不让令千金再弹唱一曲《溱洧》，应景又应时！"

众人皆笑着附和。

《溱洧》是《诗·国风》郑国卷中的一首，写了一对郑国青年男女，趁祓禊时相爱相携的故事。

班况已问过书师，《诗》中的《国风》，婕妤很多都会吟唱。也问过琴师，婕妤会弹奏所有与《诗》相配的琴曲。

班况答应了众人的请求，用鼓励的眼神看着女儿。

受到父亲的鼓励，班婕妤起身，向着船舱的宾客行了一个屈膝礼。

七弦琴再次拨响：

溱与洧，方涣涣兮。
士与女，方秉蕳兮。
女曰观乎？士曰既且。
且往观乎？洧之外，洵訏且乐。
维士与女，伊其相谑，赠之以勺药。

溱与洧，浏其清矣。
士与女，殷其盈矣。
女曰观乎？士曰既且。
且往观乎？洧之外，洵訏且乐。
维士与女，伊其将谑，赠之以勺药。

这就是远古的爱情：

溱水河，洧水河，春来涨满奔腾的碧波。男子和女子，手持兰花来到这里。女子柔声问："我们去看看？"男子爽快答："已经去过啦。"女子又说道："再去游览么，洧水河畔那一端，真的开阔又快乐！"他们二人，一边说话，一边调笑，男子赠给女子一支盛开的芍药。

溱水河，洧水河，正荡漾着明澈清亮的微波。男子和女子，手持兰花来到这里。女子柔声问："我们去看看？"男子爽快答："已经去过啦。"女子又说道："再去游览么，洧水河畔那一端，真的开阔又快乐！"他们二人，一边说话，一边调笑，男子赠给女子一支盛开的芍药。

上巳节，中国古老的情人节，比西方情人节还早千年。

大汉民族，曾经是多么的浪漫！

那是人类的童年。只是今天，我们再也回不去了。

船舱内，县令和班况并坐。县令与班况耳语："班大人，敢问令千金芳龄？"

班况答："刚满十四。"

县令用试探的口吻说："好，好，已经到了出阁的年纪。大人呐，全县都知道班府的千金不仅貌美，而且通晓诗赋音律，有不少富豪人家都跟本县说，有意和班府结为姻亲。"

班况微微一笑，算是作答。

汉朝的女子，十三岁就可以出嫁了。

班伯也不止一次和班况说："父亲，我和妹妹弟弟闲来无事，骑马到街市上逛逛。满街的人都朝我们这边看过来，还窃窃私语，指指点点，说班府的小姐，模样好，有才艺，谁家能娶她进门，就是谁家的福气。"

班况不急，他舍不得。舍不得温顺、聪慧的女儿这么早就嫁作他人妇。

班婕妤还在弹唱。

美丽如蝶。

吐气如兰。

如此出尘的女子，未来的一天，会接过谁赠予的那支芍药花？

第三章 承宠：十五入汉宫，花颜笑春红

金风玉露
惺惺相惜
宫苑辞辇
家族荣耀

> 扬光烈之翕赫兮，奉隆宠于增成。
>
> ——班婕妤《自悼赋》

大凡生命，皆有所附。雄鹰展翅在苍穹，松柏扎根在崖畔，鱼儿遨游在海洋，骏马奔腾在草原。楼烦女子班婕妤，幽幽然沉醉在《诗》里。

她，是那个窈窕淑女，君子的好配偶，值得君子寤寐求之，琴瑟友之，钟鼓乐之。她，是那个修长美人，柔嫩的双手像初生的茅荑，光滑的肌肤像冰雪般白皙，美丽的脖颈像圆润的蝤蛴，洁白的牙齿像葫芦籽一样整齐，蝉一样饱满的额头，蚕一般弯弯的双眉，巧笑倩兮，美目盼兮……

偏邑僻野，丝毫泯灭不了楚王室后裔的贵族品质。班婕妤心地纯良，生性敏感，《诗·大雅》的台阁华贵之气，令她深深着迷，对于周朝的王，

心中更是充满英雄式的崇拜："文王在上，于昭于天！"文王的神灵在高高的上天，他在天庭是多么的显赫！"武王成之，武王烝哉！"武王完成了建都工程，武王真是伟大英明！"永言配命，成王之孚"。言行永远符合天命，成王赢得天下人的信服。

"凤凰于飞，翙翙其羽"。周王们的德行，令班婕妤顶礼膜拜，而现实中的帝王，给予班婕妤的，则是亦火亦冰的两极人生。

金风玉露

红尘滚滚，各有命运。有人生在寒门，劳其一生，仍如草芥；有人生在帝王家，安坐于室，即可拥有天下。

元帝还是太子时，太子妃王政君，在宫中的彩画之堂生下刘骜，为嫡皇孙。宣帝十分喜爱这个嫡皇孙，替他取字为太孙，时常让他承欢膝下。刘骜三岁，祖父宣帝去世，元帝即位，立刘骜为太子。

太子长成少年了，好读经书，学识渊博，行事谨慎。原先太子住在桂宫，有时元帝紧急召见，太子出了龙楼门，不敢横穿天子所行的驰道，就先往西，走到直城门，到城门前才横穿以过，返回头，再到作室门。元帝见太子迟迟才到，还气喘吁吁，便询问原因，刘骜遂将不敢穿越天子驰道而绕行的情况告知。元帝听后十分高兴，当即下令，太子可以横越驰道。

只是可惜又可叹。后来，少年刘骜变得好酒贪杯，沉湎宴饮取乐。因了这个缘故，元帝常常萌发别的念头。

竟宁元年（前33），元帝的病势逐渐加深，傅昭仪和定陶共王刘康天天在身旁服侍，而王皇后和太子，很少能够见驾。元帝病情沉重，心神恍惚，颇不平和，屡次向大臣询问景帝朝废太子刘荣改立胶东王刘彻的旧事。原来，元帝想另立宠妃傅昭仪之子定陶恭王为太子。

当时，太子的大舅王凤任卫尉和侍中，他和皇后、太子都很担忧，不知该采取什么样的对策才好。

情势如此危急！

多亏有一个史丹。

史丹，皇家外戚的后代。他的祖父史恭有一个妹妹，是武帝时卫太子的良娣，生下了宣帝的父亲。宣帝贫贱时，依靠的就是史氏。史丹的父亲史高为大司马车骑将军，兼尚书一职。宣帝去世，元帝即位，史高曾辅佐朝政五年。史丹也由原来的中庶子升任驸马都尉侍中，皇帝出行，他常常在车右边陪乘，很受宠幸。元帝因为史丹是原来的臣下、亡父的外家亲属，心中自然亲近信任，命史丹护卫太子一家。由于是亲近的臣子，元帝病重，史丹能够进宫侍候。等到皇上独自躺着休息时，史丹径直闯入寝室，头磕地，拜伏在青边蒲席上，哭泣着说：

"皇太子以嫡长子而被立，至今已经十几年了，受到百姓尊重，天下人没有不从心里归附他，自托为臣子的。看到定陶王一向很受皇帝喜爱宠幸，现在路上流播谣言，对国家起了怀疑之心，认为太子有不稳固的议论。如果确实是这样，公卿大臣以下一定会以死抗争，不接受诏令。我愿先受赐而死来给众位大臣看！"

元帝素来仁爱，不忍心看见史丹流泪悲泣，况且史丹言辞又恳切到了极点，心里不禁大为感动，喟然长叹道："我一天天的疲惫衰弱，而太子和两位皇子幼小，心中恋恋不舍，又怎会不惦念呢？可是并没有那样的主张。况且皇后细心慎重，已故的父亲又喜爱太子，我怎么会违背他的旨意！驸马都尉从什么地方听来这些话？"

史丹马上退后，叩头说："愚昧的臣下，胡乱听信谣言，按罪应当处死！"

元帝接受了史丹的忠言，对他说道："我的病情逐渐加重，你要好好辅佐引导太子，不要违背我的心意。"

拨云见日，雨过天晴。太子刘骜，终于成为皇位继承人。

竟宁元年五月，汉元帝驾崩。遵循祖制，六月末，十九岁的太子刘骜承继帝位，是为汉成帝。

一朝天子一朝臣。

一朝天子也有一朝的后宫。

顺理成章，班况成为汉室的又一代朝臣。让他万万没有想到的是，自己视若珍宝的女儿，有朝一日会成为天子的女人。

《诗》说："溥天之下，莫非王土。率土之滨，莫非王臣。"

在周朝，苍天之下，皆是王的领土；四海之内，皆是王的臣民。到了汉朝，除去王土与王臣，举国之内的女子，也皆是皇帝待选的女人。

西汉选妃有三种形式，召纳、选纳、献纳。召纳是皇帝自行选妃，选纳是有关部门为皇室选妃，献纳为郡国或个人向皇帝进献。选纳是具有制度意义的主要形式，一般由皇太后主持进行。这就是《汉书·王商传》中所说的"后庭之事皆受命于皇太后"的西汉家法。

汉成帝初执政，皇太后王政君即下诏，通过乡里举荐的方式为成帝选妃。

"详择有行义之家，求淑女之质"，是皇家此次"采良家女"的准则。班况在长安任职皇家的越骑校尉，当属"良家"和"有行义之家"，他的女儿自然在乡举之列。容貌秀丽，熟读诗赋，通晓音律，精于妇功，班婕妤最终被选入宫。

来自皇宫的太后懿旨，送达班府。

来自长安的班况家书，也递到班婕妤手上。竹简上写着：

女儿：

你将出阁，父亲送你一言，务必谨记。

老子曰：我有三宝，持而保之。一曰慈，二曰俭，三曰不敢为天下先。

其中旨趣：第一是宽容，第二是节俭，第三不敢在天下争先。

十五岁的班婕妤，秀发簪花，临窗而立，将竹简反复念三遍，牢牢地记下了。

这一记，便是一辈子。

建始元年（前32），仲春。

杨柳吐絮季，婕妤启程时。班府内外，张灯结彩。

吉时已到。

班婕妤身穿楚国女子出嫁的大红绣衣，外罩大红披风，走出闺房。美丽的嫁衣，班夫人在上面绣了楚国特有的龙凤虎纹，其他的鸟兽纹样和花草藤蔓与龙凤虎穿插连接。婕妤梳简洁的发式，左右各插一支凤鸟玉簪。这是班家祖上给儿媳的见面礼，一直传到班况夫人一辈。班夫人没打算传给未来的儿媳，让玉簪随爱女嫁入皇宫。装有杜若的香囊，用金色的丝线系在衣襟上，婕妤过处，步步生香。

在家人的簇拥下，班婕妤走出班府大门，去祠堂祭拜祖先。

返回家门前，班婕妤依依不舍地拜别须发皆白的祖父。

宫门重重深似海，这一去，不知何日才能见到母亲，班婕妤泪洒母亲怀。

送亲的队伍，浩浩荡荡。旌旗鼓吹开路，鼓吹手吹吹打打，奏响吉祥的乐歌。紧跟着是班婕妤的婚车，拉车的是班府最出色的四匹骏马，金子一般的皮毛，闪闪发光。为送女儿进宫，班况盼咐身边的家仆火速回乡传话，赶制了这辆崭新的辎车，车厢四周饰有锦幔，锦幔内缀香草，龟甲形的车盖垂满七彩流苏。紧跟车后的，是婕妤的三位兄弟，个个年轻俊朗，骑着高头大马；然后是巫师、乐师、歌伎；压后的是五辆行李车。车上全部是描金漆彩的箱子，里面装着书简、七弦琴、笔墨、衣饰、妆奁……除去书简、七弦琴是婕妤闺房里的旧物，其他均是崭新的嫁妆。班况特别给夫人捎话，把祖传的木雕座屏作为他送给女儿的嫁妆。座屏高十五厘米，长五十一厘米，由扁平的底座和长方形的平面构成。座宽十二厘米，屏面厚三厘米，通身髹黑漆，用朱红、灰绿、金、银等彩色漆描绘。座屏采用透雕、圆雕、浮雕相结合的综合工艺，塑造出凤、鸟、鹿、蛙、蛇等栩栩如生的动物。动物们相互重叠交错，屏面玲珑剔透，气氛热烈，情绪奔放；屏座两边着地，中间悬空，艺术创意与屏面呼应。从任何一个角度看过去，木雕座屏都有妙不可言之处，堪称古楚国的稀世珍品。班婕妤极喜爱这个座屏，将它放在车内，与自己同坐。

班家出皇妃，惊动了整个楼烦县，送亲队伍在男女老少的夹道欢送中出了县城。

行至晋地与三秦的交界地带，送亲的队伍停了下来。

按照楚王室的规制，公主出嫁离开母国，要在国界处举行祭祀仪式。仪式结束，就要与母国和亲人告别。今日，班婕妤只是离开家乡楼烦，入住国都长安皇宫，仪式便在晋地河东郡的汾河畔进行。

就是在这里，元鼎四年（前113）秋天，汉武帝帅众臣到汾阳县（今山西万荣）祭祀后土。之后，泛舟河上，武帝与臣宴饮，慨然抒怀，作千古名篇《秋风辞》：

秋风起兮白云飞，草木黄落兮雁南归。
兰有秀兮菊有芳，怀佳人兮不能忘。
泛楼船兮济汾河，横中流兮扬素波。
箫鼓鸣兮发棹歌，欢乐极兮哀情多。
少壮几时兮奈老何！

而此时，屈原《九歌》的迎神曲《东皇太一》，在滔滔汾水之上庄严回响：

  吉日兮辰良，穆将愉兮上皇。
  抚长剑兮玉珥，璆锵鸣兮琳琅。

  瑶席兮玉瑱，盍将把兮琼芳。
  蕙肴蒸兮兰藉，奠桂酒兮椒浆。
  ……

  灵偃蹇兮姣服，芳菲菲兮满堂。
  五音纷兮繁会，君欣欣兮乐康。

在祭祀天神中最尊贵的神——东皇太一的祭歌里，屈原呈现给世人一个热烈的迎神场面：

这样吉祥的日子，这样美好的时刻，恭恭敬敬迎接天上的帝王。主祭的巫师身穿祭服，佩玉叮当，手抚镶玉长剑，指挥群巫击鼓弹弦歌唱。

装饰精美的供案放置着玉镇，一束束植物散发出芳香。献上兰草垫底、蕙草包蒸的祭肉，再奉上桂椒炮制的佳酿……

众巫女身穿艳丽的华服，在缓慢的歌声中翩翩起舞。乐声纷繁，五音交汇，东皇太一快乐安康。

这是班氏家族第二次举行隆重的祭祀仪式。只是，前后两次的情状大不相同。一百九十多年前，近祖班壹与父母及王室贵族被驱逐出楚国，仪式在楚秦交界处进行。那一刻，背井离乡，贵族们的心境，苍凉而绝望。而今日，班婕妤贵为皇妃，楚王室后裔即将入住大汉皇宫，班氏一族，心境犹如此时的春阳，温暖而明亮。巫师们从容地穿戴好祭祀专用的鲜亮衣饰，头上插满五彩的羽毛，涂满油彩的面庞，神情庄重而不失喜悦。他们一边高声吟唱，一边跳着动作夸张的舞蹈。

班婕妤跪在地上，在巫师的指导下完成一些古老的仪式。众巫围着婕妤载歌载舞，充满馨香之音、祝祷之意，这一切，都让十五岁的婕妤心生敬畏。对于长安城的皇宫，她既期待，又惶恐；对于皇宫里的一国之君汉成帝，她的情朦胧，意也朦胧……

婕妤双手合十，闭目向天，心中默念：

天神，佑我！

班婕妤初入未央宫，位列后宫十二等少使。

汉成帝的后宫，佳丽如云。班婕妤不是家世最好的那一位，但无疑是美貌、才情、智慧俱全的那一位。去椒房殿给皇后请安，小炉煮茶，阅读经书，弹琴咏赋，做女红，和侍女们在院中玩投壶游戏，谁输了就罚谁背诵《诗》……就是班婕妤每日的全部生活。

成帝还没有驾临过班婕妤的房舍，她的日常生活，简单，充实，单纯，快乐。

在汉代，长安城已呈现出中国城市完整的格局。西汉皇宫的建筑布局，长乐宫在长安城内东南隅，供皇太后居住，号称东宫；"长乐未央"的未央宫位于城内西南隅，是皇帝起居布政的所在，称作西宫。未央宫以北，前是桂宫，后是北宫，是废退皇后的住所。未央宫内，前面是朝堂所在，后面生活区是后宫。班固《西都赋》有记："后宫则有掖庭椒房，后妃之室。"椒房为皇后宫院，也称中宫。掖庭是妃嫔居屋的总称。

一日，成帝退朝，照例前往椒房殿许皇后处。行辇走到椒房殿的东阙前，一阵琴声从后面的房舍飘出，甚是悦耳。只是乐曲听上去有些陌生，成帝命辇停下来，问身边人："谁在弹琴？"

"回皇上的话，是雁门郡楼烦县新来的班少使。"

成帝寻声朝房舍走去。

身边人高声喊："班少使接驾！"

专注弹琴的班婕妤赶忙从琴案旁起身，迎上前去，双手在腰间相扣，对着成帝深深施了一礼："拜见陛下。"

乌云成髻，玉钗横斜，眉不扫而黛，腮不敷而红，唇不点而丹，乳白色织银的汉袍裹出纤细的腰身。

成帝心中赞叹：真乃妙女子。握住班婕妤一双素手，《诗·硕人》里的两句涌上成帝脑际："手如柔荑，肤如凝脂。"

来自成帝的温暖，从指尖，瞬间弥漫班婕妤全身。她仰起头，轻抬眼帘，正碰上成帝笑意深深的注视。想起《诗经·淇奥》："有匪君子，如切如磋，如琢如磨。"班婕妤粲然一笑，眼眸闪闪如星。

怎样的一个笑容！犹如阳光穿透屋顶，直射下来，成帝一时目眩。

初次到班少使的居所，年轻、英俊、身姿挺拔的刘骜还是要保持皇帝的威仪。他双手背在身后，环视一下班婕妤屋子里的陈设，最后将目光落在七弦琴上。

成帝问："少使刚才弹的是什么曲子？很好听，朕没有听过。"

班婕妤答："回陛下，妾弹的是楚曲《阳阿》。"

成帝扬了扬一双浓眉："你怎么会弹奏楚国的曲子？"

班婕妤微微一笑："妾的远祖，是楚王室一族。"

看到成帝惊讶的神情，班婕妤的素颜突然布满红晕，一脸娇羞地说："陛下请上座，容妾为陛下弹唱一曲《诗·绸缪》。"

> 绸缪束薪，三星在天。
> 今夕何夕，见此良人？
> 子兮子兮，如此良人何？

绸缪束刍，三星在隅。
　　今夕何夕，见此邂逅？
　　子兮子兮，如此邂逅何？

　　绸缪束楚，三星在户。
　　今夕何夕，见此粲者？
　　子兮子兮，如此粲者何？

　　琴音如山泉，跌宕且潺湲；歌喉如夜莺，婉转又多情。成帝入神地看着边弹边唱的班婕妤，暗自感叹：这是天底下最聪慧、最大胆的女子吧，初次迎驾，竟然会弹唱这个给朕听。

　　《绸缪》，应该是先秦时期唐国人新婚之夜闹洞房的歌：

　　把柴草捆得更紧些吧，那三星已经挂在天中。今天是怎样一个夜晚，见到这么英俊的良人？你呀你呀，该如何对待这个良人？

　　把柴草捆得更紧些吧，那三星已经照在天边。今天是怎样一个夜晚，见到这个邂逅的良缘？你呀你呀，该如何对待这份良缘？

　　把柴草捆得更紧些吧，那三星已经照在门户。今天是怎样一个夜晚，见到如此灿烂的美妇？你呀你呀，该如何对待这个美妇？

　　还是太子时就精于《诗》《书》的成帝，怎么能在自己的女人面前示弱？他要给新来的少使一个回应："你来弹琴，朕给你吟诵《关雎》。"

　　关关雎鸠，在河之洲。
　　窈窕淑女，君子好逑。

　　参差荇菜，左右流之。
　　窈窕淑女，寤寐求之。

求之不得，寤寐思服。
悠哉悠哉，辗转反侧。

参差荇菜，左右采之。
窈窕淑女，琴瑟友之。

参差荇菜，左右芼之。
窈窕淑女，钟鼓乐之。

《关雎》是《诗》的首篇，以世俗的眼光看，似乎是婚礼上的祝颂之辞。不过，倒更像是一首追爱之歌：

关关鸣叫的雎鸠，伫立在河中小洲。温婉贞静的女子，是君子的绝好配偶。

长长短短的荇菜，顺水左右漂流。温婉贞静的女子，日日夜夜都想追求。

倾心追求得不到回应，昼夜思念难以安宁。相思的痛苦绵延不断，翻来覆去难以入眠。

长长短短的荇菜，朝左朝右摘不停。温婉贞静的女子，美妙的琴音打动她芳心。

长长短短的荇菜，左边右边采得忙。温婉贞静的女子，欢乐的钟鼓为她奏响。

吟毕，成帝走到琴案旁，向班婕妤伸出一只手。

婕妤起身，与成帝执手相拥。

没有言语，只有《诗》，两首诗传递出双方对彼此的欣赏与爱慕。此时此刻，他们似乎不是皇帝与妃子，而是坠入情网的恋人。一见钟情，心有灵犀，鸾凤和鸣，都一一合了眼前的景。

公元前32年，汉成帝与班婕妤，正应了后世那两句诗："金风玉露一相逢，便胜却人间无数。"

如果没有后来的变故，汉成帝刘骜和班氏婕妤，无疑是大汉皇宫的一对璧人。

自从有了那一日的弹琴咏诗，成帝每天处理完朝事，必定先到班婕妤的房舍消磨一段时光。二人对坐，谈诗论经，说到热闹处，班婕妤会起身，朝成帝深深施一礼，请求皇上允许自己为他弹唱一曲《诗》。成帝酷爱儒学，尤其喜欢《诗》，每当这时，就是成帝最享受的时刻。

这一天，成帝来到班婕妤处，班婕妤正在新竹简上写字。走过去一看，原来是在抄写屈原的赋。

"爱妃，你写的汉隶，线条流畅，字迹清秀，与众不同。"成帝赞美道。

班婕妤深深施礼："谢陛下谬赞。妾的父亲说，屈原的辞赋是楚国的文化瑰宝，妾想为陛下抄写一卷，不知陛下是否喜欢。"

成帝连声说："喜欢喜欢。我大汉朝就是楚人刘氏的江山，听父皇讲，高祖特别推崇楚文化，他的《大风歌》就是典型的楚歌楚语楚乐。高祖特别喜欢屈原的赋。"

见成帝如此高兴，班婕妤从书简中检出《招魂》的一节，双手递上，笑吟吟地说："那妾就弹唱屈原《招魂》里面的几节给陛下听。《招魂》是屈原为楚怀王招魂而作，通篇充满了宫室之美、侍女之众、舞宴之丰、狩猎之盛。"

班婕妤巧笑倩兮，博得了成帝的一句"朕洗耳恭听"。

……

高堂邃宇，槛层轩些。层台累榭，临高山些。
网户朱缀，刻方连些。冬有突厦，夏室寒些。
川谷径复，流潺湲些。光风转蕙，氾崇兰些。

经堂入奥，朱尘筳些。砥室翠翘，挂曲琼些。
翡翠珠被，烂齐光些。蒻阿拂壁，罗帱张些。
纂组绮缟，结琦璜些。室中之观，多珍怪些。

兰膏明烛，华容备些。二八侍宿，射递代些。
九侯淑女，多迅众些。盛鬋不同制，实满宫些。
容态好比，顺弥代些。弱颜固植，謇其有意些。
姱容修态，絚洞房些。蛾眉曼睩，目腾光些。
靡颜腻理，遗视矊些。离榭修幕，侍君之闲些。
……

　　成帝一边看书简，一边听班婕妤轻声柔曼的弹唱，适才朝堂上的冗杂繁琐，瞬间就被消解殆尽。一曲终了，成帝握着班婕妤的手说："爱妃，朕听得出来，你唱《招魂》，比唱《诗》里的任何一首都要委婉动听。"

　　"陛下，从小父亲就要求妾，要会背、会写、会唱屈原赋。妾以为，屈原的辞赋充满了深厚的家国情怀，浓郁的天地悲情。每次吟唱，我都有些许的骄傲，感伤。骄傲楚国曾有的繁华，强盛，感伤诗人屈原的流放，楚国战事的失利，国家衰败的困境。"言语间，班婕妤双眼已是泪光盈盈。

　　在朝堂上，成帝一向威严如仪。此刻，他被班婕妤楚楚动人的模样深深打动，伸出手，轻轻抚摸班婕妤的脸颊，柔声道："朕的爱妃，可是想家了？"

　　迎着成帝深情款款的目光，班婕妤坦诚地点点头："陛下，《招魂》里的宫室之美，让妾想到了楼烦老家。我们班家的宅院，房屋，都是先祖班壹根据《招魂》的描述建造布置的。"

　　听了班婕妤的陈述，成帝好像明白了什么。他环视了一下班婕妤的居室，目光落在那架木雕座屏上。

"这个座屏是……"

"是先祖离开楚国时带出来的,父亲让它进宫陪伴妾。"

成帝在房间内来回踱步,片刻,对班婕妤说:"朕明日就下旨,升你为婕妤,赐增成舍。朕会让掖庭令去操办增成舍的整修事宜。"

据《三辅黄图》所记,武帝时,后宫分为昭阳、飞翔、增成、合欢、兰林、披香、凤凰、鸳鸾八区。

班婕妤跪拜谢恩。

何其幸运!被成帝宠幸不久,班婕妤便从十二等少使升为二等婕妤,秩视上卿,爵比列侯。

此时,成帝后宫尚未设置二等昭仪。

《史记·外戚世家》写道:"常以婕妤迁为皇后。"

第二天一早,班婕妤便接到御封婕妤的册书。这是距皇后仅一步之遥的位置。

用了月余的时间,增成舍修葺一新。掖庭令吾丘遵奉了成帝的旨意,选下一个吉日,班婕妤移居增成舍。

穿过凤鸟装饰的前厅,进入内室,班婕妤被眼前的一切惊呆了:室壁光滑,装饰翠色的鸟羽,还有挂衣物的晶莹玉钩。锦被缀满翡翠珠宝,灿烂生辉,艳丽动人。轻薄的蒲席、细软的丝绸悬垂壁间,罗纱帐设在内室的中央。四种不同颜色的彩色丝带,缀结起各色玉器,错落系满罗帐……简直和屈原《招魂》里的描写一模一样!

不仅仅如此,整个室内都散发着浓郁的椒香。是与许皇后椒房殿一样的香气。

《诗·国风》唐国卷的《椒聊》说:

椒聊之实,蕃衍盈升。

彼其之子，硕大无朋。

椒聊且！远条且！

椒聊之实，蕃衍盈匊。

彼其之子，硕大且笃。

椒聊且！远条且！

  简洁的小诗，包含了一个俗世暗喻：渴望子孙，像花椒树结满的果实那样繁多。

  皇家取多籽之意，祈求汉室多子多孙，帝业不易旁姓，将皇后的居所以椒和泥，涂于壁上。《汉宫仪》说："皇后称椒房，取其蕃实之义也。"

  这无疑是一个象征意义。

  另有一个切实意义。

  "椒房，以椒涂壁，取其温也。"以椒涂壁，还能消除室内恶气，椒的清新、芳香，令人心旷神怡。

  在掖庭，只有皇后可以住椒房。成帝看重仪制，但又极宠爱班婕妤，便命人将增成舍悬垂在壁间的轻薄蒲席、细软丝绸和罗纱帐，统统浸泡于散发浓郁椒香的椒水之中，五个时辰后取出阴干，再置于室内。这些饰物暴露在空气中，椒香在室内飘荡，增成舍厅堂和内室的香气，并不少于椒房殿。成帝还命掖庭令，每隔一段时间，就派人将这些饰物交替取下来，放入椒水里浸泡一次，以保持增成舍的椒香之气。厅堂和内室各放置两座铜制长满灯，由长安城技艺精巧的工匠丁缓制作。灯体雕有龙凤，还混杂着荷花、莲藕等奇异的纹饰。罗纱帐内，睡床中央，是一只金灿灿的卧褥香炉。炉内焚着香草，烟气缭绕，芬芳四溢。卧褥香炉本是西汉早期巧匠房风所制，后来制作方法失传，直到成帝时期，丁缓才将这门技艺传承下来。丁缓制作的香炉装有一个机环，可以转动一圈，但炉身却平直不倒。

香炉可以放在被褥之中,又称作被中香炉。内室还有一件最醒目的摆物,是镶嵌在木制屏风上的一组古图画,讲述着三代以来后妃们的故事。

掖庭令吩咐手下的宫人,按照班婕妤的意思,将从旧居搬过来的物品全部摆放合适。待掖庭令的人离开,班婕妤在厅堂和内室细细看了一遍。楚宫?汉宫?班婕妤禁不住有些心神恍惚。

院中,阳光刚刚好,海棠花正开。翠鸟儿在廊下的笼子里鸣叫,叫来一舍的清幽。

班婕妤来到院中央,对着朝堂的方向,深深拜了一拜:"谢过陛下,赐给妾一个真正属于自己的家。"

惺惺相惜

皇后是中宫之主,也最是一个善妒的角色,作为皇帝的妻子,她会极力排斥皇帝的宠妃。汉高祖刘邦的发妻吕后,就是历代帝后中最残忍的妒妇。

沛公二年(前208),还是汉王的刘邦东征,路过定陶,得美人戚姬。不久,戚姬生下一子,取名如意。汉高祖刘邦九年(前198),高祖封如意为赵王。戚夫人体态丰腴,明目皓齿,擅长鼓瑟击筑,跳翘袖折腰舞,极会讨高祖的欢心。而赵王的相貌做派也像极了高祖,高祖总想废吕后所生太子刘盈,改立赵王如意为太子。终于,有一天,在朝堂上,面对文武大臣,高祖不无轻蔑地说道:"太子无能,难继大统。几个皇子中,只有赵王如意说话做事像朕,继承皇位,赵王最为合适……"说罢即下令拟诏书。

自古以来,太子都是嫡子。那刘盈生性柔弱,善良仁义,册立至今,从未犯过什么错失。大臣们齐齐跪地,恳求高祖三思。面对群臣的求情,高祖只得作罢。一日,在戚夫人的寝宫,高祖神情黯然地说:"文武大臣们拼死护着,太子也羽翼渐丰,恐怕动不得了……"戚夫人闻听此言,哭泣不止。高祖也潸然泪下，抚慰戚夫人说："你我本是楚人，来，给我跳一支楚舞，我为你唱一首歌。"戚夫人含泪起舞，高祖悲怆而歌："鸿鹄高飞，一举千里。横绝四海，又可奈何。虽有缯缴，尚安所施！"

戚夫人并不想夺吕后的后位，只想让高祖立自己的儿子如意为太子。但是，大汉太子便是继位的人选，太子一朝即位，皇帝之母自然就是皇太后。这便让吕后恨透了戚夫人。汉高祖十二年（前195）四月，高祖去世。十七岁的太子刘盈即位，是为汉惠帝。惠帝尊母亲为皇太后，裁决政事。吕后做的第一件事，就是将高祖宠妃戚夫人打入冷宫。

在掖庭的永巷，戚夫人身着褐红色囚服，被剃去满头青丝，脚戴镣，手戴铐，每天在荒院中舂米。从锦衣玉食的宠妃，到终日劳作的阶下囚，戚夫人心中的哀痛无法排遣，天天以泪洗面，一边舂米，一边哀吟："子为王，母为虏。终日舂薄暮，常与死为伍。相离三千里，当使谁告汝。"

戚夫人的悲歌，被宫人传到吕后宫中。吕后冷笑一声，差人从赵地接回如意。惠帝深知太后用意，将年仅十二三岁的如意接到宫里，和他同吃同住。只是，年轻的惠帝百密一疏。几个月后，一日，他早早起床，独自到宫外练剑。待回宫后，发现如意被灌毒酒，命亡。赵王死后，吕后命人砍掉戚夫人的四肢，剜去她一双美目，用药熏聋她的耳朵，逼她喝下哑药，将她扔到地下室，对外称作人彘。可怜一个年轻的美妇，不日间变成一个"活怪物"，受尽折磨。最终，无声地死去。

然而，并不是所有的皇后和宠妃都是水火难容。

同性相斥，异性相吸，似乎是天经地义。但也有例外，有德、有才的出色女子，依然可以互相吸引。汉成帝的发妻许皇后和宠妃班婕妤，彼此亲密，情同姐妹。

成帝的皇后，是大司马车骑将军平恩侯许嘉的女儿，从太子妃，到册立为皇后，常常得成帝宠幸，后宫女子很少能被皇上召见。还是太子妃时，她曾经生过一个儿子，不久夭折。成帝即位，许妃册立为皇后，又生下一个女儿，也不幸夭折。身为皇后，虽然爵比上卿，统辖后宫，但由于没有子嗣，再加上班婕妤进宫不久即得成帝宠幸，许皇后的椒房生活，除了寂寞，还是寂寞。

班婕妤通晓古礼，遵循古礼，自从进宫，内心里对三个人，始终以不同的方式敬之如仪。一个是一国之君汉成帝，一个是成帝的母后王太后，一个是中宫之主许皇后。

按照汉朝礼仪，妃子们每天要到椒房殿向皇后请安。后与妃稍作闲聊，大家便各自散去，回到自己的居所。班婕妤回到增成舍，经常还要独自再去一趟椒房殿。在枕畔，成帝曾对班婕妤说："皇后生于平民之家，但她聪慧，通晓史书。"班婕妤牢牢记住这句话，直到后来离开掖庭，去东宫长信殿侍奉王太后，班婕妤还清晰地记得头一次向许皇后求教的情景。

一想到自己分走了皇帝对皇后的宠爱，班婕妤心中十分不安。她选了从家中带来的最好的素锦，精心缝制了一只绣有双面五彩凤鸟的香包，香包里面装满各色香草，外面打着金色的璎子。那一日，约莫许皇后午歇已醒，班婕妤来到椒房殿，双手奉上楚国宫廷式样的香包。皇后拿在手里，左右端详，非常喜欢，将香包挂在垂帘旁。

班婕妤对许皇后深施一礼，说：

"皇后娘娘，这些天，妾在读《春秋》。《公羊传》和《穀梁传》，都是解释《春秋》的典籍，妾敢请娘娘指教，这两本书有何异同？"

班婕妤的目光真诚，充满渴求，许皇后忍不住就对她讲了许多。

"《春秋》一书，记载了自鲁隐公元年至鲁哀公十四年的事，一共写了十二位君王，共计二百四十二年，是编年史的开端。《公羊传》，《穀梁传》，解经的方式基本一致，主要是理由与说明，都将《春秋》的书写凡例置于下，都认为孔子修改之前，还有一本《春秋》，是鲁国的古史。但二者也有不同。《公羊传》，多着眼于微言大义；而《穀梁传》，多拘泥于词句，多从《春秋》的文字上解释。《公羊传》问答的数量比《穀梁传》多一千余条，有问必有所答，这就影响了其解答的方法；而《穀梁传》着重在传例，目的是让人们能读懂《春秋》。《春秋》有大义，有微言，大义在诛乱臣贼子，微言在为后王立法。《公羊传》传大义，也传微言，而《穀梁传》不传微言，只传大义。"

说话间，许皇后从书阁上拿下《公羊传》和《穀梁传》，分别翻检到《郑伯克段于鄢》。这一段讲述的是，鲁隐公元年（前722），郑庄公同其胞弟共叔段，为了夺取国君之位所进行的争斗。

"妹妹你看，两书的叙述多有不同。《公羊传》写到——克是什么意思？是杀的意思。杀为什么把它说成是克？是强调郑庄公的恶。为什么强调郑庄公的恶？母亲是想要立段，郑庄公却把他杀了，不如不给他地盘算了。段是什么人？是郑庄公的弟弟。为什么不称弟弟？是因为他与国为敌。写明地点是为什么？是因为与国为敌。齐人杀公孙无知，为什么不写明地点？因为发生在国都之内。发生在国都之内，虽然与国为敌，也不写明地点。不与国为敌，虽然在国都之外，也不写明地点。《公羊传》在这里就只是做到了有问必答。

"而《穀梁传》是这么写的——克是什么意思？就是能够的意思。能够做什么呢？能够杀人。为什么不直接说杀呢？因为要表示出追随共叔段的人很多。共叔段是郑伯的弟弟，怎么知道他是弟弟的呢？因为假如国君杀了嫡亲的长子，或者同母所生的弟弟，便用国君的爵号称呼他，现在文中既然已经称呼郑伯，那么也就知道共叔段是郑伯的弟弟了。共叔段既然是国君的弟弟，却不称他为弟弟，共叔段应当是公子，也不称他为公子，这是对他的贬斥，因为共叔段已经丧失了一个公子和弟弟所应有的道德操守。所以《春秋》鄙视共叔段的程度超过了对郑伯的批评。在什么地方超过了对郑伯的批评？因为经文并未对郑伯想尽一切方式杀掉弟弟的意愿提出批评，但经文说在鄢这个地方打败段的，表明共叔段已经跑到远离郑国都城的地方了，就好比说是从母亲的怀中夺过婴儿杀掉，这又是郑伯做得过分的地方。既然这样，那么对郑伯来说最好的方法是什么呢？就是不要急着追杀已经逃远了的乱臣，而应该遵循兄弟之间相亲相敬的道德。

"在这里，《穀梁传》清楚地表达了两层意思，一是《春秋》对共叔段的鄙视，二是强调了礼仪道德。妹妹，你要把两本书都拿来对照着看，多多揣摩，方能看出各自的主旨和意趣来，就会发现有意思得很呢。"

班婕妤听得入神，对许皇后说："皇后娘娘说解得真好，难怪皇上夸赞娘娘通晓史书。今后，妾是要常来向娘娘求教的。只是娘娘平日忙于操持后宫之事，妾实在不敢频频打扰。"

听了班婕妤一番表白，许皇后心里很是受用，后宫里还没有哪个妃子这样尊崇过自己，脸上不免流露出得意之色："椒房冷清，妹妹能常来是最好的，姐姐有求必应。"

只是没过几天，许皇后就领教了，原来，班婕妤的学识才华要比自己强十分呢。

午后，微雨初歇，花草树木颜面光鲜，掖庭处处洋溢清新之气。椒房殿内，许皇后小憩才醒，四顾清寂的寝宫，心中不禁郁郁，该如何打发如此长的下午时光？

正惆怅着，侍女来报，班婕妤拜见皇后娘娘。

许皇后喜出望外，起身相迎。班婕妤急忙施礼。

见班婕妤手里拿着一卷新书简，许皇后问："妹妹拿的是什么？"

班婕妤浅浅一笑，答："妾听说，皇后娘娘的隶书是宫里写得最好的。这是我新抄写的一卷《诗》，还请娘娘不吝赐教。"

接过书简，许皇后在书案上展开，墨香扑鼻而来，也让许皇后眼前一亮。竹简上的汉隶，书写流畅，字体纤秀，清丽，字字大小如一，像模子里刻出来的一般。许皇后的手指在竹简上轻轻滑过,"妹妹,你的字写得才是最好,用笔的方法,姐姐还没有见过。"惊奇,羡慕,从许皇后的话音里流露出来。

班婕妤的笔法,是上私塾时从楚竹简里学来的,笔墨流转中蕴含着说不出的风致,许皇后自然没有见过。班婕妤谦虚地说:"娘娘谬赞,实不敢当。妾还想求娘娘写的字,回去好好研习。"

许皇后从书简中捡出一卷递给班婕妤,是她手写的《诗·国风》秦国卷。展到《蒹葭》篇,班婕妤心中一动,对皇后说:"妾给娘娘弹唱一曲《蒹葭》可好?"

皇后微笑,点头。

蒹葭苍苍,白露为霜。
所谓伊人,在水一方。
溯洄从之,道阻且长。
溯游从之,宛在水中央。

蒹葭萋萋,白露未晞。
所谓伊人,在水之湄。
溯洄从之,道阻且跻。
溯游从之,宛在水中坻。

蒹葭采采,白露未已。
所谓伊人,在水之涘。
溯洄从之,道阻且右。
溯游从之,宛在水中沚。

一首《蒹葭》，被班婕妤弹唱得柔肠百转，余音绕梁，也让汉成帝的旧爱新宠，两颗心离得更近。看着皇后欢喜的样子，班婕妤离开琴案，对皇后道：

"娘娘，妾对《蒹葭》尚有疑惑之处，不知可否请教娘娘的女史？"

许皇后传女史曹宫进殿。

班婕妤和女史在皇后的榻下左右对坐。皇后右臂支在靠几上，听二人对谈。

班婕妤说："请女史先听我将《蒹葭》试解一遍。芦荻苍茫，叶上白露结成霜。据说这个人，在水的那一方。逆流而上追寻他，路途艰险又漫长。顺流而下去找他，好像又在水中央。芦荻茂盛，叶上白露还未干。据说这个人，在岸的那一端。逆流而上追寻他，道路坎坷不可攀。顺流而下追寻他，好像又在沙洲间。芦荻纷繁，叶上白露还未收。据说这个人，在水的那一边。逆流而上追寻他，路途艰险又遥远。顺流而下追寻他，好像又在沙洲上。诗中的所谓伊人、在水一方、在水之湄、在水之涘，均是想象之词，异人异境，空灵缥缈，使人欲仙。以我浅见，这首《蒹葭》，是写在秋意深深、秋水涨满的河畔，诗人渴慕求见心仪之人而终不得见，是一首怀人之作。不过，当年家中书师在讲这首诗时，说鲁、齐、韩三家诗都认为是刺襄公、求贤尚德之作，而《毛诗序》认为是刺襄公未能用周礼，不能壮大国家。请问女史，这是为何？"

女史答："《诗》三百篇，有美亦有刺。这两种截然对立的功能，是从远古的咒中分化而来。从中分离出来的祝，攻击性慢慢消失，转而变成赞美神恩的言辞。一部分尚存的咒，也减弱了野蛮的攻击性，演变为刺、谏、讯。《毛诗序》说，《诗》有'六义'。一是'风'，二是'赋'，三是'比'，四是'兴'，五是'雅'，六是'颂'。君王以'风'来教化臣民，臣民以'风'来劝告君王。通过诗文含蓄温和的批评、劝谏，使言之者无罪，闻之者足戒，所以叫作'风'。待到王道衰微，礼仪荒废，政教散失，国家政治和社会习俗相异,'变风''变雅'的作品就出来了。国家负责采诗的史官,见政治得失的事实,悲人伦关系的废弛,哀刑法政治的严苛,于是选择吟咏自己情感的诗歌,用来讽喻君王。如果诗吟咏的是一个邦国的事,只表现诗人自己内心的情感,就叫作'风',如果诗说的是天下的事,表现的是包括四方的风俗,就叫作'雅'。《毛诗序》给八十二篇《风》诗、四十九篇《雅》诗定义为'刺'。"

班婕妤稍作思索道:"如此说来,西周时期,采诗官们奔走在田野阡陌之上,在十五个邦国采集的诗,本意大多只是诗人们吟咏个人情感的诗。比如《蒹葭》,那个所谓的伊人,可以是诗人仰慕的君子,也可以是诗人心爱的女子。再比照屈原的赋《思美人》,后半篇大量运用了'香草'喻,芳芷、宿莽等香草,均可视为诗人心目中美好德行、理想人格的象征。那《蒹葭》中这个伊人,抑或也是诗人对自己理想的追求吧。因之,窃以为,很多'风'和'雅'被视作'刺',应该是《毛诗序》作者自己的意图。春秋战国,社会动荡,作者渴望西周时期完备的礼乐制度。礼乐,教化、诱导人向善,作者想必也有功利的考虑,想让那些意欲统治天下的各邦国国君接受《毛诗序》,采纳《毛诗序》。《毛诗序》大量采用'美刺'说,以'刺'为重,究其原因,还是因为国君们仍保留有上古遗风,能接受'刺'的讽谏。"

班婕妤这番话,让女史颇为惊奇,她赞许地点点头。尔后对许皇后说:"皇后娘娘,我很羞愧,远不如婕妤娘娘说诗说得好。"

向皇后求学问,陪皇后品茶,下棋,为皇后弹唱《诗》和屈原赋,与皇后一起,为成帝绣随身的物件儿……就这样,皇后的日常,被班婕妤有意无意地恭维着、充实着、温暖着,整个椒房殿,弥漫着班婕妤优雅、从容、高贵的气息。在平民出身的许皇后眼里,班婕妤冰雪聪明,谦逊得体,举止言行有说不出的讨人喜欢。尽管成帝常常就寝在增成舍,来椒房殿的次数也逐渐减少，但对于班婕妤，许皇后竟生不出丝毫的嫉妒之心。

仅举一例，便可知许皇后与班婕妤之间的亲密程度。

一日，班婕妤在椒房殿陪皇后下棋，侍女李平前来禀报：

"回禀娘娘。娘娘侄子的老泰山去了，可否多给几两银子？"

许皇后说："不可破了宫中规矩，本宫娘家的人更要谨严才是。"

李平回道："死者在战场上立过功，晚景凄凉，膝下无儿女，很是可怜，奴婢斗胆多给了二十两银子。心想也是破例了，这二十两就从娘娘的私房钱里扣了。娘娘要说我先斩后奏，奴婢自甘认罚。"

许皇后转头对班婕妤说："妹妹，你听听。她自作主张，卖了人情，还要回来买我的好。不过，话说回来，平儿心地善良，又会办事，我是一刻也离不了她。"

班婕妤微笑，附和："平儿替皇后娘娘分忧，这件事既办得滴水不漏，又不毁宫规，都是娘娘调教得好。"

又说："不仅事情办得好，模样也好。"

听班婕妤如此夸赞李平，许皇后临时起意："你这样喜欢她，看来你俩是有缘的。我成全你，把平儿送给你。"

班婕妤连连摆手："这可使不得，妾不能夺皇后娘娘所爱。"

许皇后只管对李平说："还不快见过婕妤娘娘。"

许皇后的父亲许嘉，自元帝时即为大司马车骑将军辅政。按照西汉旧历，"后父重于帝舅"，所以，虽然王凤为大司马大将军，与许嘉并重，但国舅显然不能尊于国丈。大将军军武库令杜钦就曾劝王凤说："车骑将军地位极其显贵，将军您应当敬重他，不要违背他的意愿。哪怕是细小的过节，也会导致相敌对的大祸，不能不小心。当年卫将军的荣耀胜过盖侯，近代的事，年长的人还经常议论纷纷，还望将军慎重考虑。"

王凤来到长乐宫长信殿，将这番话传给太后听。太后以为，许嘉已经威胁到他兄弟王凤在朝内的地位，意欲清除。

听从母后皇太后的安排，汉成帝打算只任用王凤一人，就赐许嘉文书说："将军身份尊贵，不应被官位所累。赏赐黄金二百斤，以特进的职位立于朝廷。"

从此，许嘉退出辅政之位。

恰好这个时侯，天下灾祸不断，皇太后和帝舅们又担心成帝没有后嗣，大臣刘向、谷永等人也上奏说，过错出在后宫。成帝迫于压力，在"后宫女宠太盛，将害继嗣"的言论下，对许皇后逐渐冷落，并下诏减省皇后寝宫和掖庭的开支。

受到冷落和减省双重打击，许皇后五内俱焚，彻夜难眠，斟词酌句，给成帝上了一道长长的奏书。大意如下：

> 妾本是布衣粗食、贫贱之家的女子，又年幼无知，不懂道理，有幸能够离开平民之家，在后宫执帚洒扫，侍奉陛下。承蒙陛下错爱，身居本不该得的皇后之位，妾却不能洁身自好，不能恪尽职守，尸位素餐，屡屡违背法规，破坏制度，即使被处以流放的刑罚，也不足以当其罪。
>
> 那日，大长秋宣读诏书："皇后应当遵循礼法，服饰，车马，取于官署的财物，以及制作应用的物品，对外戚家族进行的赏赐，都要按照孝元皇帝以前的旧例。"
>
> 妾心中不免暗自思忖，自从做皇后以来，赏赐家人从未超过旧例，每次都由陛下决定，可以查证。如今，时世不同，制度也会发生变化，有增有减，正好互相补充，只要不超过汉家定制即可，在细节上，很难做到完全一致。敢问孝元皇帝和孝宣皇帝，能够事事相同吗？
>
> 妾的家吏不懂这些道理，现在有了这样的诏书，就会使得妾

动不动便出现过错。

如今宣布,不能从官署拿取财物,大概是指未央宫乃陛下所居之处,不属于妾所有吧。但如果说就连私府也不能从其中取得财物,妾就实在不能理解了。既然我有幸被赏赐封邑,用来自养,那从中稍稍得到了一些财物,于情于理,又有何不可呢?

诏书中还说,制作一切应用物品,奢俭程度应与孝元皇帝以前相合。家吏们恐怕不会明白这层意思,就只是让我制作东西时完全与旧时相同。假如我打算打造某种屏风想放在某处,或者旧例里不允许,或者根本就没有先例可寻,家吏们就一定会拿诏书上的词句来纠正我。这两件事,妾以为确实不可行,还恳请陛下明察。

家吏们妒嫉狠毒,必然要突出表现自己。妾处在尊贵地位上时,他们还拿无关紧要之事来控制别人,现如今他们越发过分,又有了这样的诏书,一旦挟制起妾等,如何才能诉说其中委屈?陛下见妾身为皇后,有了汤沐邑,就不肯在宫中所需上给我丝毫补给了吗?如果再不能从私府中得些许财物,妾还能仰仗什么?旧时,皇后常私下里强取侍者的布帛,车马服饰,声称拿给待诏修补,其实是从中倒手,以劣换优,最后归己所有。私下里,宫人们对此心生怨恨,妾也以做这等事为耻。

另外,旧例中,是用公牛祭祀祖父母,但戴侯、敬侯都曾承蒙圣恩,得以用太牢之礼祭祀。现在,也应当按照旧制,愿陛下能够可怜妾的家人!

现在,大长秋刚刚接到诏书,就到处说一定要让皇后知道这些,不能再像往日那样,从私府中拿取财物。他们一开始就要这样控制我,恐怕是不合情理了。如今,如果只减少车马用度,不在未央宫拿取财物,按照旧例赏赐外家,也就可以了。其余的规定实在是逼迫得太急，怎么办呢？

　　妾的命实在不好，偏偏正赶上依照孝元皇帝前的旧例。而那时与现在，又怎么能够相比呢？旧时赏赐给外家酒肉，需上表奏请天子决断。还有，宣帝时，每年赏赐杜陵梁美人家一石酒、一百斤肉……如此等等，无法一一列举。妾希望能得到陛下召见，把这些事全部讲出来，请陛下明察！

　　成帝看完信札，并没有召见皇后，而是乘步辇前往增成舍。

　　在榻上落座，成帝命身边人将皇后的奏折放在几案上："爱妃，这是皇后递上来的折子，你看看。"

　　班婕妤将竹简轻轻推向成帝，口吻谦卑地说："这是皇后呈给陛下的奏折，妾实不敢看。"

　　成帝再将竹简推向班婕妤："皇后所奏，都是后宫之事，不涉及朝政，爱妃但看无妨。"

　　班婕妤这才展开。看完了，忍不住称赞："陛下，妾以为，皇后娘娘这篇上疏，发于情，重于理，气势盛，笔力强，真是一篇好文。"

　　成帝问："爱妃，依你所见，我该如何回复皇后？"

　　班婕妤答："陛下，孔子说，'对于治理国家来讲，《六经》的作用是一样的。《礼》用来规范人们的言行，《乐》用来促进人们的和睦融洽，《书》用来记录往古的事迹，供人们效法、借鉴，《诗》用来传达前代圣贤的情谊，《易》用来治理方术神秘化，《春秋》用正义衡量是非。'妾以为，治理后宫也理当如此。"

　　离开几案，班婕妤走到书阁前，在层层书简中仔细翻检。她抽出一卷，返回榻上，在几案上摊开：

　　"陛下，《书》"洪范"第一篇上说，周文王十三年，武王去拜访箕子。对他说道，'啊！箕子，上天庇护下民，帮助他们和睦地居住在一起,我不知道上天规定了哪些治国的常理。'箕子回答,'我听说,从前鲧堵塞治理洪水,将水火木金土五行的排列扰乱了。天帝为之震怒,没有把九种治国大法给鲧。由于治国安邦的常理受到了破坏,鲧也在流放中死去。禹起来继承父业,上天就把九种大法赐给了禹,治国安邦的常理因此确立起来。这九种大法,第一是五行,第二是慎重做好五件事,第三是努力办好八种政务,第四是合用五种记时方法,第五是建立最高法则,第六是用三种德行治理臣民,第七是明智地用卜筮来排除疑惑,第八是细致研究各种征兆,第九是用五福劝勉臣民,用六极惩戒罪恶。'

"陛下,从皇后娘娘的奏折里,妾读出了对朝臣的怨怼之意。娘娘是后宫之主,后宫安稳,陛下的前朝才能安稳。妾斗胆说一句,陛下何不从九种大法中选取一二,用以安抚皇后娘娘呢?"

听了班婕妤这番话,成帝大喜:"哈哈,爱妃的见解,果然不俗。只可惜你不是须眉男子,不然的话,朕定要将你封侯拜相。朕就依你,借《书》中的大法,给皇后修书一封。"

他接着又说:"皇后心胸狭隘,读朕的书信后,心中一定不快。爱妃不妨去椒房殿走走,替朕稍作安抚。"

班婕妤欣然应诺。

成帝采纳刘向、谷永等大臣所奏,稍作润色,以家书的口吻回复皇后。大意是:

你所说的事情,朕都听说了。太阳是天地间阳气的根源,是天光中最可宝贵者,是王者的气象,也是君主的尊位。如果阴气侵入阳气,亏损了体内的正气,不是就会出现以下犯上、妻子控制丈夫、卑贱者凌驾于尊贵者之上一类的灾变吗?春秋时代,二百四十二年中,灾异出现最多的,莫过于日食了。自从汉家兴起,日食也在吕氏、霍氏那些外戚掌权时发生过。以眼下的情况加以推测，难道也是这种原因造成的吗？

如今，诸侯被汉家的制度约束，又被国相加以控制，怎么会再有齐、赵等七国那样的叛乱？众大臣对朝廷忠贞不二，坚守仁义，又如何会发生上官氏父子、博陆侯、宣成君的谋反之举？至于百姓中的豪杰之士，也不再是陈胜、项梁那样的人；匈奴、夷狄，也已不是冒顿单于和郅支单于之流了。边远部族附向中央政权，少数民族尽数臣服天朝，异邦向往仁义之道，天下百姓心怀恩德，即使让他们心术不正，也并不足以担忧，更何况根本就没有呢？现在，从夷狄那里找不到原因，从臣下那里也找不到原因，如果后宫不来挡罪，又如何去应付呢？

在建始元年正月，室宿出现白气。二十八宿中的这个室宿，对应的就是天子的后宫。正月，在《书》里称为皇极。皇极，就是帝王统治的最高准则。白气是西方之气，在春季本当衰败。现在正赶上皇极之月，后宫却出现这种衰败之气。如此看来，皇后姬妾中难得有怀孕或保全胎儿的，这表明皇室后继无人，卑贱之人将要兴起。

到了九月，有一颗瓜样的流星，从文昌六星处出来，穿过紫宫，尾部弯曲成龙的形状，在临近北极的钩陈陨落，这又说明先前的那些过失，显然出在后宫。后来，又有北宫的井水溢出，违背常理，水向南流，有好几个郡发了洪水，淹死许多百姓。

接下来又流言四起，令人震惊，说有一名九发女童持弓误入未央宫尚方披门，宫中守卫竟然没有发觉，到了少府官署才被拦下。

黄河之水属阴，又是四渎之首，现在决口成灾，淹没了许多大阜和城邑，更昭示了天下阴气过盛，是有违经典、败坏纲纪的应兆。

前几个月，老鼠在树上做窝，野鹊改变了毛色。

五月庚子，泰山一带的鸟烧掉了自己的巢穴。《易》上说："鸟焚烧自己的巢穴，旅人先笑然后嚎啕大哭。丧牛于易，是凶兆。"这是说，君王身居百姓之上，就像鸟处于巢中，若不体恤百姓，百姓就会背叛并且离开他。就像鸟儿烧了它的巢，虽然开始时畅快高兴，后来一定会连哭都来不及了。百姓失去君主，就像牛没有了毛，所以称为凶兆。泰山，本是王朝易代告天的地方，现在这些灾异现象发生在那里，非常可怕。

三月癸未，由西方刮来的大风吹动了祖宗寝庙，撕裂帷席，刮断树木，车驾无法行走，房屋遭到毁坏，这些灾异竟然殃及宗庙，实在令人心寒。

四月己亥，在井宿位置发生日食，须臾之间，太阳消失，和没有太阳毫无区别。己和戊，均属中宫，为君。亥为水，属于阴气，又可说明阴气太盛，过失在于后宫。对于戊己来说，则是亏损了君主之体，昭示皇室将断绝后嗣，大祸甚至影响到京城。对于井宿来说，集中了众多的灾变，规模越来越大，次数越来越频繁。祸患已成，迫在眉睫，危害深远，难以救治。过错已经这么明显了，怎么能够再怠忘呢？

《书》上说："高宗举行肜祭时，有一只野鸡飞到祭祀现场鸣叫。祖己说，'这是告诫君王，先端正自身，才能做好祭祀这件事。'"又说："认为好的事，不一定就是好事，只有恭敬谨慎地施行五刑之法，才能培养刚克、柔克、正直三种品德。"说的就是要整顿宫廷和掖庭。现在皇后有不明白的地方，分析其中的不利，分条写在刺板上，派大长秋来禀告我。官吏拘泥于法令，这有什么过错呢？矫枉过正，自古以来都是如此。而且，减省费用，改用公牛进行祭祀，对于皇后而言，是在帮助你成就美好的品德，获得君王的荣宠。如果祸根不除，灾异连连，祖宗都难以享用祭品，更何况戴侯呢？

《传》上不是说过么："节俭的人，过失少。"难道皇后要去学奢侈的行为吗？那么朕也应当效法孝武皇帝，如此一来，甘泉宫、建章宫就都可以重新兴建了。风气年年不同，理应因时制宜，遇事顺势而为，往日不正确的地方，怎么能继续仿效呢？君子的为人处世之道，喜欢守旧，不轻易改变。当初，鲁国某人管理储藏财务的府库，孔子的弟子闵子骞就说过："因循旧事不可以吗？何必非要改变！"这大概就是厌恶改变吧。

《诗》里说："虽然没有了旧时大臣，但还有旧时的成法常规，怎么能这样不肯听从，国家的命运将面临旦夕之危。"孝文皇帝的言行，是朕学习的榜样。皇太后的言行，是皇后遵守的尺度。太后在竟宁前身为皇后，衣食用度俭约，很多地方都不如旧制。而如今，皇后得到太后的厚待，又怎么能逾越太后的制度呢！皇后应当潜心修德，不要违反了前代皇后们的制度，勉力而行，谨守妇道，减省日常用度，以谦让节约为先。皇后要孝顺皇太后，朔日、望日的朝见之礼不能偏废，这样下去，还能出现什么不善之事呢！以好名声显扬美德行，可平息天下人的议论，垂法于后宫众姬妾，使她们行事有法可依。请皇后一定深思，不要轻视这些。

两日之后，椒房殿。

妃嫔们给皇后请安后各自散去，许皇后示意班婕妤留下来，将成帝的手札取给她。满怀幽怨地说：

"妹妹你看，皇上总是向着前朝的大臣们，有了灾变，找不到原因，就拿咱们后宫顶罪。"

班婕妤伸出手，轻轻搭在许皇后的手上，细细开导：

"皇后娘娘,我看那古图画上说,周王室的三母之一太姜,是王季的母亲,太王的妃子。她为人贞静和顺,对内的事能正确统帅引导,使宫内没有发生什么大的过错。像迁居稷山这样的大事,太王都要和太姜商议。娘娘您是皇后,贵如周母。现在前朝的大臣们上书,请求皇上整肃后宫。娘娘遵照皇上旨意行事,方可稳定朝局,为皇上解忧。"

　　许皇后说:"若按照皇上之意,缩减后宫用度,你和众姐妹也要跟着我受制。"

　　班婕妤淡然一笑:"娘娘,妾入宫前,父亲给妾的家书是老子的一段话。其中旨趣,第一是宽容,第二是节俭,第三是不敢在天下争先。娘娘您母仪天下,不计较大臣们过激的言辞,率先垂范,妾等哪有不追随的道理呢。《诗》不是也说吗,'永言配命,自求多福'。"

　　皇后点点头,眉眼舒展开来,脸上露出笑意,握着班婕妤的手说:"好妹妹,你总是对的。我们就照着《诗》说的去做,永远配合上天的旨意,以求获得更多的福报。"

　　对于君王,前朝,后宫,同等重要。班婕妤的轻言细语,既安抚了皇后,又帮助皇帝安定了朝中人心。如此结局,两全其美,美美与共,汉成帝对班婕妤的宠爱更加一层。

　　班婕妤也没有辜负君王的隆宠。

　　转眼,到了仲秋。

　　一个秋日暖阳的午后,增成舍的花园里,汉成帝与班婕妤在亭阁下棋。这种棋,便是今天的围棋。在汉代的宫廷和民间,仅有十五道的棋,这种棋并不用来比赛,一种具有益智作用的游艺项目而已。

　　成帝一边摆棋子,一边随意问道:"爱妃,平日都是在内室下棋,今日为何要在这里?"

　　班婕妤没有直接回答:"妾想问陛下,一年四季,哪一季最好?"

成帝落下一子，答道："朕以为是春季，万物生发，欣欣向荣。"

班婕妤说："妾以为，是秋季。"

成帝抬头看了班婕妤一眼："爱妃不妨说说理由。"

班婕妤抬起手，指向园子："陛下请看，这一季，果实累累。"

棋过三盘，侍女端上茶点，果盘，温热的酒。成帝端起酒盏，发现班婕妤面前只有热茶，遂问道："爱妃，你不陪朕饮？"

班婕妤微微一低头："太医说了，妾不宜饮酒。"

成帝关切地问："爱妃是哪里不适？"

班婕妤又羞又喜，轻声答道："妾没有不适，妾是有了身孕。"

成帝乍一听，整个人愣在那里："爱妃……当真？"

班婕妤点了点头："昨日，妾有些头晕，差人请太医过来瞧瞧。太医把了脉，说娘娘身体无恙，恭喜娘娘怀上龙胎。"

听班婕妤这么说，成帝兴奋得有些失态，站起身，在地上走来走去："哈哈，难怪爱妃说秋季好。好。好。朕有孩子啦！朕有孩子啦！这下母后可以安心，也堵住了悠悠众口。爱妃，你是咱大汉朝的功臣，朕要重重地赏你和班家。"然后，双手将班婕妤扶起来："爱妃需要休息，朕这就送你回内室。"

安顿好增成舍，成帝又摆驾长乐宫，将班婕妤怀孕一事禀告母后皇太后。太后自然欢喜得很，立刻乘辇前往未央宫。

听侍女进来传，太后驾到。班婕妤急忙从床榻上起身，整理一下头发衣饰，到堂上迎驾："妾拜迎太后，怎敢惊动太后。"

太后乐呵呵地在堂上落座，招呼班婕妤坐在身边："你进宫不到一年，就开枝散叶，有了皇嗣。嗯，真是好孩子。"

太后命人传掖庭令到增成舍，吩咐他给椒房殿传旨。

许皇后一到，太后就对她说："皇后，班婕妤现在有了身孕，你挑选几个有经验的宫女过来伺候。告诉御膳房，班婕妤每天的饭食要单独做。

让太医府安排专人,每天来增成舍给班婕妤把平安脉。皇后你也要多费心神,常到各处检视检视,确保班婕妤母子平安。三个月后,再将班婕妤移到阳禄馆待产。"

许皇后连连应诺,然后向班婕妤道喜。

太后又对班婕妤说:"离开掖庭,你也不必担心。到时候,哀家准许你的家人同去。"

班婕妤行礼拜谢。

圣上即将有子嗣,掖庭上下一片忙碌。掖庭令差人到上林苑的离宫,将阳禄馆内外修饰如新。为了让班婕妤适应别馆生活,平安生产,遵照成帝的旨意,阳禄馆内外的布置都接近增成舍。担心班婕妤远离掖庭,孤独,寂寞,成帝下旨,待班婕妤迁至阳禄馆,上林苑的女乐,每日要去演奏歌舞。

移居阳禄馆,班婕妤的衣食起居,与增成舍并无区别,还能欣赏笙歌乐舞。更重要的,由母亲日夜陪伴,班婕妤的心情特别舒畅。只是,歌舞姬们演唱的多是郑声郑舞,一日,成帝驾临阳禄馆,班婕妤恳请圣上,允许自家的乐师舞伎来阳禄馆,教授上林苑的乐师舞姬演奏楚歌楚舞,成帝当场允准。这以后,但凡成帝在上林苑设游宴,郑声郑舞,楚歌楚舞,二者平分天下。

十月怀胎,一朝分娩,班婕妤顺利产下皇子。

汉宫多年未有皇嗣诞生,一时间,朝野同庆。

只是,苍天不遂人愿,未到满月,皇子不幸夭折。

本是六月艳阳天,噩耗传来,顷刻间,大雨滂沱!

上林苑的快马,雨中飞驰未央宫。

汉成帝的御驾冲出长安城,直奔上林苑。

阳禄馆。班婕妤见到冒雨赶来的成帝,只说了一句:"陛下,妾辜负了圣恩……"扑到成帝怀里，哭成泪人。

大汉天子刘骜，双臂抱紧心爱的妃子，呆呆望着门外如注的雨水。胸中，似乎有一个巨大的空洞。

"我们尚年轻，孩子，还会有的。"刘骜喃喃地说，是安慰班婕妤，又像是安慰自己。

宫苑辞辇

如果说，汉武帝启动了儒学走向至尊的车轮，那么元成父子二帝，则真正完成了儒学统一天下的文化专制格局。特别是汉成帝，以儒家经典《礼》为依据，由儒者发动了一场声势浩大的宗教祭祀改革运动。

《左传·成公十三年》有言："国之大事，在祀与戎。"

建始二年（前31），汉成帝即位第二年。丞相匡衡、御史大夫张谭上奏道："帝王的事，没有比继承上天的序位更重大的了。而继承上天的序位，没有比郊祀更重要的了。所以，历代圣上都要尽心竭力建立郊祀的礼制。在南郊祭天，有趋向于阳的意义；在北郊祭地，是趋向于阴的象征。天对于天子，就是随着天子所定都的地方，享受他们各自的祭祀。以前，孝武皇帝居住在甘泉宫，就在云阳建立泰畤，在宫的南面祭祀。现在行驾常到长安，郊祭皇天反而到太阴的地方，祭祀后土反而向东到较阳的地方，这与古代的制度不一样。以前周文王、武王在丰镐郊祀，成王在雒邑郊祀。从中可见，上天完全是随着帝王所居住的地方来享受祭祀的。甘泉的泰畤、河东后土的祭祀，理应迁到长安，同古代帝王相合。希望陛下允许，容我二人同群臣商议确定这件事。"

成帝准二人所奏。

遵成帝旨意，匡衡、张谭与大臣们共同商议这件事。大多数人以为，长安，是圣王居住的地方，皇天要来观看视察。甘泉、河东的祭祀不是神灵所来享受的处所，应迁徙到靠近正阳大阴的地方。皇上应违背习俗，恢复古制，遵循圣制，确定天位，遵照合适的礼仪。于是，匡衡、张谭集众人之意上奏道：

"陛下道德超凡，耳聪目明，上达天帝，承上天的盛大，统览群下，使每个人都尽心竭力，商议郊祀的地方，天下人很幸运。臣听说广泛地和众人谋议，就与上天的心意相合，所以《洪范》上说，'三人占卜，就听从两人所说的。'是说少数应该服从多数。群臣议论说，应当回到古代，方便万民，就依从他们；违背规律，只有少数人认可，就要废弃它而不采用。现在商议的人有五十八个，其中有五十人陈述，应当迁徙的意义都写在经传中，与上古时代相同，方便官民。《太誓》上说，'正确地考察古道来行事，可以长久保有天下，这是事奉上天的法则。'《诗》上说，'不要以为上天高之又高便不加敬重，它的使者正往来于天地，日日监察我们这里。'是说上天每日监察帝王所在的地方。又说'于是回头西望，这里才是我神安的地方。'是说上天以文王的都城为居住点，应在长安确定南北郊祭的地方，作为万代的基地。"

成帝听从了众臣的建议。

此事定了之后，在朝堂上，匡衡又上奏说："帝王各自以自己的礼制侍奉天地，不是按照前代所建立的加以继承。现在雍的鄜、密、上畤、下畤，本是秦侯按照他们自己的意念而建，不是《礼》上所载的方法。我汉朝建立之初，仪制没来得及确定，暂且根据秦朝旧有的祠庙，重新建立北畤。现在，既然已考察古制，制定祭祀天地的大礼，郊祀上帝，青、赤、白、黄、黑五方之帝，全都加以陈列，各有位置供奉，祭祀的用品齐备。诸侯所妄自建造的，帝王不当长期遵照。至于北畤，原是高祖初年，礼仪未定时所建立，不应重新整修。"

匡衡以《礼》克秦的一番陈词，令独尊儒术的成帝大加赞赏，当即予以采纳。

退朝之后,帝驾照例先去往增成舍。

才走到门口,成帝便闻到一股幽香,那是从堂上的五层错金博山香炉里散发出来的。他呵呵笑着,一边说"爱妃,今天你熏的又是什么香草",一边朝内室走去。

班婕妤迎驾,施礼。说:"陛下,是出自妾母国的留夷香草。"

"朕每天闻到的香味都不一样,爱妃的母国到底有多少种香草?"

班婕妤答:"陛下,如果妾没有遗漏的话,仅屈原的《离骚》中就出现过十二种香草,有江离、辟芷、兰、蕙、茝、荃、留夷、揭车、杜衡、薜荔、胡绳、芳芷。"

"好,朕这就下旨,命楚国每年按时令送来各种烘制好的香草,供爱妃和朕享用。"

"谢陛下。妾看陛下今日特别高兴,是有什么大喜之事吗?"

班婕妤吩咐侍女给皇上煮茶。

"嗯,是有大喜之事。朕今天下了两道旨。现在雍的鄜、密、上畤、下畤,本是秦侯自己所立,不合乎《礼》;北畤,是我朝建立之初,仪制没来得及确定,也是根据秦朝旧有的祠庙而建立。朕的第一道旨,就是将雍五畤罢废。甘泉泰畤,汾阴后土祠,渭阳五帝庙,西汉诸帝所修的各种畤祠,均不合乎《礼》。朕的第二道旨,就是将它们也全部罢废。"

见成帝依照古制,整饬朝纲仪制,班婕妤满心欢喜:"陛下的做法合乎《礼》,是大汉臣民之福。"

成帝拿起摊在几案上的竹简:"爱妃在看《穀梁传》?"

班婕妤回答:"也看《公羊传》。"

"爱妃更喜欢哪一个?"

班婕妤莞尔:"陛下这是在考妾吗?"

成帝端起太傅的架子:"速速道来。"

班婕妤正了正身，双手叠放袍上：

"回陛下，公羊子善于谶，穀梁子善于经，妾更喜欢《穀梁传》一些。穀梁子是鲁国人，学说大抵出于鲁儒，妾以为，更接近于孔子《春秋》本义。妾在两书中查孔子，《公羊传》出现七次，《穀梁传》出现十二次。而且，他们提到孔子时的阐述方式也有区别，妾试举两例来说明。

"《公羊传》宣公元年说，晋国放逐自己的大夫肯加父到卫国去。放逐肯加父是什么意思？就好像是说，不能离开卫国。然而为什么要这样说呢？这是接近古代的正规做法。这样做为什么说是接近古代的正规做法呢？古时候大夫被免职后，三年之内等待国君放逐。其实国君放逐大夫是不合于礼的，大夫等待被放逐，是合于古道的。古时候，臣子有父母的丧事，那么国君三年之内不到臣子的门上召唤他。如果举行过周年的祭礼后，他就可以穿上礼服，戴上礼帽，从事有关军务的事情了。国君让他这样做，是不合古道的，大臣这样做是合于礼的。从前敏子赛将服丧的麻带结在腰间而从事公务，事后说，如果像这样做，古时候的做法也太不近人情了。于是他隐退了，辞官归故里。孔子大概很赞许他。

"《穀梁传》桓公三年九月说，齐侯送女儿到讙地。按照规矩，送女出嫁，父亲不能下堂，母亲不能送出庙门，诸母和兄弟姐妹不能送出阙门。父亲告诫女儿说，要谨慎遵从你公爹的话。母亲告诫女儿说，要谨慎遵从婆母的话。诸母七嘴八舌地重复说，要谨慎地听从你父母的话。送女儿越过国境，这不合于礼。桓公在讙地会见齐侯。没有人进谏吗？他是为履行礼仪，因为齐侯来了。桓公又迎亲、又会见齐侯是可以的。夫人姜氏从齐国来到。为什么不说公子翚迎来？因为桓公亲自从齐侯那里接受过来。子贡便说，国君亲自迎亲，不太过分吗？孔子则说，合二姓成婚好，以至于延续到万代，怎么能说过分呢？

"两传相比，明显有不同。《公羊传》提到孔子的部分，显示出《公羊传》的解经内容不是孔子传下的，提及孔子是为了向读书人证明《公羊传》解释的正统性，解释的内容与孔子《春秋》的意义一致。而《穀梁传》提到孔子的部分，是将孔子与子贡的对话采入，用孔子的话来解释鲁侯冕而亲迎有过礼之嫌。显示其解经内容像是来自于孔子的本义，是用孔子的意见来带出传文。"

成帝赞赏地点点头："爱妃所言极是。公羊子的确善于谶。公羊子认为，天人之间存在着相应关系，天灾是人异的表现。天会相应于人的恶行，降灾谴告，通过这种方式来警告天子，规劝他们不要违背天道，任意妄为。我朝先帝尊崇公羊，听父皇讲，地节三年冬十月，先帝汉宣帝下诏说，先前九月二十六日地震，朕深感惶恐，希望群臣能箴戒朕的过失，并举贤良方正、直言极谏的人，以匡朕的不足，要无所畏惧，不避权贵。由于朕德行不足，不能使边远地区归附，以致边境屯戍不息，决定撤除车骑将军、右将军屯兵。又下诏说，池陂禁苑皇家未曾使用的，全部借给贫民使用。各郡的楼台馆舍也不再修建。外流人员返回家乡的借给公田，贷给种子口粮，免其役赋。爱妃读得这般仔细，竟然把两传中提到孔子的次数都捡了出来。现在朕还真的要考考爱妃了。你说，朕喜欢《公羊传》还是《穀梁传》？"

班婕妤走到书阁前，取下《公羊传》，与《穀梁传》排在一起，然后回成帝的问话："孔子得《春秋》，从隐公元年记起，开篇是'元年，春，王正月'。《穀梁传》解道，即使没有事，也一定要记正月，是表示重视君王的开始。而《公羊传》则在经文后解道，'元年'是什么意思？是鲁隐公开始摄政的第一年。'春'是什么意思？是一年中第一个季节。'王'指的是谁？指的是周文王。为什么先说'王'后说'正月'呢？因为是周文王制定的正月。为什么要特别指出是'王正月'呢？这是表示重视周王朝统一的大业。《公羊传》作于战国之时，当时天下，诸侯割据，公羊子在这里讲《春秋》的微言大义，强调大一统，希望尽快结束战乱不休的局面。"

说话间，侍女端上新煮的茶。班婕妤接过来，双手捧给成帝，笑吟吟地说："妾以为，孔子的《春秋》，或许在为新王立法。陛下，您是一国之君，妾斗胆揣测，想必陛下更喜欢《公羊传》一些。"

成帝大喜过望："哈哈，爱妃，果然只有你最懂朕。在你这增成舍，说经弹琴，诵诗读赋，朕甚是开怀！来，再陪朕下上几盘棋。"

每当和班婕妤谈到高兴处，成帝总是要和她下棋娱乐。班婕妤一边布棋子，一边娇嗔地对成帝道："陛下可不许悔棋。"

成帝嘿嘿一乐："张放总是输给朕的。这一点上，爱妃，你不如他。"

班婕妤笑靥嫣然，横了成帝一眼："那是张侯要讨陛下的欢心，刻意为之。"

自古以来，有红颜误国之祸，也有红颜安邦之福。

武帝、昭帝、宣帝时期的接连用兵，击垮了对大汉天朝威胁最大的匈奴政权，周边各族也无力与汉帝国抗衡，元帝时迎来了由战争转向和平的局面。说起元帝屈指可数的执政业绩，首数发生在对匈奴关系上两件具有历史意义的大事。一是西域副校尉陈汤，在康居歼灭郅支单于的匈奴势力，从此结束了匈奴侵扰、威胁汉朝边境的历史；二是昭君出塞，奠定了直到王莽篡汉为止，汉廷与匈奴四十余年的和平友好关系。

竟宁元年（前33），呼韩邪单于上书汉廷，说"常愿谒见天子"。于是，汉元帝以前所未有的隆重礼仪接见呼韩邪。朝堂之上，呼韩邪又提出"愿婿汉氏以自亲"。元帝也有意以和亲的方式促进睦邻友好，只是，该由谁去呢？

元帝后宫，美女无数，尚未受到皇帝临幸者也无数。良家女子王嫱，字昭君，就是其中之一，她自请前往。元帝将王昭君赐予呼韩邪为阏氏，阏氏意即王后，位分如同汉朝的皇后。不幸的是，建始二年（前31），呼韩邪单于与世长辞。昭君曾上书要求归汉，但成帝让昭君按照匈奴人"父死妻其后母"的习俗,复嫁给新继位的复株累单于——呼韩邪单于的长子雕陶莫皋。

  王昭君在匈奴期间,积极参与政事,多次劝说单于明廷纲,清君侧,修法度,行善政,举贤能,奖励功臣,以得民心,取汉室之长,补匈奴之短。每年春天,身为阏氏的昭君亲自管理草原,植树栽花,育桑种麻,繁殖六畜,向匈奴女子传授刺绣技艺,讲解纺纱织布工艺。她的忙碌与诚恳,最终赢得匈奴人的敬重、爱戴。昭君死后,被隆重地安葬在大黑河南岸,墓称青冢。后世人在碑上刻诗赞颂:"一身归朔漠,数代靖兵戎。若以功名论,几与卫霍同。"

  安定的家国环境,让本就喜欢燕私之乐的成帝更沉湎于游乐之中。

  于是离宫别馆,布满山坡,横跨溪谷。高大的回廊,四周相接,两层的楼房之间,有阁道曲折相连。描有花卉的屋椽上,有璧玉装饰的瓦珰。辇道连绵不绝,在长廊之中周游,路程遥远,须在中途住宿。把高山削平,构筑殿堂,修起层层台榭,山岩底部,有幽深的房室与此相通。俯视山下,遥远而无所见,仰视天空,攀上屋椽,几可摸天。流星闪过宫门,弯曲的彩虹横挂在窗板与栏杆之上。青虬蜿蜒在东厢,大象拉的车子行走在清静的西厢。众神休息在清闲的馆舍,仙人们在南檐下沐浴阳光。甘甜的泉水从清室涌出,流动的河水经过庭院。用巨石修整河的两岸,或修成参差不齐的小山,或整成高峻险要的山峰,或保留好像工匠雕刻而成的峥嵘奇特的天然石状。玫瑰、碧、琳、珊瑚,丛聚而生。瑶玉庞大,纹采似鱼鳞。赤玉纹采交错,夹杂在岩石中间。垂绥、琬琰、和氏璧,一应都出自这里。

  ……

  于是游乐嬉戏,倦怠松懈,在高耸的台榭摆下酒宴,在宽敞的屋宇陈设乐器。撞击千石重的大钟，竖起万石重的钟架；高擎着翠羽为饰的旗帜，设置灵鼍皮制成的大鼓；表演陶唐氏的舞蹈，聆听葛天氏的乐曲；千人同唱，万人相和；山陵被这歌声震动，川谷之水被激起大波。巴渝的舞蹈，宋、蔡的歌曲，淮南的《于遮》，文成和颠县的民歌，同时并举，轮番演奏。钟鼓之声，此起彼伏，惊心震耳。荆、吴、郑、卫的乱世之音，舜、汤、武王、周公的高雅音乐，放任无度的流湎之声，鄢、郢地区的歌舞缤纷，《激楚》《结风》，优伶，西戎乐妓，这些使耳目欢愉、心情快乐的乐舞和表演，在君王面前依次闪过，皮肤细腻的美女，亭亭站立在君王的身后。

……

上述夸张铺陈的描述，出自司马相如的千古绝赋《上林赋》。上林苑是一组巨大的宫廷御园群，离宫别馆数十处。其中最主要的建筑，是汉武帝时期建造的建章宫。建章宫与未央宫，隔衢相望，飞阁相连，从未央宫可直贯建章宫太液池边的青灵殿。建章宫不受城池的限制，宫城规模庞大，超过了未央宫。宫城由三十六座殿宇组成，号称"千门万户"。宫域北部开辟太液池，池中起高台，有蓬莱、方丈和瀛洲三岛。太液池周围，碉胡、紫箨、绿节之类的植物生长茂密，野鸭、野雁、紫龟、绿鳖出入其间。平展的沙地上，鹈鹕、鹧鸪、鸿鹔等水鸟成群结队地飞。

喜欢微行的汉成帝，在太液池畔建起一座宵游宫。
暮色苍茫。一身黑衣的美妃和一身黑衣的大臣，随成帝夜赴宵游宫。
步辇上了飞阁。
步辇下了青灵殿。
夜色愈来愈浓。太液池内，瀛洲、蓬莱、方丈朦朦胧胧，岸边植物也只是团团黑影，平沙惊起禽鸟，伴着尖细的叫声。

万籁俱静。

步辇停在一座巨大的建筑物前，应该是宵游宫了。在宫女的搀扶下，班婕妤移步向前。

班婕妤是第一次来宵游宫，成帝有意让她来这里散散心。

痛失爱子一年后，班婕妤再次怀孕。太医们上书汉成帝，婕妤娘娘已经历过外舍待产的丧子之痛，这回不必早早移居外舍，以免娘娘心有余悸，寝食难安，威胁到胎儿健康。成帝准了太医们的请求，太后也允准班婕妤的母亲住进增成舍。临近产期，班婕妤才被送往上林苑柘馆。

住进柘馆仅仅十天，班婕妤又为汉室诞下皇子。

悲剧，重新上演，皇子夭折于襁褓之中。

再失娇儿，班婕妤痛不欲生，日不进食，夜不能寐，终日泪垂。

一度，班婕妤曾拒绝成帝驾临增成舍。她跪在门内，流着泪，对门外的成帝说道："妾不配领受陛下的爱幸，恳请陛下移驾别处……"

无奈，汉成帝只得向母后太后求助。王太后亲临增成舍安抚，班婕妤才得以解开心结。

黑暗中，有人响亮地拍了两下巴掌，眼前亮起了点点烛光。偌大的宫殿，所有的梁柱被漆成黑色，到处垂挂着厚重光滑的黑色布饰。殿内摆设的器物，北向的卧榻和几案，东西向的两排几案，均是清一色的黑，几案上面摆满琼浆佳肴。早已等候在此的黑衣乐师们，怀抱的也是黑色乐器。

眼前的一切，令班婕妤暗暗称奇：原来，陛下崇尚黑色。

班婕妤和众妃嫔，都戴着玄色的绶带，发簪佩饰虽然灿烂，也被罩在木兰纱绡之下。

班婕妤和成帝坐在卧榻之上，众妃嫔在榻下东西两向分列而坐。

黑色的大殿内，君臣美眷的面前，包括每个角落，都有烛光闪烁，鼓、琵琶、筝、琴之声次第响起。宫廷之乐犹如仙乐在大殿萦绕，两队黑衣舞伎犹如自天宫飞来的仙女，悄然入场，左右穿插，翩翩起舞。这一切，给宫殿平添了浓郁的神秘气息。班婕妤与成帝尽情欣赏美乐妙舞，不时举起手中的玉觞对饮。

曲终，鼓停，舞歇，堂下众人皆散去。

而班婕妤，还沉浸在刚才妙不可言的场景里，她从榻上起身，对成帝深深施了一礼，目光中带有些许微醺后的迷离：

"容妾给陛下歌舞一曲屈原《九歌》中的《山鬼》。"

  若有人兮山之阿，被薜荔兮带女萝。
  既含睇兮又宜笑，子慕予兮善窈窕。
  乘赤豹兮从文狸，辛夷车兮结桂旗。
  被石兰兮带杜衡，折芳馨兮遗所思。

  余处幽篁兮终不见天，路险难兮独后来。
  表独立兮山之上，云容容兮而在下。
  杳冥冥兮羌昼晦，东风飘兮神灵雨。
  留灵修兮憺忘归，岁既晏兮孰华予！

  采三秀兮于山间，石磊磊兮葛蔓蔓。
  怨公子兮怅忘归，君思我兮不得闲。
  山中人兮芳杜若，饮石泉兮荫松柏。
  君思我兮然疑作，雷填填兮雨冥冥，猨啾啾兮又夜鸣。
  风飒飒兮木萧萧，思公子兮徒离忧。

《山鬼》祭祀的是温柔多情而又遗恨绵绵的巫山神女，全篇叙述了山鬼与思慕之人相约却未得见的哀怨之情：

仿佛有人经过深山谷坳，身披薜荔，腰束女萝。我含情顾盼，巧笑嫣然，公子爱慕我性情娴静美好。我驾着赤豹，文狸跟随，辛夷为车，桂花饰旗。身披石兰，胸佩杜若，折一支鲜花聊寄相思。

我深居竹林见不到天日，道路险峻，姗姗来迟。孤身一人伫立山巅之上，云海茫茫，在脚下飘荡。山色无光，白昼如夜，东风狂舞，神灵降雨。我痴情等你，忘却归去，红颜凋谢，如何才能永葆花季？

在山间采撷益寿的灵芝，山石堆积，葛藤缠绕。抱怨公子，我怅然忘却归去，或许你也思念我，却没空前来。我是山中人，杜若一般芳洁，渴饮石间泉，夜宿松柏间。你思念我是真是假？雷声滚滚，阴雨绵绵，猿鸣啾啾，彻夜不停。风飒飒，树叶纷纷坠落，思慕公子，我只能独自悲伤。

从许皇后口中得知，成帝极喜欢歌舞，班婕妤特意挑选宫中一位出色的舞师，进增成舍教自己宫廷乐舞。往日的才女，今夜，变成了翩若惊鸿、宛若游龙的绝色舞姬。班婕妤，黑衣罩纱绡，长袖飞扬，腰如垂柳，且歌且舞，步不扬尘。成帝还是第一次得见班婕妤边歌边舞的情景，看得如痴如醉。

待班婕妤歌舞毕，他快步走过去，将其揽入怀中：

"爱妃呀，朕没想到，你的舞姿竟然如此曼妙。"

歌舞后的班婕妤，香腮如霞，美眸如星。凝视成帝，带着微微喘息，她幽幽地问了一句：

"陛下，妾是山鬼吗？"

成帝温柔地回道：

"爱妃不是山鬼，朕也不是灵修。"

"那陛下会一直宠爱妾吗？"

"朕对爱妃的宠爱，与天地同在。"

一个是权力覆盖天下的帝，一个是才情冠绝后宫的妃。而眼下，他们相依相偎,相诉相诺,只是一对至亲至爱的夫妻。

汉朝从宣帝起,尊崇《公羊传》,相信天人有相应关系。河平元年(前28)夏四月三十日,日从偏食到全蚀。成帝遂下诏说:"朕得以继承宗庙,战战栗栗,未能完满地履行自己的职责。《传》说,'男教有亏,阳刚不振,就会出现日蚀。'天显异象,罪在朕躬。公卿大夫其勉力尽心,以匡正朕的过失。百僚都要恪尽职守,重用贤人,摒弃奸邪,指出朕的过失,无所隐讳。"

同时,大赦天下。

鼓励众臣直言进谏,大赦罪人,成帝对自己的德政甚为满意。五月端午这一日,成帝又在宫中举行皇朝礼仪,给各郡国召集进宫的百官赏赐枭羹,即猫头鹰汤。这个仪式来源于古代一个传说,猫头鹰吃自己的母亲,所以古人认为它是恶鸟。为了灭绝它,特意选择在端午这个不祥的"恶日"来吃。吃恶鸟,自然是为了消灭它,但更加主要的是,要消灭它所代表的恶行、恶人。成帝以此教训大臣,不要做恶人、奸臣。

仲夏醉人,荷风送香。

宴罢百官,成帝再与众妃嫔游乐于宫苑。

大殿前面,等候的妃嫔们按照端午风俗,手持辟邪的兰草,白皙的胳膊上缠着蚕丝制成的五彩丝,胸前缀着由五色丝帛折叠成方形的五色缯,青、赤、白、黑在外,黄色在中央。妃嫔们还互相赠送节日礼品,其中,被称作"条达"的丝织手镯,就由她们自己编织。

一辆崭新的步辇被抬了过来,辇外悬挂绫罗制成的帷幕,辇内铺有裁成锦褥的坐垫。先帝们历来只乘一人之辇,成帝为了能和爱妃班婕妤形影不离,特意命人专门制作了这辆可乘两人的新辇。

成帝坐进辇内,示意班婕妤与自己同乘。

班婕妤环视一下周围的朝廷命官,走到辇前,给成帝深深施了一礼,轻声道：

"陛下，妾看自古以来的图画，圣明的君主身旁所坐皆是名臣，三代时的亡国之君，身旁才会有宠幸的女子。今天，陛下让我同乘辇车，不就与那些亡国的君主类似了吗？"

成帝认为班婕妤言之有理，便作罢了。

皇太后听说了这件事，高兴地对身边人说："古有樊姬，今有班婕妤。"

樊姬是先秦时代楚庄王的夫人，美丽，贤惠。《韩诗外传》曾记载樊姬助庄王振兴楚国的故事：

一日，楚庄王上朝，散朝很晚。樊姬下殿迎接，问道："大王，为何散朝这么晚？"楚庄王说："跟忠诚贤明的人在一起，就不知道饥饿疲倦了。"樊姬再问："大王说的是其他诸侯国的宾客，还是国内有道德学问的人？"楚庄王说："是沈令尹。"樊姬听罢，不禁掩面而笑。见夫人如此，楚庄王心中不解："夫人为何发笑？"樊姬说："沈令尹，算是贤臣，但不能说是忠臣。"楚庄王问："为什么这样说？"樊姬说："妾得以侍奉大王，已经十一年，而妾时常派人到郑国、卫国，去寻求品德美好的女子献给大王。现在宫中，地位与妾平等的有十人，超过妾的亦有两人。难道妾不想独占大王的爱宠吗？但我不敢只为一己受宠的愿望，而去遮蔽众多美好的女子。妾听说，沈令尹担任楚国丞相，已有数年，却从来没有听说他推荐过贤人，罢免过德才不称其位的人，这哪能算是忠诚贤明之士呢？"楚庄王把樊姬的话告诉了沈令尹，沈令尹羞愧不已，便举荐了孙叔敖。楚庄王让孙叔敖担任令尹，治理楚国三年，自己得以成为霸主。于是楚国史书有了这样的记载："庄王成为霸主，是樊姬的功劳。"

樊姬的行为，朝野皆知。皇太后以樊姬作比夸赞班婕妤，是对班婕妤贤德的高度褒奖。太后的夸赞在皇宫内传播开来，朝臣们对班婕妤的辞辇之举也是交口称赞。

班婕妤所说的三代末主，是夏朝的夏桀王、商朝的商纣王、周朝的周幽王。

夏桀讨伐有施氏方国，有施氏大败。作为战败国，有施氏献出举国最美的女子——公主妹喜。夏桀极其宠爱妹喜，常常把她抱到腿上，不分昼夜，陪她饮酒。而作为一国公主，妹喜从未忘记献身之辱。逐步强大起来的商国首领商汤巧施苦肉计，派间谍伊尹到夏朝。很快，伊尹得到夏桀的信任，并与妹喜配合行动，夏朝最终被商汤所灭，结束了长达近五百年的统治。妹喜帮助商汤灭夏，堪称是中国有史以来首位女间谍。

公元前1047年，商纣王发动大军，攻击有苏部落。商军强大，有苏部落抵挡不住进攻。灭亡和屈膝之间，有苏人选择了屈膝，献出牛羊、马匹及美女妲己。商纣王对妲己言听计从，让乐师为她作淫荡的曲子，鄙俗的舞蹈；加重赋税，充实鹿台的钱财和钜桥储存的粮食；多方收集的狗马珍玩，充满宫廷。扩建后的沙丘园中，酒灌满池，肉挂成林，每次的豪宴多达三千人，裸男裸女相互追逐，通宵饮酒取乐。商纣王无道，引起天下公愤。公元前1046年，周武王乘机发动众诸侯，共同讨伐商纣王，牧野之战，一举击败商军，商朝就此灭亡。商纣王仓皇逃到鹿台，自焚而死，妲己也被周军所诛。

公元前779年，周幽王攻打褒国。褒国兵败，献出褒姒。第二年，褒姒为周幽王生下儿子姬伯服。从此，周幽王对褒姒更加宠爱，最后竟然废黜了王后申后和太子姬宜臼，立褒姒为王后、姬伯服为太子。那褒姒天生不爱笑，周幽王为取悦褒姒，举烽火召集诸侯，诸侯匆忙赶到，却发觉并不是寇匪侵犯，只得匆匆退走。公元前771年，申后的父亲申侯，联合鄫国、犬戎攻打周幽王，周幽王举烽火示警。不曾想，诸侯们以为又是骗局，不愿前往，致使周幽王遭犬戎所杀，褒姒遭劫掳。典故"烽火戏诸侯"，说的就是周朝末代的事。

不过，《吕氏春秋》另有记载：西周建都在丰、镐二京，那里靠近戎人。周幽王与诸侯约定，在大路上修筑高大的土堡，上面设置大鼓，使远近都能听到鼓声,如果戎兵入侵,由近及远,击鼓传告,诸侯的军队就来援救天子。戎兵曾经入侵,周幽王击鼓,诸侯军队都如约而至,击退了戎兵。褒姒看到非常高兴,很喜欢周幽王这种做法。褒姒极不爱笑,周幽王为博得美人一笑,屡屡击鼓,以至于诸侯的军队多次到来,却没见到任何敌兵。再后来,戎兵真的入侵了,周幽王击鼓求援,但众诸侯以为又是骗局,不再派军队前往,周幽王便遭犬戎所杀,褒姒亦遭劫掳,从此下落不明。

以古代图画为镜鉴,婉拒君王美意;熟读《窈窕》《德象》《女师》之篇,行事依照古礼。知晓轻重的班婕妤,时时谨记出阁时父亲的赠言,不敢在天下争先,事事处处,为江山社稷着想。

班婕妤,真真是一位恰到好处的女子。

只是,天下万事,皆不得全。今日,班婕妤辞了帝辇;来日,会不会失了帝宠?

家族荣耀

"不学礼,无以立。"——《论语》

元成二帝执政时,以周代礼制为旗帜,改革了当时的政治主张、官制、宗庙祭祀制度等。河平三年(前26)八月,汉成帝在尊儒方面,更是推出了史无前例的举措,派使者陈农走遍四海,寻求秦朝遗留下的书籍。

秦朝"焚书坑儒",先秦典籍,零落民间。汉朝统一后,开始大收典籍,广开献书之路。汉武帝朝,鉴于书缺简脱,礼崩乐坏,建立了典藏制度,皇家图书分别藏于石渠阁、天禄阁、麒麟阁、兰台、石室、延阁各处,被称作"秘书"或"中书""内书"。在太常、太史、博士等处也有藏书,被称作外书。如此一来,从武帝到成帝百年间,中秘藏书,堆积如山。只是,这些征求来的遗书,因了年代的久远,散失、错讹、凌乱、残缺，亟需通晓儒学的人来编校整理。成帝看中了大臣刘向，责成他总领校中秘藏书。

经学家、史学家、文学家刘向，顺应历史的需求，作为第一责任人，主导了中国历史上最早、规模最大的图书整理和编辑活动。

校书是一项庞大的工程，校书的人须是名家大儒，才能保证内容的准确完整。刘向负责校经传、诸子、诗赋，步兵校尉任宏校兵书，太史令尹咸校数术，侍医李柱国校方技。

这些名家手下，另有一些术有专攻的人才，与之共同完成校书工作。班婕妤的二弟班斿，博学，有才，被左将军史丹举荐为贤良方正，以对策为议郎，后升迁为谏大夫，秩比二千石的右曹中郎将。现在，又被史丹举荐，与刘向共校秘书。

皇家图书，浩如烟海，刘向在领校整理中制定了一定的程序。第一步，网罗众本，相校图书，校缀简篇，调整次第；第二步，通过校雠审定书籍中遗缺误增的篇、章、字、句，以补脱删衍，订伪存真；第三步，定正本，著目次，命书名，标册次，杀青，誊写，编连成册，分类编目，入库排架，妥善保管。

以上三步中，最重要的是对于图书的校雠。首先，一人先拿一个较好的本子，从头至尾通观，根据语、词、字、义是否相通，上下义理是否相合，前后文势是否相接，从中发现各种错误，即求"得谬误"。其次，在通观全书的基础上，再以众本比较参照，或一人自校，或二人相校，校正谬误。

光禄大夫刘向为西汉皇族宗室，是汉高祖同父异母少弟楚元王刘交的四世孙。或许是同为皇室宗亲的缘故，刘向对楚王室后裔的班氏一族颇有好感，虽然比班婕妤年长三十有余，但刘向对成帝这位通晓史书、才冠后宫的婕妤恭敬有加。特别是在一次与成帝的对谈中得知，班婕妤竟然喜欢《穀梁传》，更让刘向觉得婕妤娘娘就是他的知音。宣帝甘露三年（前51），朝廷召开讨论五经异同的学术会议，今文经内部的"春秋公羊派"与"春秋穀梁派"各派代表参加，刘向是穀梁派的代表。讨论的结果，穀梁派占据优势，使原本不受重视的穀梁派也立了博士，刘向还被任为散骑谏大夫。这就是西汉著名的"石渠阁会议"。

所以，在班斿跟随自己校书的过程中，刘向对班斿说："婕妤娘娘通晓先秦诗赋，你不妨多向娘娘讨教讨教。"

有了总领校这句话，班斿得以频繁出入增成舍，与婕妤姐姐一起校雠鲁、齐、韩三家《诗》。班氏家学是齐诗，班婕妤熟读齐诗，在校雠过程中，她能从几个版本中确定哪个才更趋近于完整、准确，并对脱简之处给予补缀。班斿将姐姐校雠的齐诗交给刘向审定，刘向细细阅读，赞不绝口："婕妤娘娘有太学之才，所校之《诗》，堪比五经大师。"

作为嫁妆，陪班婕妤来到皇宫的家传典籍屈原赋，应该是最原始、最权威的版本，班婕妤以此为准，悉心校雠皇家所藏。并接受刘向所托，定正本，著目次，标册次，杀青，誊写，最后将二十五篇屈原赋编连成册。

通过二弟，班婕妤还接触到《庄子》。

《庄子》的首篇是《逍遥游》：

> 北冥有鱼，其名为鲲。鲲之大，不知其几千里也。化而为鸟，其名为鹏。鹏之背，不知其几千里也。怒而飞，其翼若垂天之云。是鸟也，海运则将徙于南冥。南冥者，天池也。
>
> 《齐谐》者，志怪者也。《谐》之言曰："鹏之徙于南冥也，水击三千里，抟扶摇而上者九万里，去以六月息者也。"野马也，尘埃也，生物之以息相吹也。天之苍苍，其正色邪，其远而无所至极邪？其视下也，亦若是则已矣。
>
> 且夫水之积也不厚，则其负大舟也无力；覆杯水于坳堂之上，则芥为之舟；置杯焉则胶，水浅而舟大也。风之积也不厚，

则其负大翼也无力。故九万里则风斯在下矣，而后乃今培风；背负青天而莫之夭阏者，而后乃今将图南。

蜩与学鸠笑之曰："我决起而飞，抢榆枋而止，时则不至，而控于地而已矣，奚以之九万里而南为？"适莽苍者，三飡而反，腹犹果然；适百里者，宿舂粮；适千里者，三月聚粮。之二虫，又何知？

小知不及大知，小年不及大年。奚以知其然也？朝菌不知晦朔，蟪蛄不知春秋，此小年也。楚之南有冥灵者，以五百岁为春，五百岁为秋；上古有大椿者，以八千岁为春，八千岁为秋，此大年也。而彭祖乃今以久特闻，众人匹之。不亦悲乎？

……

庄子以寓言作比喻，描写的重点是大鹏：这只神奇的大鸟岂止是大，还要腾空而起，乘海风作万里之游，由北海直飞南海天池。庄子又假借所谓《齐谐》里面的话来证明他的描写是可信的。为了说明"有所待"与"无所待"、小与大的区别，小与大之间思想境界和见识的悬殊，庄子又连续打了一系列的比方，以表明大鹏的高飞南迁，凭借的是九万里大风，这是"有所待"的，没能做到真正的"逍遥游"。庄子还以童话般的口吻叙述了蝉和小斑鸠对大鹏的嘲笑，蝉和小斑鸠局促的天地、渺小的见识、自鸣得意的口吻，本身就显示出它们的可怜、可笑。朝菌、蟪蛄与大乌龟、大椿的比喻，长寿者彭祖与众人的比喻，自然就言明了"小年不及大年"的道理。

《逍遥游》全篇所论的真正旨趣是："集天地之正，御六气之辩，以游无穷。"像至人、神人、圣人那样，忘掉自我，无所作为，不求功名，进入一个绝对自由的精神境界。

汪洋恣肆，仪态万方，这便是《逍遥游》了。里面的每字每句，都给平日里言行循规蹈矩的班婕妤展现出一片奇特的天地，她沉浸在阅读的喜悦之中。

《庄子》一书，是孤独的暗夜中，先哲大声唱出的一首自由之歌。这对班婕妤的人生，将会产生怎样的影响？没有人知道，包括班婕妤自己。

校雠的进展，繁而有序，刘向每每让班斿去未央宫，向成帝奏报校书之事。班斿虽年纪尚轻，但一向好学，学养已然深厚，对于经手过的典籍了然于胸，每次奏毕，就被留下来为成帝读书。

一日，听罢班斿读书，成帝来到增成舍歇息。他对班婕妤言道："爱妃，你的二弟班斿奏报校书之事，思路清晰，言辞条理，朕甚是爱听。朕原本想把秘书的副本赐给班斿，只是河平二年，朕的叔父东平思王曾经上疏，向朕求诸子及《太史公书》，朕就此事问大将军王凤，他不同意。大将军认为，诸子书，或反经术，非圣人；或明鬼神，信物怪；《太史公书》，有战国纵横权谲之谋。汉兴之初，谋臣奇策，天官灾异，地形厄塞，这些均不宜传于臣子们。朕只好采纳他的意见。"

成帝打算赐二弟秘书副本，班婕妤眼角眉梢都透着喜悦。但听完成帝这一番话，她忙起身，离席，给成帝施礼："妾谢过陛下对臣弟的爱赏。大将军所言极是，陛下不能为了班家，破了皇家藏书的规矩。"

成帝哈哈一笑："大将军迂腐，看哪一日，我就是要破了他的规矩。"

果真君无戏言。

阳朔三年（前22），秋八月，在朝中当权的大将军王凤去世。如此一来，成帝赐书已经没了障碍。阳朔四年（前21），秋九月，东平思王谢世，成帝也不会因赐书于外戚，而被认为是对叔父大不敬了。

之后不久，班府便接到皇帝赐书的谕旨。

汉成帝与许皇后是少年夫妻，班婕妤是汉成帝的宠妃，许班两家累受皇家恩赐。太常丞谷永曾经说过："建始、和平之际，许家、班家的显贵，倾动前朝，显著四方，赏赐无度，以致内府空虚……"

而今天，本是连皇叔都求之不得的皇家"秘副"，却被成帝赐给了爱妃的弟弟，足见班婕妤受宠的程度。

班固的《汉书·艺文志》中记载，刘向父子所校之书，共计一万三千二百六十九卷。

试想，成帝不可能将本朝种类繁多的秘书副本赐予班斿，但可以肯定的是，班斿辅助刘向校雠的经、传、诸子、诗、赋一定不会少，"家有赐书，内足于财，好古之士自远方至，父党扬子云以下莫不造门。"班固在《汉书·叙传》中证实了这一点。

班固父亲班彪的朋友扬雄，字子文，成都人，少年好学，博览群书，因口吃而多思，酷好辞赋，四十岁后才到长安游学。大司马王音将扬雄招为门下史，推荐为待诏。后经蜀人杨庄引荐，被喜爱辞赋的成帝招入宫廷，侍从祭祀游猎，任给事黄门郎。扬雄官职一直低微，历经成、哀、平"三世不徙官"，是一名出色的御用文人，后人称之为汉赋四大家之一。他流传后世的赋作《甘泉赋》《羽猎赋》《长杨赋》，均作于成帝时期。

班府的高门前，日日车马川流；府内大堂，夜夜灯火通明。真可谓：谈笑有鸿儒，往来无白丁。

而班固父辈的朋友，大多都是不辞辛苦，远道而来。这不仅仅因为班家是皇亲国戚，"内足于财"，他们更看重的，是班府那些连皇叔都得不到的秘书副本，能够住在班府，吃在班府，阅览赐书，谈古论今，堪称是人生一大幸事。

班婕妤，在年华最好的时候，上天，赋予她慈悲，君王，赐予她恩宠。这慈悲，这恩宠，同样照拂着整个班氏家族。汉成帝爱屋及乌，赐班斿"秘副"，使班氏子孙得以接触皇家书籍。从此，班家子弟不仅在文学上有了学习的蓝本，史学之路也越走越宽广。

第四章 见弃：宫殿秋草密，君王恩幸疏

"亲亲"之劫
情泣图扇
后宫风波

> 白日忽已移光兮，遂晻莫而昧幽。
>
> ——班婕妤《自悼赋》

人无千日好，花无百日红。即便是一家的王朝，也难以保持煌煌帝业，代代昌盛。

西汉王朝，被后世史学家分为三个时期。高、惠、文、景四帝，是恢复、稳定、巩固时期；武、昭、宣三帝，是繁荣、鼎盛时期；元、成、哀、平四帝，是逐渐衰亡时期。史学家吕思勉在《秦汉史》中下定义："汉室盛衰，当以宣、元为界。"

虽然《汉书》称赞元帝"多材艺，善史书，鼓琴瑟，吹洞箫，自度曲，被歌声，分刌节度，穷极幼眇"，但作为一国之君，治国理政，为文

义所牵制，在才能和技艺的嬉戏中，终使得宣帝伟业逐渐衰落。

后世史笔无情，说"汉成帝荒淫奢侈如武帝，优柔寡断胜过元帝。汉室的朝政，从此开始混乱；外戚的势力，从此开始泛滥"。

也或许，只是迫于母后王太后的专权和外戚的势力，成帝才荒疏朝政，沉湎娱乐，耽于酒色？

不论是何种原因，外戚之盛，最终改变了班婕妤的命运。

"亲亲"之劫

任何一个封建王朝都要有一个权力中心，皇帝理应是权力中心的核心人物。

青年皇帝，汉成帝刘骜的不幸就在于，自十九岁登基，他的母后王太后就是权力中心的核心人物。

王太后政君，生于汉宣帝本始三年（前71）。当时，她的廷尉史父亲王禁贪图酒色，不成大器。母亲李氏难以忍受丈夫多妾室，愤然离家。王政君从小就失去母亲的庇护，在众多长辈和兄弟中处处忍让，小心谨慎地生存。

政君长到十三四岁，清秀可人，性情柔顺，谨守妇道，被父亲许配了人家。只是，还没等到政君穿上红嫁衣，男方就因染重病去世。后来，东平王纳妾，父亲又让政君嫁于东平王为姬妾。令人错愕的是，政君还没进宫，东平王也得暴病而亡。做父亲的很奇怪，请术士给女儿看相，那术士看罢，只说她"梦月入怀，贵不可言"。王禁大喜过望，自此以后，在四个女儿、八个儿子当中，他独对二女儿政君格外用心，让她读书写字，操琴司鼓。五凤四年(前54)，王禁献政君入宫，十八岁的政君在掖庭做了家人子。

王政君入宫一年后，皇太子刘奭宠爱的司马良娣病故。最爱的女子离自己而去，太子悲痛欲绝。或许，不相信再有女子能给他带来一份与之相匹配的爱，刘奭放言：再也不接近任何妃嫔。

汉宣帝见此情状，内心非常担忧，唯恐皇儿难以走出此次变故。为了缓解太子的哀痛，宣帝让皇后挑五位家人子供太子选择。

那一日，政君悉心打扮，早早到来，刻意坐在离太子最近的位置。皇后催促太子选妃，而太子尚沉溺在失去爱妃的悲伤之中，便随意指向身旁的王政君。其实，对于身旁这位独穿绛衣的女子，太子并不动心，他的这个无意之举，竟导致了她一生的悲凉。

轻轻一指定终生。王政君有幸升为太子妃，第二年便诞下当世的嫡长皇孙，后来的成帝刘骜。或许少年就失去母亲的缘故，得不到太子宠爱的王政君，选择了沉寂。如此，是为了保全自己，更是为了保全儿子。

黄龙元年（前49），宣帝仙逝，太子刘奭即位，是为汉元帝。时过境迁，身份转换，刘奭已不再是当年那个痴情的太子，失去宠妃的哀痛，也在岁月之手的抚摸下渐渐消失。但对于一向温顺的王政君，元帝始终缺乏爱意，不过也深知，多年来王政君苦心为他。所以，即位不久，元帝便赐王政君的儿子刘骜为太子，她荣升为皇后。当了皇后，王政君依然很少被元帝召见，但一贯善于隐忍的她，虽贵为后宫之首，却谦逊有礼，温婉无争，宽容大气。这种性格和行为，不仅为她赢得母仪天下的威望，也终不为元帝宠妃傅昭仪所及。如此小心谨慎，王政君终保得儿子太子之位，而后太子顺利登基为帝，自己则安享太后尊位。

先秦"血缘政治"的"血缘"因素，既包括本宗之亲，也包括姻亲。

宗法制度牢固地附着于封建社会，西汉对宗法关系的推崇空前绝后。

《春秋》之义，"母以子贵"。

而汉家旧典，更是倍加崇贵母后。

皇帝崇贵母氏，假权于太后，其实就是假权外戚，母氏和舅氏紧密地联系在一条宗法纽带上。外戚封侯擅政，是莫大的"亲亲"，皇帝躬行"亲亲"，率导天下，获得万民敬仰，"亲亲"的宗法手段，就这样顺理成章地达到了"尊尊"的目的。

想当年，元帝有意废太子刘骜，立傅昭仪的儿子为太子，王凤积极奔走于大臣之间，为保全太子的地位，立下了除史丹之外最大的功劳。为此，儿子刚刚由太子变身为皇帝，已尊为皇太后的王政君就开始谋算，要由王家的兄弟来把持朝政，维护他儿子的大汉江山。

谁能料到，从此，王政君一连四朝是国母，把持朝政四十余载。就是这位皇太后，无限度地纵容外戚，让庞大贪婪的王氏家族，一点一点榨干了西汉的骨血。终于，公元8年，太皇太后王政君将传国玉玺交给了她的侄子王莽，默许了新朝的建立。西汉王朝，就此灭亡。

汉成帝不仅完成了儒学独尊的格局，崇尚孝道的他，对先帝们所建立的"尊尊亲亲"统治秩序的维护，也达到了登峰造极的地步。对于母后皇太后，成帝更是唯命是从。

遵太后懿旨——

刚刚即位的竟宁元年（前33），成帝以大舅舅、母亲的同胞哥哥王凤为大司马大将军，领尚书事。

河平二年（前27），夏六月，成帝又将王谭、王商、王立、王根、王逢时五位舅舅同日封为列侯，世称"五侯"。

……

皇帝是秦汉间的一大创建，外戚是皇帝的"外亲"。在西汉十一位至高无上的皇帝中，尤以成帝亲授爵位的外戚人数为最多，共计九人。

也因之，在《资治通鉴》中，史学家司马光毫不留情，给汉成帝重重地记了一笔："今王氏一姓，乘朱轮华毂者二十三人……依东宫之尊，假甥舅之亲，以为威重。尚书、九卿、州牧、郡守皆出其门，管执枢机，朋党比周……历上古至秦、汉，外戚僭贵未有如王氏者也。"

尽管如此地顺从母后，厚待诸舅，但是，在"王凤专权，五侯当朝"的格局之下，成帝处理起朝事，仍然是受尽"委屈"和钳制。

左右近臣中，常常有人向皇帝推荐光禄大夫刘向的小儿子刘歆，说他明达博识，才能出众。成帝一贯乐于采纳众臣建议，便召见刘歆，让他诵读诗赋。成帝听后，非常满意，打算让他做中常侍，命人取来加官的衣帽。在宣室殿，待要刘歆拜官的时候，堂下左右两列朝臣却都说："不知大将军是否同意。"成帝龙颜自然不悦："这等小事，还需要问大将军吗？"左右叩头，坚持这么做。无奈，成帝只得将此事告诉舅舅王凤。王凤认为不可以，成帝就只得作罢。

成帝即位数年，一直没有后嗣存世，身体也常有不适。定陶共王前来朝见，太后和成帝顺着先帝的心意，厚待共王，赏赐的东西是其他诸侯王的十倍，并不把过去那些几乎废掉太子的过节放在心上。共王来朝见后，成帝便把他留住："朕至今没有儿子，而人命无常又不可讳言，一旦发生变故，我们将不能相见了。你就留在长安陪朕吧！"后来，成帝病重，共王就住在宫中，日夜服侍，成帝对他也非常亲近，倚重。大将军王凤深知，共王久留不去，对自己非常不利，正赶上发生了日食，就趁机对成帝说："日食是阴气太盛造成的现象，是不同寻常的灾异。定陶王虽然是至亲，按礼制还是应当奉守封国。现如今留在宫中，侍奉陛下，是违逆正道，破坏常规，因此上天显示异象，给予告诫。臣以为，应当让定陶王回封国去。"成帝无奈，只好答应。共王辞行时，成帝和他面面相对，各自垂泪。

不能行使任命的权力，宗亲不能留在身边……如此种种，不胜枚举。

成帝心中无限懊恼。

何以解忧？唯有婕妤。

增成舍是汉成帝的忘忧谷。

每当看到成帝神情抑郁地驾临增成舍，班婕妤就知道，今天的朝事不顺。但她从来不会过问,支开身边的侍女,亲自给成帝煮茶。产自安化县渠江镇的贡茶——黑茶薄片,在沸水中翻滚着小小的身躯,散发出阵阵清香。

帝与妃,相对相守,光阴静好。

"爱妃,你煮的茶,怎么有一股特别的香气?"

"陛下,妾在里面加了母国的香草,能使人心安,神宁。"

仔细清洗过茶具,班婕妤将煮好的茶汤注入茶盏,双手托盘,敬于成帝。然后,在琴案旁燃起香草。

琴音响,歌声起。或诗三百,或屈原赋。

成帝倚在靠几上,品茗,听歌,在袅袅琴音中闭目养神。朝事中所有的不如意,都烟消云散。

成帝一生,风流多情,贪恋女色。但班氏婕妤,秀丽的容貌,横溢的才华,贞静的美德,给成帝带来的精神享受,更胜于床笫间的鱼水之欢。班婕妤于成帝,是妃,是师,更是友。

从建始元年(前32)到阳朔四年(前21),班婕妤在宫中度过十一年的美好时光。

《吕氏春秋》卷二十三《贵直论》的《直谏》篇,有一段记述楚国君臣的故事:

春秋时期,楚国的君主楚文王得到茹黄的狗、宛路的箭,就用它们到云梦泽打猎,三个月不回宫。后来,文王得到丹地的美女,又纵情女色,整整一年不上朝听政。太保申求见说:"先王占卜,让我做太保,卦象吉利。如今,陛下得到如黄的狗、宛路的箭,前去打猎,三个月不回来。得到丹地的美女,纵情女色,一年不上朝听政。陛下的罪,应该施以鞭刑。"

文王说:"我从离开襁褓就列位于诸侯,请您换一种刑法,不要鞭打我。"

申说:"臣敬受先王之命,不敢废弃。陛下不接受鞭刑,这是让臣废弃了先王之命。臣宁可获罪于陛下，不能获罪于先王。"文王说："遵命。"于是申拉过席子，文王伏在上面。申把五十根细荆条捆在一起，跪着放在文王的背上，再拿起来。这样反复做了两次，然后对文王说："陛下请起来吧！"文王说："同样是有了受鞭刑的名声，索性真的打朕一顿吧！"申说："臣听说，对于君子，要使他心里感到羞耻；对于小人，要让他皮肉觉得疼痛。如果让他感到羞耻仍不能改正，那么让他觉得疼痛又有什么用处？"申说完，快步离开了王宫，自行流放到深渊边上，请求文王治自己死罪。文王说："这是朕的过错，太保申有什么罪？"于是改弦更张，召回申，杀了茹黄的狗，折了宛路的箭，打发了丹地的美女，勤理国政，楚国陆续兼并了三十九个国家。能使楚国疆土广阔到这种程度，这是太保申的力量，是忠臣直言劝谏的功效。

　　先秦以后，封建帝国两千余年，每一朝都有自己的诤谏之臣。
　　汉成帝朝自然也不例外。
　　大将军王凤依仗王太后，专擅国权，兄弟七人都封作列侯。鉴于当时天下多有大灾异，光禄大夫刘向认为，这是外戚贵盛、王凤兄弟掌权的罪过。
　　刘向，作为同姓末枝，累世蒙受皇恩；作为宗室遗老，侍奉过三朝天子。成帝认为他是先帝旧臣，每次进见都加以礼遇。刘向见灾异严重，外戚日益强盛，发展下去，一定会危及刘氏政权，不禁忧心如焚，便向成帝上密封奏章《极谏用外戚封事》。大意是：

　　　　我听说，君主没有不想安宁的，然而却常常倾危；没有不想使国家长存的，然而却常常灭亡，这都是因为丧失了管理臣下的办法。《书》中说，有大臣作威作福，便会对你的家族有害，对你的国家不利。孔子说，俸禄离开公室，政权被大夫掌握，是危亡的兆头。汉兴以后，诸吕不行正道，擅自相尊为王，吕产、吕禄借助太后的恩宠，占据将相位置，掌握南北军的兵士，拥有梁王、赵王的尊位，骄逸没有满足，要危及刘氏。仰仗绛侯、刘虚侯等，竭尽诚义消灭了他们，然后刘氏又得安宁。现如今，王氏一姓，乘朱轮美车的二十三人，青貂紫蝉充满帐篷，排坐在皇上左右。大将军掌事弄权，五侯骄奢气盛，一起作威作福，独断专行，行为污私，却托言治公之道，凭东宫的尊威，借甥舅的亲情，达到威严重位。尚书、九卿、州牧郡守都出自他们门下，掌握机要，结党营私，称赞他们的就擢升，不顺服的就杀害；游说的人为他们说解，执政的人替他们讲话。排挤宗室，孤立削弱公族，那些有智能的，尤其要毁谤而不进用。阻绝宗室担任职责，不让他们供事朝廷，怕他们与自己争权。从上古到秦汉，外戚的越位、尊贵，还没有像王氏这样的。

　　明理的人，在无形中产生福祉。在未开始时消除祸患，应发布明诏，宣扬德音，引进宗室，亲近信任他们，疏远外戚，不交给他们权柄，全罢免他们，使其回到家中。当年孝宣皇帝不给舅舅平昌侯、乐昌侯权柄，就是要安定保全他们。陛下若效法先皇的作为，优厚地安抚外戚，保全他们的宗族，便是东宫的愿望，外家的福气。王氏永远存在，保住其爵位封禄；刘氏长期安定，不失去社稷，这才是内姓、外姓和睦、子子孙孙永无止境的大计。《易》上说："国君不慎密，就会丧失臣下；臣子不慎密，就会丧失性命；机微之事不慎密，就不能够成功。"

　　臣请陛下深思，周密审查军国要事，观察以往的教训，以折中事理取得信任，得以万事长安，保持宗庙，长期侍奉太后，天下非常荣幸。

为了这道密奏，成帝专门召见了刘向，对他叹息一阵，悲伤一阵。末了说："你先暂且休息吧，我将考虑此事。"并任刘向为中垒校尉，算作是对皇室宗亲后人的嘉奖与安慰。

成帝何尝不知刘向对汉室的忠诚？但是，为母后皇太后着想，他始终没有采纳刘向的谏言。不过，刘向在皇上心中一直是有位置的，成帝多次想任用刘向为九卿，都不被在位的王氏和丞相御史所支持，所以，刘向一直不得晋升，终年七十二岁。

京兆尹王章生性刚直，敢于直言，用密奏上书给成帝，论述日食的罪责在谁。为此，成帝单独召见王章，询问这件事。王章回答说："上天是圣明的，保佑良善，惩罚邪恶，通过祥瑞和灾异的天象作为验证。现在陛下因没有后嗣，格外亲近定陶王，以此延续宗庙，以社稷为重，对上顺应天意，对下安抚百姓。这本是符合道义的好事，应当有吉祥符瑞降临，如何会引出灾异？灾异的出现，实在是由于大臣专政。如今，听说大将军竟滥将日食的罪责推到定陶王身上，建议遣他回归封国，是想把陛下孤立于上，自己专权擅政，以满足私欲，这绝不是忠臣所为。况且，日食的发生，是由于阴气侵犯阳气，臣子专君主之权的罪过而造成。现在，国家事务无论大小，都由王凤决断，皇上不能有任何作为，王凤不反省自己的过失，反而归咎于好人，推到定陶王身上。而且，王凤诬陷他人不忠不义，并非只是这一件事。前丞相乐昌侯王商本是先帝的外戚，德行笃厚，素有威望，职位在列将军和丞相，是国家重臣，为人坚守正义，不肯放弃节操迎合王凤，终于因为无中生有的'闺门内事'，被王凤罢免，忧惧而死，百姓都很怜悯他。"

王凤建议罢免王商，又遣定陶王回封国，本就让成帝心里愤慨不满，再亲听了王章一番陈词，他便采纳了密奏的意见，打算以琅邪太守冯野王代替王凤。这个冯野王，本是先帝的名臣、中山孝王的舅舅。

怎奈隔墙有耳！

王章每次被召见，成帝就屏退左右。但没想到，太后的堂弟、长乐卫尉王弘的儿子侍中王音，却偷听了他们的谈话，全部知道了王章的计谋，立即告诉了王凤。王凤听了密告，立马上疏，请辞回乡。

王凤的上疏，文辞哀切，情动于中。太后听说这件事以后，在长信殿独自垂泪，不思饮食。迫于母后的压力，成帝不仅没有撤掉王凤，反而让尚书劾奏王章诬告大臣，遂以大逆之罪将王章打入牢房。最终，王章冤死狱中。

成帝还回复王凤说："朕继承先帝的事业，涉世不深，不懂道理，因此阴阳错乱，日月无光，黄色的浓雾遍布天下。罪责在朕自己，现在大将军将过失揽到自己身上，打算交付尚书事，归还大将军的印绶，解除大司马的官职，这分明显示出朕没有德行。朕把事务委派给将军，确实是希望作出一番成就，弘扬先祖的功德。将军请安下心来，辅助朕做不到的地方，不要再有其他疑心。"

如此回复，是真心诚意，还是迫不得已，唯有成帝自知。

《吕氏春秋》卷十六《先识览》的《正名》篇有一段精论："祸乱的产生，皆是因为形实和名目不相符。君主虽然不贤德，但如果任用了贤能的人，听从了好的建议，还是能做可行的事。他们的祸患，多是因为他们所认定的贤士实际上是不肖的人，所认为的善言实际上是邪说，所认为可行的事实际上是悖逆的行为。这是因为形和名的内容不同，是名不符实。贤能与不肖相混淆，善言与邪说相混淆，可行与悖逆的行为相混淆，如此这般，国家不混乱、自身不危殆又等什么时候？"

此时的西汉王朝，已经被成帝刘骜带入形实和名目不相符的危境。

何止是汉成帝朝，从古至今，因形实与名目不符导致的祸乱难以数计，最终带来的都是朝代更迭，江山易主。

身为一朝天子，刘骜谨记老祖宗的荣光。高祖皇帝刘邦起于布衣，战定陶，破咸阳，宴鸿门，守汉中，平赵，击楚，决战垓下，九死一生，才赢得了大汉朝的一统江山；祖父宣帝特意为他取名为骜，是希望他能成为汉廷的一匹千里良驹。然而，汉成帝刘骜终究不过是皇家娇生惯养的一代皇帝，坐享先帝之成，处理起国事却优柔寡断。大汉治天下，以孝道为先，他不敢忤逆母后；维护先帝建立的"尊尊亲亲"统治秩序，他不忍处置诸位舅舅。皇帝当到这个份儿上，也算是成帝命中的劫数。

孔子说："三十而立。"鸿嘉元年（前20），汉成帝三十二岁，临朝十三年。三十二岁，本应是壮年皇帝理国勤政的黄金时期，但是，《汉书·成帝纪》却出现了六个字：上始为微行出。

情泣团扇

先说一个流传下来的前朝故事。

汉武帝微服私访。一日，到了柏谷。晚上，武帝投宿到亭长处，亭长拒不接待。于是，一行人来到旅店。店主将武帝上下打量一番，没好气地对他说："看你长得身材高大，本应在家好好务家，为什么带着剑，聚着人，黑更半夜，扰得鸡犬不宁。依我看，你们不是贼，就是流氓。"

听了店主说的这些话，武帝并不动气，陪着笑脸，向店主讨要酒喝。

"我只有尿，没有酒。"店主挑帘子进了内屋。

武帝派随从悄悄跟着店主。但见店主人在内屋召集来十几个小伙子，个个膀大腰圆，持刀带剑。

店主吩咐老婆出去安顿客人。

店主老婆回来对店主说："我看这人，不像是普通人，而且像是有了防备。还是不要招惹他们为好，不如对他们以礼相待。"

店主说："这好办！我们这里鼓一敲，周围的人都会来，抓几个蟊贼，还不是易如反掌。"

店主老婆说："先稳住这些人，等他们睡着了，那就好办了。"店主点头称是。

当时，武帝身边只带了十几个随从，听店家夫妻在里面密谋，他们甚是害怕，劝皇上连夜离开。武帝说："我们现在走，肯定是凶多吉少。不如以静制动，稳住他们。"

不一会儿，店主老婆出来，对武帝说："刚才你们听到老头子的话了？这老东西，整天灌酒，是个狂妄之徒，别和他计较。今天晚上，你们都好好睡觉，不会有事的。"说完，店主老婆重新回到自己的屋里。

这时的天气格外寒冷，店主老婆使劲劝店主和小伙子们喝酒，直到把他们全部灌醉。再把店主捆起来，让小伙子们都散了。

店主老婆走出来，先向武帝道歉，又杀鸡做饭招待他和随从。

一大早，武帝就离开了旅店。

当天，回到皇宫，汉武帝即召见店主夫妇，赐给店主老婆数目可观的黄金，提拔店主为禁卫军军官。

汉成帝微服出行的内容，远远超过了汉武帝。

刘氏宗亲都在各自的封国，与成帝身远；众臣忌惮外戚的势力，与成帝心远。外戚当道的汉廷，在朝政大事上，大臣们唯王凤是从，成帝总觉得自己是个局外人。或许是要以消极的方式对抗母后，也或许是顺水推舟，依赖诸舅，渐渐地，成帝疏离朝政，开始微服出行。

成帝喜欢化装成庶民百姓，悄悄出外游玩。宫中有勇力的人，私家奴仆门客，多则十几个人，少则五六人，都身穿白衣，免头冠，只戴帻，携刀带剑，追随皇帝左右。他们有时乘坐小车，侍从和成帝同坐在车内的茵垫上；有时骑马，前呼后拥。恣意逗留之处，近到城内的街巷和郊外旷野，远到长安之外的郡县。

每次出行，张放都是成帝同行的伙伴。张放出身显贵，曾祖父官拜大司马，母亲是公主之女。身为侯爵——富平侯的张放，年少，英俊，聪明，有才。如此翩翩美少年，在男风盛行的汉朝，"与上卧起，宠爱殊绝"，也是情理中的事。只是，张放以男色博皇帝殊爱，难免要招致一些贵族，特别是几个国舅的妒忌，一有机会，他们便在太后面前煽风点火。太后也认为，皇帝正年富力强，行为不检，都是张放所致。后来，就找了一个不轻不重的罪名，把张放发配到外地。

鸿嘉、永始年间，汉成帝几乎不理朝政，率性而为。放弃天子的至尊至贵，喜欢上普通民家的卑贱琐事；厌烦了至高至美的尊号，爱好上匹夫庶民的小辈贱称；聚集剽悍轻薄不义之人，作为私客；在民间置买私田，在北宫豢养私奴车马；多次不要皇帝的尊严，离开深宫的安全，只身而出，单独和一帮卑贱小人，早晚相随，形影不离；饮酒沉醉在吏民之家，服饰不讲尊卑，共坐一榻，放纵狎侮，看不出君臣之别；尽情遁游寻乐，不分昼夜出行，致使主管宫廷门户、侍奉宿卫的臣子，手持干戈，日夜守卫无主的空宫。

鸿嘉二年（前19），初夏。

一日，成帝与张放微服去逛西市。二人支开随从，挤进热闹的人群，看杂耍的民间艺人，光着膀子翻跟头，头顶拍砖，时不时喝彩两声助兴。走在土巷子里，肚子饿了，成帝便踱步到一个火炉旁吃烤菜包。

张放见状，连忙上前阻止，将成帝拽到一旁，悄声说："我的陛下，不可再吃这巷里的食物，一旦传出去，史官会大记特记。"

成帝边吃边乐："哈哈，朕现在就是长安百姓。爱卿，你说说看，我们现在该去哪儿找乐子。"

张放回说："陛下，我们去阳阿公主府观赏歌舞如何？"

成帝不以为然："难道她府上的歌舞，比我宫里的还要好？"

张放故作神秘状："陛下一定不虚此行。"

成帝还不知，张放已先他一步，在公主府领略了赵飞燕的美妙舞姿。

远在周朝，君臣便知享受歌舞之乐。《诗》中描述："坎坎鼓我，蹲蹲舞我。"

自开国皇帝刘邦起，西汉帝后们对歌诗乐舞喜爱的程度，堪称是前无古人，后乏来者。

《西京杂记》有载：汉高祖刘邦的宠姬戚夫人，擅长鼓瑟击筑。高祖常常拥着戚夫人，随着瑟、筑的伴奏而歌。每唱罢，怆然泪下。戚夫人还擅长跳翘袖折腰舞，唱《出塞》《入塞》《望远》等曲子。数百名侍婢都学着唱，众人在后宫中齐声高歌，歌声响彻云霄。

汉武帝多情，可自作歌诗。他的宠妃李夫人原本是女倡，因"妙丽善舞"而得幸。皇后卫子夫本是平阳公主府的歌女，以歌姬的身份来到武帝身边。卫子夫不仅生前与歌舞常相伴，死后，陵园里仍有歌舞倡优杂伎千余人，经年享有盛大的嬉戏之欢。

阳阿公主教养歌舞姬，无非想借此获得成帝对公主府的厚养。

经不住张放的怂恿，成帝来到阳阿公主府。

公主欣喜异常，以佳肴琼浆款待成帝，并安排歌舞为之助兴。

众歌姬群舞一曲后，赵飞燕飘然入场，舒臂，展腰，跳起欢快的盘鼓舞。勾人魂魄的眼神，婀娜曼妙的舞姿，令成帝一见倾心。

回宫后，成帝即刻下旨，召纳赵飞燕入宫。

正史中，赵飞燕的身世被一笔带过。不过，在世代相传的故事里，赵飞燕的身世颇有些传奇色彩。

赵飞燕的母亲，拥有嫡亲的皇家血统，是江都王的孙女姑苏郡主，嫁给了江都中尉赵曼。而赵飞燕的生身父亲，却是王府门客之后——舍人冯万金。冯万金的祖父冯大力，擅于音乐器械，做了江都王府调和音乐的门客。只是，那冯万金却不肯传承家族事业，热衷于编排演练音乐，经由他手处理过的音乐，没有章法曲调，任意弹奏复杂的手法做哀调，自称是凡间华丽的音乐，而但凡听到的人，都会被深深打动。偏偏赵曼喜好音乐，对冯万金青眼相看，几乎到了同吃一碗饭的地步。也因此，冯万金得以私通郡主。郡主怀孕了，孩子却不是夫婿赵曼的。赵曼性情暴虐嫉妒，而且，早年就不能行房中之事，从不亲近女人。怀孕后的郡主，内心自然恐惧得很，谎称身体有恙，一直居住在王府里。怀胎十月，郡主产下两个女婴，王府命人将双婴弃置荒郊野外。三天之后，趁夜色降临，郡主乘衣车，悄悄前去查看，发现婴儿居然活着！遂带回王府，将两个女儿送给生父冯万金，不过都冒姓赵。大女儿叫宜主，二女儿叫合德。

冯万金死后，冯家衰落。十三四岁的赵氏姊妹，无依无靠，辗转流离到长安。在当时，人们称她们为赵郡主的女儿，也有称是赵曼的私生女。后来，姐妹二人被托付给赵临家。为报答养育之恩，两姐妹多次做刺绣图案，献给赵临，赵临都惭愧地接受了。

宜主与合德，虽有闭月羞花之貌，沉鱼落雁之容，但为了生存，只能在西市卖草鞋为生。

为了培养绝色舞姬，阳阿公主派家令四处寻觅善舞的妙龄女子。

在西市，一处卖艺人表演的场地上，赵宜主羞涩着，那个卖艺女子不厌其烦地纠正她的舞姿。面容姣好，身姿婀娜，举手投足虽显拘谨，却透出另一番情致，阳阿公主的家令一眼就瞄准了赵宜主，将她姐妹二人带回公主府。

虽是府上婢女，但阳阿公主偏爱赵宜主，让人教她唱歌习舞。天资聪慧，又勤学苦练，时间不长，赵宜主的歌舞技艺远在群芳之上。她善跳盘鼓舞、翘袖折腰舞，尤其长于歌舞《归风》《送远》之曲。舞蹈中的赵宜主，身轻如燕，舞姿似飞，阳阿公主给她易名赵飞燕。

入宫后，赵飞燕天天为成帝起舞，她体态轻，腰肢柔，舞步美，进退收放自如。

来自民间，没有礼教束缚，床榻之上，赵飞燕秀色撩人，欲拒还迎，彻底激起成帝征服的欲望，获得夜夜临幸。

为紧紧抓住皇帝的心，赵飞燕又把妹妹赵合德荐给成帝。赵合德体格娇弱，肌肤胜雪，身姿丰润，滑腻如脂，开口讲话，笑靥尤其迷人，一腔柔情更是令成帝神魂颠倒。成帝一日见不到赵氏姐妹，便觉心神难安。

大汉帝国是一个辉煌的时代，汉人以特有的方式表达着自己的情感世界。

这时候，娱乐活动难以普及，帝王之乐，庶黎民众也可得以分享。汉武帝十分喜爱百戏，曾于元封三年（前108）春天，在未央庭中"作角抵戏，三百里内皆来观"，成为一场规模庞大的盛会。元封六年（前105）夏季，武帝再设百戏。"京师民观角抵于上林平乐馆"，这也是一次倾动京城的盛举。而百戏上演的上林苑平乐馆，原本是宫廷的禁苑专属之地。

仲夏之季，为取悦刚刚进宫不久的赵氏姐妹，成帝效仿武帝，在上林苑建章宫举行歌舞百戏表演活动。

与武帝不同的是，与君同乐的只限于后宫妃嫔、文武百官。

这是一场声势浩大的表演。阵容整齐的演奏乐队排成数行，钟、磬、鼓、琴、埙、笙、箫等宫廷乐器，一应俱全。

表演从歌舞开始。

这次乐舞的盛况，我们可以从东汉傅毅《舞赋》中得见端倪。沿袭西汉司马相如《上林赋》的表现手法，《舞赋》也假托了一个故事：战国时，楚襄王游云梦，打算与群臣畅饮，却不知以何事作为娱乐。御用文人宋玉向襄王进言，何不观赏《激楚》《结风》《阳阿》之舞。果然，这些轻歌曼舞，顷绝一时。

《舞赋》完整地描绘了一场歌舞盛宴的全过程，实际折射的还是汉代的乐舞。傅毅赞许这些歌舞之欢"娱神遗老"，是"永年之术"。

《舞赋》描述道——

　　这时，能歌善舞的舞姬出场，十六名妙龄女子徐徐缓行，分列在帘幕两旁。她们服装艳丽，神态妩媚，风采华绝。弯弯的柳眉，顾盼的眼波，似春光荡漾。头上的首饰珠光闪烁，华美的衣裙上缀着绢质的飞燕。一位女子轻盈走出队列，随意整理一下纷繁富丽的衣裳。顺着和煦的清风，佩戴的香草散发出杜若的馨香。她轻启朱唇，合着乐曲的法度，放声歌唱：……我赞美《关雎》乐而不淫的旨趣，我哀怜《蟋蟀》及时行乐的陋见……

　　这时，众多舞姬踏着音乐的节拍，翩翩起舞，舞蹈的情境舒适广阔，让人浮想联翩。起始的舞姿，多姿多彩。有的俯身有的后仰，有的过来有的前往。有的温雅大方，有的愁肠百结，无法一一描摹。接下来的表演，时而像群鸟，展翅飞翔；时而像鹭鸶，舒颈驻足；时而契合节拍，急促地跳动；时而手指目视，静止如雕塑。她们的罗衣轻柔，时而随风飘舞，时而长袖交错，时而似回风流雪，时而如花团锦簇。她们舞步轻盈，时而像梁燕，蹲姿优雅；时而像天鹅，惊翅翱翔。

　　还有堪称一绝的独舞，舞者体态娴雅柔美，轻盈迅捷。她凭借精妙绝伦的舞姿，展现出忠贞纯洁的品格，彰显出冰清玉洁的素志，营造出引人入胜的高远妙境。真可谓是，志在高山，巍巍有高山之势；志在流水，荡荡有流水之姿。如此出神入化，完美无缺。

　　然后，众多舞姬又依次上场。排列齐整的舞姬，彼此紧贴香肩，往来周旋。看上去如仙女下凡，更像是回转飞翔的群燕，时而纵身跳跃，时而静静伫立。击鼓动作迅疾，好像鼓槌没有击到鼓面，踏地的节拍轻捷，丝毫听不到顿足的声音。时而像鸿雁比翼，奋飞轻盈远去，时而出乎意料地戛然而止。在急促乐曲的引领下，舞姬们从停息处迅速回身，旋转，飞舞，令人目不暇接。时而双膝跪地，频繁起落；时而双足后举，造型美观；时而曲体远跃，轻捷如燕；时而腰肢弯转，形似春蚕。绉纱舞衣轻灵飘动，如蛾轻飞，纷纷扬扬的情景如梦如幻。向前跳跃的舞姿，超过群鸟飞集；舒缓漫步的舞姿，轻松优雅，悠闲自得。盘绕回旋的身姿，如弱柳扶风；迅疾飘动的神韵，又似云卷云舒。灵巧的舞姿宛若游龙，洁白的长袖恰如蝉翼……

现场歌舞的华彩，惊艳四座。而坐在上席的成帝，注意力完全不在表演上，他在应付身边的两位美人。成帝右侧是赵飞燕，左侧是赵合德，二人身着华服，头簪珠翠，莺声燕语间，轮番给成帝斟酒，与成帝共饮。

歌舞退去，赵飞燕娇声道："妾愿意为陛下助兴，献舞一曲。"

成帝允准。

据传，太监双手并拢，前伸，掌心向上，赵飞燕就能在上面作出各种袖舞动作，举手扬臂，如在平地。赵飞燕去后庭更换舞衣的间隙，两名宫女托来一个水晶盘，在场的两位太监连忙接过来。为了赵飞燕掌上舞的非凡技艺，成帝特意命工匠制作了水晶盘，让她在上面跳舞。此时，赵飞燕一身粉色舞衣，立于盘上，如蜻蜓点水，翩翩起舞。只见她，体转如飞，长袖生风，如同仙女游浮于万里长空……

一曲舞毕，赵飞燕重新回到成帝身边。成帝一把揽住她的细腰，连声称赞：

"爱妃好舞！爱妃好舞！来，陪朕喝了这杯酒！"

歌舞之后，是百戏表演。

起源于汉代的百戏，亦称"曼衍之戏""角抵戏"，是包括角抵、杂技、幻术、俳优戏谑、假扮人物动物等演艺内容在内的综合性表演。角抵有角力、对打、对阵、斗兽，杂技有缘杆、履索、扛鼎、转石、弄丸、使剑、冲狭、燕濯、马术，幻术包括吞刀、吐火、变物、移物等。

这其中，杂技的大型表演首推缘杆，也称"戴杆"，或者是"都卢寻橦"，就是现在的高杆表演。表演时，壮汉顶起高杆，体轻的小儿在上面做各种高难动作。履索，类似于今天的走钢丝，不过汉代走的是丝绳。这项表演很揪人心，表演者不仅要在上面表演倒立等动作，还要保证不掉下来，因为索下竖立着刀剑数柄。扛鼎，转石，都是负重类的表演。弄丸、使剑的表演者眼疾手快，技艺娴熟，不停地抛接多个弹丸或数柄短剑。冲狭，是今天杂技舞台上常见的钻圈、飞钻火圈一类的表演，但汉代的冲狭多有惊险之举，在圆圈上插利剑或矛，表演者在飞穿圆圈的刹那，胸膛贴着刀刃而过却不被擦伤。燕濯是一种以坐姿而跳跃水盘，再复归坐姿的表演，表演者身轻如燕，好像点水沐浴。鱼龙曼衍戏是假形戏舞中的典型表演。"鱼龙""曼衍"，都是野兽的名称，由艺人制作外饰，装饰出猞猁兽形，先跃入水中，化为鱼形，再腾跃出水池，化为龙形，游走于庭殿之间，变化多端，神奇而又出人意表。压轴戏是马术，在表演场地的外边，一队表演者鱼贯而过。有的在马上手执铁戟，扶鞍倒立；有的站立在鞍上，挥舞长刀；有的握住固定在马背上的直杆，身体向斜上方凌空撑起；更有人单足立于马上，表演各种舞蹈动作。

百戏表演，惊险连连，给观赏者带来莫大的感官刺激和精神享受。张衡在《西京赋》里形容道："心醒醉，盘乐极，怅怀萃。"整个表演过程中，赵氏姐妹时不时发出夸张的尖叫声，成帝忙不迭地左拥右抱，安抚美人。

掖庭里十四等以上的妃嫔，今日都随御驾来到建章宫，独独中宫之主许皇后没有来。昨日，她前往长乐宫长信殿，向皇太后请旨。太后心里清楚，许皇后是在和皇上怄气，自从赵氏姐妹入宫，成帝更是连面也没有见过她一次。太后也不喜欢这对身份低贱的姐妹,害得她的皇儿终日在她们宫里厮混,不见朝臣,不理朝政,简直丢尽了皇家的脸。当皇后委婉地对她说"母后,妾身体不适,恐怕明日不能伴驾前往建章宫",太后一口就答应了。

掌管长乐宫的少府,将太后准予皇后不随驾出行一事禀告皇上,成帝也照准。这正合了成帝的意,他心里并不希望皇后在场,如皇后不识大体,到时摆出一副怨妇的模样,岂不扫了自己的兴致。

整个歌舞百戏表演,班婕妤始终安静地坐在上席的侧位,成帝与赵氏姐妹的亲昵举动,她一一看在眼里。而心里想的,却是那一日随成帝夜赴宵游宫,独舞后与成帝对话的情景:

"爱妃呀,朕没想到,你的舞姿竟然如此曼妙。"

"陛下,妾是山鬼吗?"

"爱妃不是山鬼,朕也不是灵修。"

"那陛下会一直宠爱妾吗?"

"朕对爱妃的宠爱,与天地同在。"

而现实,却是如此残酷。伴随百戏表演时观赏者的欢呼喝彩声,大庭广众之下,汉成帝和赵飞燕双双举觞,互相喂饮!

此情此景,令班婕妤黯然神伤:"陛下,天地仍在,你对妾的宠爱,从此不在。"

返回增成舍,班婕妤一腔忧思,难以排解。

夜深,人静,明月高悬中天。身披一袭纱衣,班婕妤来到庭院,独自徘徊。

班婕妤的思绪回到年少时的家乡楼烦。也是盛夏,蝉儿的叫声繁密,她躺在院子里的凉席上,听祖父讲母国的故事。记忆最深的,是那个作为陪嫁媵侍,远嫁秦国的楚国庶公主芈月,人称芈八子。芈八子是秦王嬴驷最宠爱的妃,嬴驷死后,芈八子历经磨难,九死一生,终于帮助唯一的儿子稷顺利登基为王,她也成为秦国的铁血太后——宣太后。

"在外舍阳禄馆和柘馆生的孩子,还在襁褓中便夭折了。如果他们活着,应该有十来岁了。"班婕妤心中哀叹。

要哀叹的不仅仅是班婕妤,《汉书》中载的,野史中传的,汉成帝的掖庭,后妃们孕中流产、襁褓中夭折的皇嗣不止一二。关于成帝绝后嗣,朝野说法不一,其中就有成帝生理有疾,致使皇儿不能安然出生或顺利成长一说。

芈八子,班婕妤,同为君王宠妃,但有子和无子,最终的命运截然不同了。

增成舍内外,银辉泻地,冷清复冷清。这当儿,班婕妤格外思念父亲母亲,珠泪难止。

孔子说:诗,可以怨。

返回屋内,班婕妤持剪去烛花。明烛之下,她手执素扇,沉吟片刻,研墨、润笔,在上面写下一首五言《怨歌行》。

新裂齐纨素,鲜洁如霜雪。
裁为合欢扇,团团似明月。
出入君怀袖,动摇微风发。
常恐秋节至,凉飙夺炎热。
弃捐箧笥中,恩情中道绝。

这是一首咏物寄怀的抒情小诗。产自齐国的著名丝绢,鲜亮洁白,如同晶莹的霜与雪。薄如蝉翼的绢,被精心裁制为合欢扇,圆圆的形状,犹如十五的一轮皎月。如此精美绝伦,何止是一柄团扇?这里面,蕴含着班婕妤高贵的身世与天资,脱俗的姿容与才情。入住汉宫,受宠于帝,如圆月般的合欢扇,不正是她宫廷生活美满而幸福的真实写照吗?"出入君怀袖,动摇微风发"。这柄扇子,深得君王喜爱,出入随身携带,轻轻一摇,熏风习习,令人心旷神怡。班婕妤冰雪聪明,以这两句含蓄地暗示人们:成帝下了朝堂,便与自己形影不离,她说的每一句话,做的每一件事,都深得君王的赞赏与欢心。只是,团扇的主人常常心怀惶恐,秋季终归要到来,清凉之风会夺去盛夏的炎热。到那时,这柄洁白鲜亮的扇子,会被随意丢进竹篓里,团扇与君王的昔日恩情,从此断绝。

难道不是吗?今天,就在上林苑的建章宫,一股凉风已经袭来,班婕妤眼睁睁看着,赵氏姐妹彻底夺去了成帝对自己的宠爱。

夜深沉,万籁静,孤寂难眠。

班婕妤赋诗《怨歌行》,该是籍团扇纾解郁郁之怀吧。她不会知道,有朝一日,又被人们称作《团扇歌》的《怨歌行》,会成为宫怨诗的开山之作;更不会知道,从宫廷到民间,《怨歌行》在诗书画中流传两千年。

后宫风波

>噫嘻成王,既昭假尔。
>率时农夫,播厥百谷。
>骏发尔私,终三十里。
>亦服尔耕,十千维耦。

这首《诗·周颂·噫嘻》,是籍田典礼上的颂词。初春,周成王要行祈谷之礼。祭祀完毕,成王亲率百官、农人,播种五谷,通过训示田官,勉励农夫努力耕田,协同劳作。

中国古代,祭祀活动形形色色,不胜枚举,祭祀的内容也十分广泛,从天地、祖先、社稷,到生活中的各方面。这些祭祀活动,包含了对天地各路神明的敬畏、祈求，也有展示国力以劝天下的含义在里面。农桑，是古代社会赖以生存、发展的基础，也是国之命脉，更是格外受到重视，帝王祭祀农桑，便是各类祭祀中很重要的一项。

所以，《春秋》就说：天子应该亲自耕作，以供奉祭祀祖先的粢盛。王后应该亲自养蚕，以贡献祭服。

鸿嘉三年（前18），仲春之月，汉成帝亲率二千石的大臣，到公田"亲耕"，行籍田礼。季春之月，许皇后率掖庭妃嫔、百官夫人，到东郊的上林苑"亲桑"，行先蚕礼。

自周以来，各朝都沿袭着祭先蚕的礼制。

汉朝以前，蚕已经被神化，它的神为先蚕。蚕桑业是农业重要的组成部分，蚕神也是农神中重要的神灵。汉朝将蚕神称作"菀窳妇人、寓氏公主"，其实二人只是皇室养蚕女子的神化。妇人喻指已婚妇女，公主喻指未婚少女，分别代表蚕儿生长的不同阶段。

先蚕礼是由皇后主持的最高国家祀典，像这样，祭祀人和被祭祀人均为女性的祭祀活动，在当时非常少见。行先蚕礼这一天，是真正体现皇后母仪天下仪态和风范的一天。亲桑时，在先蚕坛，先以中牢羊猪祭祀蚕神。祭祀完毕，皇后面向东方，素手采桑，并从泡在热水中的三盆蚕茧中抽出蚕丝。接下来，妃嫔、夫人们开始采桑。然后，在皇后的带领下，再将桑叶送到有上千竹薄蚕儿的茧馆，祭礼便结束。

那一日，天气晴好，日暖，风轻，特别适合出行。

四匹马拉的那辆鸾辂，车盖上面装饰着青色的羽毛，这是皇后的行辇。行辇后面，排满妃嫔和夫人们的车子，虎贲、羽林骑、执法御史等，已经按次序排在车队的前后位置。

许皇后身穿天青色的蚕服。妃嫔和夫人们也穿着素色的蚕服。

已经到了出行的时辰，可赵氏姐妹还迟迟未到。

庞大的祭祀队伍等待皇帝宠妃的到来，这是历朝从未发生过的事情，许皇后倍感颜面受损，面露愠色。班婕妤在一旁轻声安慰着。

赵飞燕、赵合德匆匆赶到，二人依旧衣饰鲜亮，浓妆艳抹，珠翠满头。许皇后见状，面若冰霜，只说了一句："你们二人，对蚕神大不敬，不必去了！"

行先蚕礼之前，后妃和夫人们需要斋戒，表示恭敬；前往上林苑祭祀，禁穿艳服；还要去掉女子的容饰，以免容饰的气味污染蚕房的洁净。

入宫不久的赵氏姐妹，终日与成帝在宫苑设宴行乐，早已忘记了皇室礼仪。

缀有九条珠子的龙旗作为引路，祭祀的队伍浩浩荡荡，越走越远。

进宫后的第一次国家祀典不能参加，赵氏姐妹满心都是懊恼，对许皇后的憎恨，也就在此时埋下了种子。

太液池上，烛火通明，摆起了盛大的晚宴。上席，赵氏姐妹分坐在成帝左右。而许皇后则东向坐，班婕妤西向坐。

看着上席的座次，下席的大臣窃窃私语："这两个女子，艳冠群芳，乃祸水也。""二美聪明过人，后宫，恐怕再无宁日。"

这原本就是属于赵氏姐妹的盛宴，汉成帝已经下过旨，封赵飞燕为婕妤，赵合德为荣华。宴会开始，丝竹合奏，编钟齐鸣。先是载歌载舞，然后是火流星、走丝绳、拿大顶、缘杆的表演。整个太液池，热闹非常。

有人欢喜，就有人伤心。

盛宴之后，许皇后一病不起。椒房殿的侍女悄悄来到增成舍，请婕妤娘娘去椒房殿，瞧瞧她们皇后娘娘。

班婕妤即刻前往椒房殿，询问皇后的病情。皇后恹恹地说了一句："太医来看过了。"

班婕妤深深看了她一眼："他们医得了病，医不了心呢。"

皇后言道："妹妹这是何意？"

班婕妤一边喂皇后喝药，一边回答："皇后娘娘，病需药医，也需心养。达观的人，病远离，心事重的人，百病缠身。"

服侍皇后喝下汤药，二人有了以下对话：

"娘娘，鸿嘉以后，皇上宠爱的姬妾逐渐增多。妾在想，把平儿献给皇上。"

"我正有此意！这几年，平儿在妹妹那里懂事多了，只是一直不好向妹妹开口。"

"娘娘不必与我客气，别说是要一个侍女，娘娘就是让妾过来椒房殿伺候，妾都乐意得很。"

"怪不得皇上那么喜欢妹妹，有礼有节。今天这点事，我也不想隐晦。自从赵氏姐妹入宫，皇上终日迷恋她们。这样下去，我们姐妹早晚会被打入冷宫。就如我的姐姐许夫人，进献侄女许衍给皇上，我是想让平儿分一些赵氏之宠。这样做，无非是想要保住你我的名分罢了。"

"老子说，无为而治，是不治而治。所以呢，妾以为最好的办法，就是无为。"

"想不到，你竟是一个与世无争之人。这些年，皇上独宠你一人，现在赵氏姐妹夺了你的宠，你难道能咽下这口气吗？"

"那就学学皇后娘娘便是。妾进宫这些年，娘娘不都是宽宏大度过来的吗？"

"赵氏二人，不过是卖草鞋的歌姬，身份低贱，怎么能和妹妹你比。妹妹能咽下这口气，我可咽不下。"

秋风萧瑟天气凉，草木摇落露为霜。

秋天，带着落叶的声音降临。繁花凋谢，荷叶已残，清冷、寂寥、悲凉，将增成舍团团包围。然而，这一切，并没有给班婕妤带来丝毫的伤感之情,她正伏在几案上,全神贯注,为皇上抄写经书。

赵飞燕不请自来了,她在各个房间走着,看着,摸着,赞叹增成舍,果真与众不同。

班婕妤淡淡地回了一句:"我这里,可比不上你们的少嫔馆和昭阳殿,多的只是竹简而已。"

班婕妤话里有话,赵飞燕听得出来,连忙陪着笑脸道:"我们姐妹,入宫受宠,那全是皇上的恩典。其实,我们就像瓶子里插花,无根基。不像姐姐,出身高贵,有德有才,朝野没有不夸赞的。"

班婕妤口气温婉地说:"大汉有卫青、霍去病,出身都不高贵,但他们驱逐匈奴,保家卫国,同样可以封侯拜将。身为皇上宠爱的妃嫔,最最要紧的,是遵守皇家礼仪,尽心侍奉皇上,难道还要比出身、查三辈不成?"

班婕妤的话给了赵飞燕很大安慰,她恭敬地问:"妹妹有个疑问,想求教于姐姐,对于寒窗苦读的男子,书中有前程,有功名,有美人。可对于我们女子,读书又有何用?"

持一卷书在手里,班婕妤思索片刻,回答赵飞燕:"这书啊,可以让人的心迷醉,可以给人智慧,可以让人安静下来。有了诗书的滋润,女子才有灵性。你喜欢歌舞,《诗》,应该是必读的。"

班婕妤从书阁上检出有《蒹葭》的那一册,打开来,同赵飞燕一起读,并给她一句句讲解。待解读完,赵飞燕依然沉浸在《蒹葭》的意境里,喃喃自语:"啊,这首诗,真像一个梦……"

赵飞燕向班婕妤借了这卷《诗》,说回去要好好读一读。目送身姿轻盈的赵飞燕走出增成舍,班婕妤独自沉吟:这也算是一个悟性极高的女子,如果她们姐妹能够修身自持,不迷惑圣心,敬重皇后,与众妃嫔和睦相处,这掖庭,该有多么的好!

班婕妤说得没错,心事重的人,百病缠身。

守着冷清椒房殿的许皇后,一颗心比殿外的冰天雪地还要冰冷。想想成帝一心宠爱身份低贱的赵氏姐妹，再想想自己没有子嗣，又想想父亲因大司马王凤而远离朝堂，终究意绪难平，心中郁结，睡眠不宁，身上的病痛越发地重了，整日缠绵于床榻。皇后的姐姐平安刚侯夫人许谒心疼妹妹，让大长秋向皇上回禀皇后的病情。大长秋带回来好消息，皇上下朝后来椒房殿看望。

听说皇上要来，皇后顿时有了精神，让侍女们伺候自己洗漱，更衣，再对铜镜，修饰妆容。好容易捱到皇上下朝，大长秋匆匆忙忙来报："娘娘，皇上被赵婕妤拦到她的昭阳殿了。"

遭到赵飞燕算计，许皇后只能独自伤心落泪。

妹妹失宠无助，疾病缠身，许夫人又生气，又心痛。心里想，这和打入冷宫有什么两样，难道我的皇后妹妹就这么孤独终老不成？关心则乱。人在愤怒的时候，就会失去理智；失去理智，最容易作出愚蠢的事情。许谒背着皇后，悄悄笼络一些人，计划在宫里行巫蛊之术。

历来都是，想要算计别人的人，也要被别人算计。此时的赵氏姐妹，也正打算为早一日当上皇后扫平道路。赵荣华合德心机颇深，她要借许皇后之手达到目的。赵合德私下查访过，许皇后相信巫术，不论遇到大事小事，都要请西城一个有名的女法师到椒房殿驱鬼画符，用此法镇妖驱邪。一日，赵合德派她们的堂妹掖庭女官樊嫕，用重金买通女法师，让她找一个理由，诱惑许皇后或她的家人下巫术。

见利则忘义。女法师果然悄悄去了许家，求见许谒夫人。她巧舌如簧，说许家一门忠厚，泽及四邻，值得相助。今年关中大旱，川西地震，她夜观天象，发现皇后及许家一族有难，一两个月内，轻者失去皇后宝座，重者满门抄斩。只有在掖庭埋上木偶符咒，才能躲过此劫。许谒正在张罗下蛊一事，女法师这番话，正中她的下怀。按照女法师的安排，许谒差椒房殿的宫人，夜半时分，将木偶埋在赵氏姐妹寝殿外的树林之中。

巫蛊之术，是汉武帝朝以来，皇宫里最为忌讳的事情。

西汉的天空，再一次翻云覆雨。

事情败露，太后大怒，将与这件事有关的人投入监狱，严刑拷问，许谒因大逆之罪被处死。

鸿嘉三年（前18）冬，十一月十七日，许皇后也因巫蛊事件获罪，被废，退居昭台宫。许氏亲族都被迁回原籍山阳，皇后弟弟的儿子平恩侯许旦前往封地。

在昭台宫住了一年有余，许废后又被迁到长定宫。

九年以后，成帝怜悯许氏，颁下诏书说："听说仁爱不遗漏远方之人，行义不忘记亲戚族属。先前，平安刚侯夫人许谒犯下大逆不道之罪，家人有幸蒙受赦令，回到原籍。朕想平恩戴侯，乃是先帝的外祖父，灵魂无处存身，没有人为他守灵和祭祀，朕一直将这件事记在心里，念念不忘。令平恩侯许旦和许氏在山阳郡的亲属回到京城。"

就在这一年，许废后去世。

只是，这位许废后，并没有记住班婕妤去昭台宫看望她时说的那句话："动，易失足。一动不如一静，静则万无一失。"所以，她死得不甚光彩。

当初，许废后的姐姐许嬷，守寡，独居，先是和定陵侯淳于长私通，后来给他做了妾。许废后看到淳于长备受皇帝宠信，便心存奢望，通过姐姐大肆贿赂淳于长，想让他在皇帝面前为自己美言，让她能重返掖庭，居婕妤之位。淳于长心安理得地接受废后的钱财车马、衣食用物，并欺骗她说，将禀明皇上，立她为左皇后。许嬷每次去长定宫，淳于长都要让她带一封信给许废后，以示答谢。在信里，淳于长屡屡表露出对废后的戏弄、侮辱之意，后来被人告发。成帝为此大怒，派廷尉孔光拿着符节，赐毒药给许废后，她只能自饮而死。

按照西汉皇家的殡葬礼制，皇后死后要与皇帝"合葬"。只因许废后与定陵侯淳于长交往暧昧，严重损害了皇家颜面，便被葬在延陵北的西北路口——司马道和陪葬墓园北侧东西向道路相交的地方。

班婕妤宅心仁厚，德才双备，曾深受成帝的宠爱、皇太后的赞誉，满朝文武大臣也是有口皆碑。赵氏姐妹深知，即使许皇后被废，班婕妤也是她们进位皇后的绊脚石。所以，制造这次巫蛊之祸，赵氏姐妹要的就是一箭双雕。许谒命椒房殿宫人埋偶人的那一夜，她二人也没有闲着，指使人在昭阳殿、少嫔馆等受宠妃子的居处贴上偈帖。

许谒行巫蛊之术败露的第二天。

远远的，就能听到增成舍传出的笑声。宽敞的庭堂里，侍女们正在玩藏钩的游戏。这个钩，可以是一枚指环，也可以是一枚戒指。相传，汉武帝的钩弋夫人，从出生两只手就是拳头，不能打开。待到汉武帝召见，她才展开。从此，宫里就有了藏钩游戏。游戏的人分为两队，每队将一小环或指环之类的物件藏于众手之中，由对方猜，以赌胜负。

班婕妤手执书简，在一旁做评判："左队输了，罚你们背诵《诗·国风》邶国卷的《静女》。"

输了的侍女们，每人一句接着往下念：

>静女其姝，俟我于城隅。
>爱而不见，搔首踟蹰。
>
>静女其娈，贻我彤管。
>彤管有炜，说怿女美。
>自牧归荑，洵美且异。
>匪女之为美，美人之贻。

平时，班婕妤还带着侍女们玩投壶的游戏，谁投进去的箭矢最少，就罚谁背诗，还要解得上来。班婕妤以这种娱乐的方式，让侍女们记住自己教给她们的《诗》。

众人正玩得高兴，成帝身边的总管过来传召："皇上有旨，婕妤娘娘往温室殿见驾。"

"皇上从来没有在殿上召见过我，一定发生了什么大事。"班婕妤连忙回房更衣。

温室殿，在未央宫前殿的北面。冬季来临，成帝多在这里处理政事，召见大臣。温室殿以椒涂壁，再饰一层文绣，以香柱为柱，设暖屏风、鸿羽帐，地上铺设毛织地毯。

大殿上的成帝，正襟危坐，圣颜肃然。班婕妤心头一惊，但还是稳稳地给成帝施了大礼：

"妾拜见陛下。"

成帝没有给班婕妤赐座，只冷冷地说：

"赵婕妤禀告朕，你和许皇后施巫蛊之术，诅咒后宫受宠的女人，其中还有对朕的詈辞。昨日，我已下旨废了皇后。对于赵婕妤的说辞，你还想作何解释？"

摆明了是在诘问。

这样的情势下，若是其他妃嫔，一定会惊慌失措，连连申辩："陛下，妾是冤枉的，妾是冤枉的……请求陛下，一定要为妾做主啊！"然后，哭得梨花带雨。

班婕妤却没有。

一个女子，如果有美貌，那是上天的馈赠；如果还有智慧和才情，那便是自己后天的修为。班婕妤，恰恰就是一个两者兼而有之的女子。

果真有大事，还与自己有关！

这时，班婕妤心里反而镇定了。她面带微笑，一字一句，从容答道：

"回陛下，妾听《论语》上说，死生由命来定，富贵由天来定。当正派的人还没有获得好报，做邪恶的事情还指望得到什么呢？假如鬼神灵验，必不会接受坏人的诬告；假如鬼神不灵验，向他们诬告又有什么用？所以，妾才不屑于做这样的事。"

班婕妤进宫十几年，从不恃宠生骄，未做过任何有违礼仪的事，成帝又何尝不知？只是，宠妃赵飞燕的说辞，不免让他心生疑窦。现在，听昔日爱妃神色从容地援引《论语》道出这一番话，成帝瞬间便释怀了，顿时面露喜色。他起身，走下殿来，双手将班婕妤扶起，言语上也和缓许多：

"让爱妃受委屈了。朕就知道，爱妃绝不会作出这等事情。"

为了安抚班婕妤，成帝当即赏赐百斤黄金。

走出温室殿，班婕妤回首驻望。白雪覆盖的温室殿，一如天上的星河，拉开了她与成帝的距离。昔日的恩宠，被这百斤黄金的赏赐重重碾压着，班婕妤一时喘不过气来。

回到增成舍，班婕妤心绪不宁，感到有一种危险正在悄悄逼近。

果然，不几天，与班婕妤相处甚好的王美人来到增成舍，给班婕妤带来一个惊天的消息："姐姐还不知道吧，宫里都传开了，四十来位朝廷重臣有意立姐姐为皇后，正准备给皇太后上折子呢。"

班婕妤听罢，只微微一笑，说："妹妹，我们来下盘棋吧。"

王美人是太后的侄女，待她走后，班婕妤心中便生出一个想法。

只是，左右思忖，班婕妤都有些举棋不定，就想请父亲替自己拿个主意。

班婕妤入宫那年，班况才四十多岁。女儿进宫数月，即得成帝宠爱，进位婕妤，是班况没有料到的。班婕妤刚刚失去第一个皇子时，班况获太后恩准，进宫探视女儿。

面对憔悴消瘦的女儿，班况有说不出的心痛。安慰一番后，他对女儿说:"婕妤娘娘进宫这二年,圣上对班府的赏赐无量,为父甚感荣幸,也不胜惶恐。老子说,与其装得过满溢出来,不如及早停止灌注;器具捶打得过于尖利,不能够长久得以保持。纵然金玉满堂满室,没有谁能够将它守住;身居富贵而不可一世,必然是在自取灾祸。功成名就抽身而退,这才符合天道。再者说,眼下皇子又早夭,我们班家也愧对皇恩。为父想辞官归家,从此过闲居生活。每年夏季,与你母亲回楼烦的班家老府避暑度日。"

班婕妤一向明白父亲的志向,没有阻拦。

西汉承袭秦制,帝王一旦即位,便命人修筑自己的陵寝。汉武帝临朝第二年为自己营造"寿陵",历经五十三年茂陵才竣工,是帝王厚葬的典型。汉成帝即位第三年初春,开始在渭城的延乡给自己营建"寿陵",因地起名为延陵。延陵的筑建,耗资以亿万计,十年后,陵寝建成在即。哪曾想,这位皇帝一改初衷,以延陵风水不好为借口,于鸿嘉元年(前20)下诏,要在长安城东的新丰县戏乡步昌亭附近重建"寿陵"——昌陵,并于夏天迁移郡国豪家资财在五百万以上的五千户到昌陵落户。按照朝廷规定,班况举家迁往昌陵。关于营建昌陵,《汉书·谷永传》记载,大规模的营建,耗费巨资,昌陵取东山之土"贵同粟米",致使百姓财产枯竭,劳力用尽,愁苦怨愤,感动天帝,灾祸异象多次降临,饥荒频频出现。人们四处流散寻找食物,饿死在路上的以百万计算。公家没有一年的积蓄,百姓没有十天的储藏,上下都匮乏,没有办法赈救。永始元年(前16)秋七月,成帝又下诏,废弃昌陵,继续营造延陵,原先在昌陵的大臣名家皆落籍长安城。班况住在未央宫的北阙一带,这里的豪门大宅,鳞次栉比,住的都是皇帝最为亲近的外戚,地位最为显贵的大臣。

班婕妤身穿淡藕色织锦绣银色花边的长袍,前往长乐宫,来到长信殿,跪在太后榻前:"妾给太后请安。"

太后示意班婕妤起来,坐到自己身边。充满慈爱地问:"你今天到哀家的宫里来,是不是有求于哀家?"

听太后这么一说，班婕妤好像是受尽委屈的孩子，眼泪扑簌簌落了下来："禀太后，妾许久没有见到父亲母亲了，很是想念，想请太后恩准他们进宫一叙。"

太后点点头："哀家知道，这次巫蛊之祸，让你受惊了。哀家准了，这就让少府去班府知会他们。"

第二天，一大早，班况携夫人来到增成舍。班婕妤让双亲免去一些虚礼，给他们讲述这几日发生的事情，道出了自己的想法：

"父亲，说我参与行巫蛊之术，到处散布大臣们有意向太后荐我为皇后的谣言，应该都是赵氏姐妹所为。这掖庭，看上去金碧辉煌，花团锦簇，丝竹歌舞，实则处处都是陷阱。这几天思来想去，觉得只有求得太后的庇护，女儿和咱们班家才能避免灾祸上身。"

班况沉思了一会儿，说："女儿啊，你现在的处境，让为父想起辞官归家的情景。当时，外戚皇太后家和许皇后家互相对立，互相争斗。我不想因为皇上对你的宠爱，在宫廷造成三家外戚恃宠争利的局面，进而危害家国。依我看，这个赵飞燕，仗着皇上的宠幸，是自己想当皇后罢了。《老子》里不是说吗，万物虽然纷繁，最终都会各归其本。回归其本就是清静，清静中能孕育新的生命。孕育新生命是自然法则，懂得这一法则便心灵澄明。不懂得自然法则，胡作非为，必然遭遇凶险。懂得自然法则就能包容，能包容就公正坦荡。公正坦荡就能左右周全，周全了就能符合天理。符合天理就合乎道，合乎道便能长久存在，一生不会遭遇危害。你今天能让自己脱离掖庭，回归安宁，正合老子之道，为父甚感欣慰。"

班夫人的视线，一刻也没有离开过女儿。听女儿说要去长乐宫侍奉太后，她虽然强忍泪水，一颗心却如刀割。女儿刚满三十岁，无儿无女，难道说，从此就要守在长乐宫吗？真不如在老家楼烦，嫁入门当户对人家，平凡安稳，终了一生。

自幼生长于父慈母爱、兄友弟恭的礼仪之家，班婕妤的世界里，从来都是云淡风轻，鸟语花香。这几天的掖庭，风云突变，让她领略到人世间的惊涛骇浪。父亲的话，终于让班婕妤下定决心，到长乐宫拜见太后，求太后准予她在身边伺候。

王太后真心喜欢礼仪周全的班婕妤，但班婕妤要离开掖庭，让她深感意外。太后本想着班婕妤可以效仿樊姬，敦促皇帝勤理朝事，只是班婕妤行事守礼节制，唯皇帝喜好是从，才使得新近入宫的赵氏姐妹有机可乘，迷惑了皇帝的心智，也使皇帝渐渐冷落了她。太后进而又想，班婕妤若继续留在增成舍，赵飞燕绝不会轻易放过她，一定会与妹妹赵合德一道，想方设法除掉这块阻挡自己当皇后的绊脚石。如果今后，班婕妤在掖庭遇到什么不测，那是太后最不愿意看到的。所以，尽管班婕妤这个请求，让太后为皇帝感到惋惜，但她还是答应了班婕妤。并让班婕妤上奏皇帝，一旦皇帝照准，她即可移来长乐宫。

那一晚，班婕妤躺在床上，辗转反侧，难以入眠，泪水湿透了绣枕。她从来就没有想过，自己有一天会离开掖庭，离开成帝。身为帝王，成帝注定可以拥有全天下的女子，而班婕妤，生命中只有成帝一个男人。这是她唯一爱着的男人，进宫十五年，她爱得矜持、小心，又爱得执着、单纯，而其中的热烈与深沉，丝毫不逊于汉乐府民歌里的那首《上邪》：

上邪！
我欲与君相知，
长命无绝衰。
山无棱，
江水为竭，
冬雷震震，

夏雨雪，
天地合，
乃敢与君绝！

今日陛下照准了，或许就是最后一次在未央宫面见圣颜。这么想着，班婕妤吩咐侍女打开那个熏了杜若香的陪嫁箱子，从中取出母亲绣制的大红嫁衣，她要让成帝看到她初入皇宫的样子。

侍女们好像猜到了什么，默默为自己的娘娘梳妆，穿衣，她们的每一个动作，都比以往更仔细，更用心。

静候在温室殿外。

等到成帝处理完朝事，班婕妤走进大殿。

班婕妤手书的尺牍，被递到成帝手中。上面写着："《孝经》说，夫孝，天之经也，地之义也，民之行也。妾愿去往长乐宫，悉心侍奉皇太后。"

还是那熟悉得不能再熟悉的娟秀小隶，但今天，在成帝眼里，字字刺目，锥心。

大殿下，内穿曳地红嫁衣、外裹半长银灰色貂襜褕的班婕妤，身段依旧窈窕，容颜依旧明艳。成帝还注意到，班婕妤头上仅有的饰物，是进宫时戴的那对白玉簪。有一日，他顺手从班婕妤发髻上，取下来一支玉簪挠头，遭班婕妤打趣："陛下这是在效仿武帝吗？"原来当年，汉武帝去探访宠姬、李延年的妹妹李夫人，用她头上的玉簪子挠头。自那以后，宫女们的簪子都用玉石来制作，玉石的价格便成倍地上涨了。

一时间，成帝有些恍惚，班婕妤为他弹唱《绸缪》，他为班婕妤吟诵《关雎》，那情景，仿佛就在眼前。

他忽然很怀念那份纯粹的相守。

成帝明白班婕妤为什么会离他而去，班家是古楚国王室后裔，信奉的本是黄老之术。但班家忠诚于刘氏皇朝，班况的子女们，人人亲近儒学，学问深厚，为人行事，尊奉周礼。只是骨子里，他们依然追随父亲班况，与世无争，清虚自守。

最高处，不胜寒。

身为帝王，成帝无疑是孤独的。他舍不得班婕妤，班婕妤独有后宫佳丽没有的那些好，他无比留恋与之饮茶说《诗》、对评《春秋》的相守时光。但是，正值盛年的汉成帝，体内有遏制不住的欲望在燃烧，贞静守礼的班婕妤满足不了他的渴求。而赵氏姐妹可以，他离不开赵飞燕柔媚轻盈的掌中舞，更离不开赵合德丰腴芳香的肉体。他不相信来生来世，只享受今生今世。他不学汉武帝，希冀在白云之乡长生不老；他惟愿在赵氏姐妹的温柔之乡，醉生，梦死。

成帝手持简牍，默然，不语。他没有挽留，他知道，班婕妤柔顺贞静的外表下，隐藏着坚定自省的内心。他也明白，此生此世，自己终究是辜负了天底下最美好的女人。

目光温柔，再温柔。成帝注视着低眉垂眼的班婕妤，久久。轻声问："爱妃，你以后，会不会忘了朕？"

班婕妤扬起面庞，对成帝展颜一笑："陛下，还记得《小雅·隰桑》吗？心乎爱矣，遐不谓矣。中心藏之，何日忘之！"

深深施一个拜别礼，班婕妤转身而去。

偌大的温室殿，空留一室的杜若之香。

杜若，花开如蝴蝶，花期不长，凄美又哀伤。喜爱这种花的人，必定是美丽而有着无限隐痛的女子。

第五章 辞宫：看花开花落，流年度

> 长信侍奉
> 一揽芳华
> 坐看风云

奉共养于东宫兮，托长信之末流。

——班婕妤《自悼赋》

这世间，万千繁华，终归要落定于尘埃。滚滚红尘，渴望命运波澜壮阔的芸芸众生，到了却发现，原来，人生最动人的风景，莫过于来自内心的淡定，从容。

离开佳丽如云、蜂飞蝶舞的掖庭，班婕妤带着出阁时的嫁妆，穿过未央宫和长乐宫之间的阁道，独自一人来到长乐宫。再不需每早去椒房殿请安，也不必期待成帝会驾临，更不用为赵氏姐妹举行的盛宴做陪席，在处处笼罩着皇太后威仪的长乐宫，班婕妤，以岁月之水煮茶，夜坐听风，昼憩听雨，悟得月，如何缺，天，如何老，情，如何终。

荷兰历史学家彼得·海尔在《在历史中遭遇》里写道："历史是一部

没有终局的戏，每个终局都是一个新情节的开始。"

佛家《金刚经》有言："过去心，不可得；现在心，不可得；未来心，不可得。"

帝妃班婕妤，遗世独立，怀抱上善之心，开始了一段空前绝后的生命修行。

长信侍奉

在秦朝离宫兴乐宫基础上改建而成的长乐宫，是西汉的第一座正规宫殿，与未央宫、建章宫一起，同为汉代三大宫。位于西汉最大的县城长安城内东南隅的长乐宫，总面积约六平方公里，约等于八个故宫大小，拥有十几处宫殿，全部坐北向南。前殿位于南面中部，它的西侧，有长信殿、长秋殿、永寿殿、永昌殿；它的北面，有大夏殿、临华殿、宣德殿、通光殿、高明殿、建始殿、广阳殿、神仙殿、椒房殿和长亭殿。另有温室殿、钟室、月室。秦始皇在兴乐宫中建造的鸿台依旧在，高达四十丈，上面有楼观。

开国皇帝汉高祖刘邦，一直起居在长乐宫。从惠帝开始，西汉皇帝移居未央宫听政，长乐宫仅供太后居住，由此形成了"人主皆居未央，而长乐常奉母后"的汉家制度。长乐宫在未央宫之东，便又有了"东宫"或"东朝"之称。虽说从惠帝时就失去了正宫地位，但由于是母后之宫，尤其后来吕太后临朝称制，外戚专权，长乐宫仍然成为左右朝政的政治中心。

王政君，从皇太后到太皇太后，在这里度过了四十余载的政治生涯，一直活到八十四岁。

皇太后厚爱班婕妤，在她居住的长信殿，特意命人腾出东配殿作为班婕妤的寝殿。虽然远不及增成舍的气派与装饰，但仍有宽敞的厅堂，雅致

163

的书房，温馨的内室。

也是到了长信殿，班婕妤才第一次感觉到，皇城长安的冬天，竟然是如此的寒冷，是冻到心里的寒冷。原来，在未央宫，哪怕见不到成帝，只要想想他就在前面的宣室殿，班婕妤心里也是暖的。人世间，不知有多少如班婕妤一样的痴情女子，凭着想象，温暖自己。

每日清晨，整座长乐宫还未完全苏醒，素衣素颜的班婕妤已经走出了房门。她先洒扫太后寝殿的四周，再脚步轻轻进入太后的寝殿，从厅堂开始，洒扫地面，拂拭几案和各类摆设。一切清洁完毕，就到了太后起床的时辰。班婕妤服侍太后穿好层层叠叠的冬衣，又端来一铜盆冒着热气的洗面水。净脸净手后，太后坐在大铜镜前，喜眉笑眼，看着班婕妤的纤纤十指，把自己松散稀疏的头发，巧妙地和假发融为一体。皇宫贵妇，把梳头作为每天修饰自己的一项仪式，历代诗歌中，描写美人也多涉及到头发。宋代大词人苏轼写《江城子》，悼亡妻，结发之妻留给他最难忘的印象，便是"小轩窗，正梳妆"。班婕妤轻梳慢卷，给太后挽结了一个丰满精美的发式，再配以各样金银玉饰，特别能体现皇太后的身份和威仪。

这位皇太后，对于朝事的关心，胜过西汉历代的太后们。遵照她的旨意，每天上午，不管皇帝退朝多晚，王氏在朝做事的兄弟们都会来到长乐宫，向太后禀报一些朝堂之事。

自从班婕妤进了长乐宫，太后的生活变得丰富多彩起来，她会让班婕妤给自己解读经书。皇室藏书，无以数计，但太后还是习惯听五经，不外乎《诗》《书》《易》《礼》，或者《穀梁传》和《公羊传》。

一个月后。

某日，班婕妤手捧几卷竹简来到太后的寝殿。

太后看到，"喔"了一声，问："这么多，都是些什么书？"

班婕妤笑吟吟地道："回太后，是《吕氏春秋》。离开掖庭时，二弟前来送行,给妾带来一些皇上赐予他的'秘副'。这部《吕氏春秋》,写得新奇有趣,就想读给太后听听。"

在汉皇室,穀梁和公羊的《春秋》是案头常备之书。从太子妃读到太后的尊位上,王政君一定读得味同嚼蜡了。班婕妤的聪慧贤淑之处就在于,侍奉成帝时,心中只有一个成帝,侍奉太后时,心中就只有一个太后。班婕妤要给太后换换口味,给她读读其他的史书。

战国晚期的吕不韦,一个极富传奇色彩的商人,先从商,后入政,扶立国君,进入政治高层。身为秦国丞相,他志向宏大,集合门客们编撰了一部深受黄老道家影响的书籍《吕氏春秋》。这部书,是中国历史上首次有组织、按计划编写的文集,司马迁的《史记》中曾几处提及。在当时,《吕氏春秋》堪称是鸿篇巨制,分为十二纪、八览、六论。十二纪每纪五篇,共六十篇;八览每览八篇(《有始览》少一篇),共六十三篇;六论每论六篇,共三十六篇。另有《序意》一篇,全书共一百六十篇。十二纪按照月令编写,文章内容按照春生、夏长、秋杀、冬藏的自然变化逻辑排列,属于应和天时的人世安排,体现了道家天道自然与社会治理的吻合。《吕氏春秋》,儒家学说是他的主干,道家理论是他的基础,是一部融汇名、法、墨、农、兵、阴阳等诸家思想学说的杂书。

《吕氏春秋》完成后,吕不韦将全文张挂于咸阳的市门,并宣布:"有能增损一字者予千金。"据说张挂了百天,竟没有人能改一个字。这并非是说此书无懈可击,真实原因是:"时人非不能也,盖惮相国威其势耳。""一字千金"的典故,便是由此而来。

班婕妤开始给太后解读。

先捡出卷十四《孝行览》的《孝行》:

"《吕氏春秋》吸收了儒家的仁义学说,赞同儒家的孝悌之道。《孝行》篇说,凡是统治天下、治理国家的,一定要致力于根本,把枝末放在后面。根本的意思,不是耕种种植的意思,而是为人做的事务。治理人,不是让贫穷的富贵起来，不是让人口少的地方变得人口多起来，而是要致力于人自身的根本。致力于根本，没有什么比得上孝义更重要的了。国君孝义，名声就显赫，下面的人就服气、听从，天下的人就赞誉。臣子孝义，就会对君主忠诚，为官就清廉，面临灾难就不怕死。百姓孝义，就会努力耕作，守卫攻占时坚强，不打败仗。孝义是三皇、五帝的根本大事，是一切的纲纪。掌握了一种技术，很多好处就到来，很多坏处就离开，天下事物跟从而来，这就是孝义。所以凡是涉及与人有关的，就一定先从自己的亲友出发，再遍及生疏的人，一定先从重要的开始，再到次要的。如今在这个问题上，对亲人、重视的人施行孝义，但又不怠慢轻视疏远的人，都谨慎地笃行孝道，这也是先王能够使天下被治理好的原因。因此，爱自己的亲人，不敢对别人凶恶；尊敬自己的亲人，不敢怠慢别人。关爱尊敬的做法全用在侍奉亲人上，把这样的光辉也加到百姓的身上，在四海之内推行，这便是天子的孝义做法。"

接下来捡出卷二十《开卷论》的《爱类》：

"《吕氏春秋》还吸收了墨家的尚贤、兼爱之说。《爱类》篇说，贤德的人不嫌海内的道路遥远，经常在王廷上往来，不是要索取个人私利，而是为了百姓的事务奔走。君主中，有能够把百姓的事看成是自己的事务的话，那么天下就将会属于这样的一位君主。"

再捡出卷十七《审分览》的《不二》：

"《吕氏春秋》肯定了法家的重要性，变法的必要性。《不二》篇里说，设置金鼓是为了统一说法；统一法令是为了统一心术；有智慧的人不能用巧诈，庸俗的人不会显得笨拙，这是统一众说的原因；勇敢的人不去抢先，胆小的人不甘落后，这是统一力量的结果。所以，统一就能整治好国家，不统一就使国家陷于混乱；统一就使国家安定，不统一就使国家危殆。所以能使众多不同的事物齐一，庸俗、聪明、工巧、笨拙的人都竭尽全力，发挥自己的才能，如同出自一个起点，大概只有圣人才做得到！不讲究方法的聪明，不讲究教化的才能，却自恃武力强权来使国家迅速习惯于守法，是不能成功的。"

又捡出卷二十六《士容论》的《上农》：

"书中还有农家之言。《上农》篇里重视农业生产，理由是，上古的圣王，之所以能够教导百姓，是因为他们首先致力于农业。让百姓从事农业，不仅仅是为了开发土地资源，而是为了重视他们的思想修养。百姓务农就会质朴，质朴就容易使用；容易使用则边境安宁，君主的地位也就尊贵。百姓务农，行为就稳重，行为稳重就少徇私谊；少徇私谊，公法就确立了，精力也就专注在农事上了。百姓务农，他们的财产就会丰厚；财产丰厚了，就不轻易迁徙，就会一辈子死守着居处，不会有二心。舍弃农业这个根本而致力于工商等末节，就会不听从号令；不听从号令就不能守卫国土，不能与敌作战。百姓舍弃农业这个根本而致力于工商等末节，他们的财产就会减少；百姓的财产少，就会轻易迁徙；轻易迁徙，那么国家有了灾难，他们就会存心避而远之，没有安居乐业之心。百姓舍弃农业这个根本而致力于工商等末节，就喜爱耍小聪明；爱耍小聪明，就行为奸诈；行为奸诈，就会钻法令的空子，把是当作非，把非当作是。"

最后是卷七《孟秋纪》的《荡兵》：

"对于用兵作战，《荡兵》篇论述得非常精彩，说战争的由来相当久远，它是和人类一起产生的。黄帝、炎帝已经开始用水火战争了，共工氏已经恣意发难了，五帝之间已经互相争斗了。他们一个接替一个地兴起、灭亡，胜利者治理天下。人们说'蚩尤开始制造了兵器'，其实，兵器并非蚩尤创造的，他只不过是把兵器改造得更锋利罢了。所以，古代贤王主张正义的战争，从未有废止战争的。家中如果没有责打，童仆、小儿犯过错的事就会立刻出现；国中如果没有刑罚，百姓互相侵夺的事就会立刻出现；天下如果没有征伐，诸侯互相侵犯的事就会立刻出现。所以，古代的圣王主张正义的战争，从未有废止战争的。如果因为发生了吃饭噎死的事,就要废止天下的一切食物,这是荒谬的;如果因为发生了乘船淹死的事,就要废止天下的一切船只,这是荒谬的;如果因为发生了进行战争而亡国的事,就要废止天下的一切战争,这同样是荒谬的。战争是不可废止的。战争就像水和火一样,善于利用它就会造福于人,不善于利用它就会造成灾祸。还像用药给人治病一样,用良药就能把人救活,用毒药就能把人杀死。正义的战争,正是治理天下的一服良药啊!"

解读完各卷,班婕妤说:"太后您看,《吕氏春秋》里面,包括了儒家、墨家、法家、农家、兵家各家的学说。"

太后沉思片刻,自言自语道:"与五经确有不同,这还真是一部特别的书。"

班婕妤接着说:

"只是,在其他篇章中,吕氏对儒家学说能否治国也有疑问。"

她在书中翻找,"譬如,《有度》篇说,'孔子、墨子的学生满布天下,他们都是用仁义的方法在教导别人,然而他们所倡导的仁义没有在天下流行。教导的人自己都不能够实行那样的仁义之术,又何况受到他们教导的人呢?这是为什么?因为仁义之术是外表的功夫。想凭借外表的功夫来战胜内心,一般的人、贫民都做不到,又何况是君王呢?只有在内心通达性命之情,那么仁义之术就自然会流行了。'在《似顺》篇又说,'事情有很多似乎悖理,其实是合理的;有很多似乎合理,其实是悖理的。如果有人知道表面合理其实悖理、表面悖理其实合理的道理,就可以跟他谈论事物的发展变化了。白天到了最长的时候,就要反过来变短;到了最短的时候,就要反过来变长。这是自然的规律。'那么照吕氏的说法,实现儒家的德治,靠的是来自道家的自然;而道家的无为,恰恰需要儒家的有为而修成了。"

太后点点头,表示赞同:"这么说,《吕氏春秋》尽管参透的是诸子思想,发扬体行的却是黄老之说。"

又说:"不过,治国么,还是要主张一家之言才是。"

班婕妤说:"太后说得极是。《不二》篇里也说了,'听众人议论来治理国家,国家就没有一天不落入危险之中。怎么知道是这样的呢?老子主张以柔克刚,孔子主张仁爱,墨子主张兼爱,关尹主张清廉简俭,列子主张静虚无欲,陈骈主张看淡生死,阳生主张以己为先,孙膑主张用兵策划阵势,王廖主张用兵贵在事先制定策略,儿良重视后发制人。这十个人,每个都是天下的豪杰之士。'"

听了这一段,太后忍不住笑起来:"这个吕不韦,还真是个有趣的人,在书里把诸子的好处都说了一遍,现在又说不能听众人的议论来治理国家。我喜欢这些文章,以后每天讲上两段。"

很难见到太后放下尊贵的姿态,轻松自在地这么笑着。班婕妤也受了感染,绽开笑靥的素颜,竟然浮上两片红晕。这是发自内心的喜悦,离开掖庭之后,班婕妤第一次感受到典籍的魅力。

往日里,成帝摆驾长信殿,给母后请安,常夸赞班婕妤琴弹得好,《诗》和屈原赋也唱得好,现如今,班婕妤就在长信殿侍奉,太后自然每天都会让她弹唱一曲。

孔子对儿子孔鲤说:"你学习《周南》《召南》了吗?人如果不学《周南》《召南》,大概就像面对着墙壁站在那里吧?"面壁而立,不仅视线被挡,眼睛也看不见东西,而且寸步难行。

孔子的言外之意,这就是你不学诗,尤其是不学精华诗的害处。

班婕妤为太后弹唱《诗》,也多取自《周南》和《召南》。

到长乐宫才数日,班婕妤便知道了,皇太后虽身在长乐,却掌控着朝局。天天都能看到王氏的兄弟们出入长乐宫,班婕妤也慢慢明白,原来,汉朝的江山,做主的不是刘氏,而是王氏,怪不得驾临增成舍的成帝,常常是神色阴郁，愁容不展。屈原的赋，大多倾诉的是家国情怀，爱国激情、忧愁愤懑充盈在字里行间。而这些，均不适宜为左右天下大局的太后弹唱，聪明的班婕妤只给太后弹唱《九歌》。

《九歌》，原本是一组祭祀神祇的乐歌，在楚国民间广泛流传。屈原带着对楚俗的热爱之情，运用神话思维的大胆想象，重新加工改写。屈原笔下的《九歌》，既是祭神乐歌，又是抒情诗，从始至终，充满韵律的回旋之美。《九歌》中的神，都有一种孤独的情怀，所有的神灵之恋，都是镜花水月，充满缠绵悱恻的动人情感。

时光流转，沧海桑田。走进长乐宫的班婕妤，早已不是楼烦县班府那个天真无邪的豪门千金，也不再是未央宫内集万千宠爱于一身的汉成帝妃。她的琴音，少却了昔日泉水叮咚般的欢畅，一如静水深流；她的歌声，没有了以往千娇百媚的柔情，宛若天籁盈耳。恰恰，这一些儿沉静，这一些儿委婉，正合了皇太后此时的心意。毕竟操纵朝事太久了，王政君需要在一个"空山无人，水流花开"的境界里，暂且抚慰一下苍老却不甘平庸的灵魂。

班婕妤弹唱完毕，太后会示意她坐到自己身边，说一些家常的话。有时，也会拍拍班婕妤的手背，叹息着：

"好孩子，终日守着哀家，真是委屈你了。"

每逢这时，班婕妤都会起身，含着笑，给太后施礼：

"太后不弃，厚爱于妾，容妾侍奉左右，实在是妾的福分，哪里会有什么委屈。"

一揽芳华

寻寻觅觅，冷冷清清，凄凄惨惨戚戚。

乍暖还寒时候，最难将息。

三杯两盏淡酒，怎敌他晓来风急？

雁过也，正伤心，却是旧时相识。

满地黄花堆积。

憔悴损，如今有谁堪摘？

守著窗儿独自，怎生得黑？

梧桐更兼细雨，到黄昏、点点滴滴。

这次第，怎一个愁字了得！

  这首《声声慢》，是宋词的绝唱，脍炙人口近千年。词中女王李清照，以浅俗的语，发清新的思，一个愁字，被她描述得无以复加：一早起来，四处张望，满眼的冷冷清清，忍不住心生凄惨悲戚。中午未到，清晨充满凉意，这当儿最难保养身体。斟上几杯淡酒，浅酌慢饮，只是，怎抵那秋风频频的侵袭？一行大雁飞过，更伤人心，原来，都是些旧日的雁影。菊花谢了，遍地堆残，似这般憔悴模样，还有谁怜爱采摘？独自一人凭窗支颐，又怎能捱到天黑？斜风吹得紧，细雨敲打梧桐，黄昏时还在点点滴滴。这样的情景，这样的心绪，怎能用一个愁字了结！

  移居长信殿的班婕妤，处境，心境，与李清照何其相似？

  太后垂怜，长信殿侍女恭敬，但这一切，都无法代替班婕妤度过日夜晨昏。好在，她还有《诗》，有屈赋，有《老子》，有《庄子》。

  多少次，夜深沉，长乐静，寂静深深。班婕妤了无睡意，紧闭门窗，先沐双手，再焚香草，且弹且唱。

  再不触碰成帝喜欢的那些《诗》，让人伤情，伤心。

  暂且弹唱《国风》邶国卷的那首《绿衣》吧——

绿兮衣兮，绿衣黄里。

心之忧矣,曷维其已?

绿兮衣兮,绿衣黄裳。
心之忧矣,曷维其亡?

绿兮丝兮,女所治兮。
我思古人,俾无訧兮!

絺兮绤兮,凄其以风。
我思古人,实获我心!

《毛诗序》说,《绿衣》是卫庄姜的伤己之作。因为妾的僭越,她这个贤德的夫人失位,形同虚设。诗中说:

绿色的衣,是绿色的面子,却是黄色的里子。这让我心怀忧伤,何时才能终止?

绿色的衣,是绿色的上衣,却是黄色的下裳。这让我心怀忧伤,何时才能遗忘?

素洁的丝变成绿色,是经由你的手染成。我想到了古代的圣贤,以免自己有过失。

粗葛细葛的衣,有风透过倍感凄冷。我想到了古代的圣贤,这着实安慰了我的心。

卫庄姜,是春秋时期卫国庄公的夫人。夫人是齐国女子,本姓姜。因为嫁给了卫国庄公,出嫁随夫姓,人称卫庄姜。那个僭越的妾,因为得到卫庄公的宠爱,凌驾于庄姜之上。

有夫人之名,无夫人之实,卫庄姜内心无限伤感。但在诗里,她并不怨天尤人,不责备卫庄公和那个妾,不把权位名分放在心上,而是仰慕追随古代圣贤，把礼仪放在心上。

先秦的人重视服饰的颜色，强调正色，青、赤、黄、白、黑就是正色。间色由两种颜色混合而成，如绿、红、碧、紫等。在《绿衣》第一章里，间色绿色为衣面，正色黄色反而为衣里，暗喻了妾蒙上宠，尽显尊贵，夫人反受冷落，变得卑微。《绿衣》第二章里，间色绿色是上衣，正色黄色却是下裳，暗喻上下、尊卑关系的颠倒。

孔子在《论语》子路篇有一段论述：名分不正，言语就不顺当合理；言语不顺当合理，事情就办不成；事情办不成，礼乐也就不能兴盛；礼乐不能兴盛，刑罚的执行就不会得当；刑罚不得当，百姓就不知如何是好。所以，君子要定下一个名分，必须能够说得明白，说出来一定能够行得通。君子对于自己说出的话，一点儿都不马虎就对了。卫庄姜作《绿衣》，以物起兴，委婉含蓄地道出，间色为衣，而且在外，在上，实在有违先秦礼仪。言外之意，小妾僭越，夫人失位，与国家不利，与君王不利。

再弹唱《小雅·白华》——

白华菅兮，白茅束兮。
之子之远，俾我独兮。

英英白云，露彼菅茅。
天步艰难？之子不犹！

滮池北流，浸彼稻田。
啸歌伤怀，念彼硕人！

樵彼桑薪，卬烘于煁。
维彼硕人，实劳我心！

鼓钟于宫，声闻于外。
念子懆懆，视我迈迈？

有鹙在梁，有鹤在林。
维彼硕人，实劳我心！

鸳鸯在梁，戢其左翼。
之子无良，二三其德。

有扁斯石，履之卑兮。
之子之远，俾我疧兮！

周幽王娶申女为自己的皇后，得褒姒后宠爱有加，便黜了申后。这首《白华》，从汉到宋的学人多认为，是周人以申后的口吻来怨刺幽王：

白华草沤成了菅，丝茅草捆成了束。这个人的刻意疏远，让我心里万分孤独。

朵朵白云在天上飘，落为甘霖滋润菅和茅。难道说是天运艰难？其实是这个人不好！

滮池之水向北流淌，灌溉葱茏的稻秧。长啸高歌令我伤心，时不时想到那个美人！

砍下桑树做柴草，放进灶膛里燃烧。就是那个美人，让我终日劳心费神！

宫里的大钟敲响，声音传出宫墙。想到这个人就烦躁不安，他看到我是不是也很讨厌？

秃鹙栖在鱼梁，白鹳停在树上。就是那个美人，让我终日劳心费神！

鸳鸯卧在鱼梁，将嘴巴插进左边的翅膀。这个人实在没有良心，三心二意变着花样。

垫脚的石头既扁又小，踩在上面不够高。这个人的刻意疏远，让我的心病难以治好！

《白华》共八章，章章转换比兴之义。以菅草和白茅相束起兴，映射夫妇之间相亲相爱是人间常理；以白云普降甘露滋润菅草和茅草，反兴幽王的违背常理；以北流的滮池灌溉稻田，反向对应幽王对申后的薄情寡义；以桑薪不得其用，兴申后美德不被幽王欣赏，反遭遗弃的命运；以钟声闻于外，兴申后被废之事必然人人皆知；以鹤鹙失所，兴妻与妾的易位；以鸳鸯相亲相爱、适得其所，反兴幽王的悖德举动；以扁石被踩的低下地位，兴申后被黜之后的悲苦命运。全诗的言外之意，弦外之音，意味深长。

《绿衣》，《白华》，能否安抚班婕妤一颗失宠的心？

落了春红，迎来荷香。

皇城长安，繁华依旧，喧闹依旧。

远离掖庭的日子，班婕妤不问红尘，坐忘岁月，咏《诗》，读屈赋，自省内心。高高的长乐宫墙，隔断了班婕妤凝望未央宫的目光，却难以阻挡她对成帝的绵绵思念。掖庭的香风软水，君君日的恩宠，长信今日的清守，令班婕妤情思郁结，柔肠百转。不知多少个夜深，她挑尽灯花，字斟句酌，终于完成了屈骚体的抒情小赋《自悼赋》：

承祖考之遗德兮，何性命之淑灵，登薄躯于宫阙兮，充下陈于后庭。蒙圣皇之渥惠兮，当日月之盛明，扬光烈之翕赫兮，奉隆宠于增成。既过幸于非位兮，窃庶几乎嘉时，每寤寐而累息兮，申佩离以自思，陈女图以镜监兮，顾女史而问诗。悲晨妇之作戒兮，哀褒、阎之为邮；美皇、英之女虞兮，荣任、姒之母周。虽愚陋其靡及兮,敢舍心而忘兹?历年岁而悼惧兮,闵蕃华之不滋。痛阳禄与柘馆兮,仍襁褓而离灾,岂妾人之殃咎兮?将天命之不可求。

白日忽已移光兮,遂晻莫而昧幽,犹被覆载之厚德兮,不废捐于罪邮。奉共养于东宫兮,托长信之末流,共洒扫于帷幄兮,永终死以为期。愿归骨于山足兮,依松柏之余休。

重曰:潜玄宫兮幽以清,应门闭兮禁闼扃。华殿尘兮玉阶苔,中庭萋兮绿草生。广室阴兮帷幄暗,房栊虚兮风泠泠。感帷裳兮发红罗,纷綷縩兮纨素声。神眇眇兮密靓处,君不御兮谁为荣?俯视兮丹墀,思君兮履綦。仰视兮云屋,双涕兮横流。顾左右兮和颜,酌羽觞兮销忧。惟人生兮一世,忽一过兮若浮。已独享兮高明,处生民兮极休。勉虞精兮极乐,与福禄兮无期。《绿衣》兮《白华》,自古兮有之。

心头的创伤结成疤,开出鲜艳的花。

循着两千年前的竹墨之香,让我们用今天的语言,重温一代贤妃班婕妤这首著名的自传体宫怨赋:

承继祖先留下的德操,保有着天性的贤淑。我这样微贱的人,有幸被选拔进皇宫中,勉强算是侍奉皇帝的女人。承蒙圣明的皇帝赐予天恩,犹如面对太阳和月亮般辉煌的光明。光大祖先显赫的功业,在增成舍接受皇帝深厚的宠幸。凭我微贱的地位,已经得到了过分的福禄,私下里惟祝愿时世美好。常常从梦中惊起而叹息,抚摸着佩巾我陷入沉思。陈列古代女子的图画接受教导,前去拜访女史修习《诗》。感慨妇人祸国引以为鉴,哀叹褒姒、阎妻罪孽深重;赞美娥皇、女英为虞舜的妻子,称颂太任、太姒母仪宗周的荣耀。我虽愚昧浅陋不能与之相比,但又何尝放弃过向她们学习?岁月流逝令我心怀恐惧,闵惜青春年华不能长久。阳禄和柘馆令我悲痛欲绝，可怜娇儿接连在襁褓中遭遇不幸。难道我命中注定要遭此祸殃？应当是天命如此而不可强求。

明亮的太阳很快就要向西落下，天色变得暗淡而幽黑。我仍然蒙受着天地般的厚爱，没有因为罪过而被废弃。我奉命在东宫共养太后，寄身于长信宫侍女队列的末尾。在太后的宫室中洒扫寝殿，一直到死才是结束的日子。但愿将我埋在帝陵的一侧，能依傍松柏多余的浓荫。

再抒情志：潜居深宫，幽静而清冷，大门紧闭，内门也已落锁。华丽的宫室落满灰尘，玉石的台阶遍布苔藓，庭院荒废，绿草丛生。宽大的房间阴郁森森，帷帐淹没在黑暗之中，凉风习习，穿透窗棂。掀动素帷帐，吹开红罗幕，洁白的丝衣轻扬，被吹得嗦嗦有声。在这静僻之所，精神无所依凭，君王不再驾临，谁还会觉得荣耀加身？低头看，红色台阶依旧，盼望君王的脚步声声。抬头望，屋顶昏暗无光，难禁双泪长流。环顾四周，强颜欢笑，斟满手中酒杯，籍以排遣忧愁。人生一世，草木一秋，犹如浮蝣，朝生暮死。想我已经受过君王的宠爱，曾处在人世间的佳境之中。强作精神，勉为其乐，今生既如此，已没有福禄可求。看那警示女子的《绿衣》《白华》，自古以来就有。

《诗》，《离骚》，是班婕妤一生的精神伴侣。她怀着屈原式的离忧情绪，以《诗》的礼乐文明内涵为经，以《离骚》抒情蔓长的句式为纬，精心编织出汉朝第一首自传性骚体小赋。《自悼赋》，看似平淡，却情深委婉，奠定了汉朝宫廷文学的悲情基调和抒写模式。在赋中，班婕妤以铺陈的手法，谦卑的语气，讲述自己托祖宗遗德，有幸入宫，矢志追随古代贤德后妃，以修自身；又以悲伤却不失克制的口吻，平静叙述自己始而被宠、继而失宠、终而见疏的掖庭遭际；而对于成帝移情赵氏姐妹，班婕妤仅用"白日忽已移光兮，遂晻莫而昧幽"一笔带过，仍念念不忘君王"覆载之厚德兮"；并以"《绿衣》兮《白华》，自古兮有之"来节制感情，用夫

177

人失位、王后废黜"自古有之"作为慰藉。如此襟怀，前所未有，难怪宋朝大儒朱熹在《楚辞后语》一书中录入《自悼赋》全文后，由衷感佩班婕妤，赞她"引分以自守，援古以自慰，和平中正，终不过于惨伤"。

　　班婕妤的《自悼赋》，不是中国封建王朝催生的上古文学中第一首宫怨赋。相传，汉武帝时，被打入冷宫长门的陈皇后阿娇，曾以千金求得大学士司马相如的《长门赋》，借以倾诉深宫女子的愁闷悲思。但这篇出自帝妃之手的《自悼赋》，确实是宫廷女性宫怨赋的鼻祖，其中蕴含的悲情特征，充分体现出宫廷女性永远无法摆脱的悲剧情怀。

　　碧云天，黄叶地，秋色连波，波上寒烟翠。
　　秋季始起，总管皇室事务的少府，就命令属下的作室——织室，为明年的祭祀准备礼服的制作事宜。
　　织室生产制作皇服的丝帛衣料，偶尔也会制造"艳遇"。
　　想当年，还未称帝的刘邦，一日有闲，来到织室。看见一个二十出头的薄姓女子，花容貌，玉风姿，心中不禁一动。随从遵命上前一问，才知是项羽分封给西魏王魏豹的宫女。汉高祖二年（前205），韩信率军攻打魏，杀了魏豹，魏豹的妃嫔侍女被押送长安织室。刘邦命人将薄氏送到他的后宫，她就有了新的称谓——薄姬。
　　整日忙于同西楚霸王项羽争锋天下的刘邦，身边并不缺乏佳人，薄姬入宫一年有余，还未得到过刘邦的召幸。薄姬与管姬、赵姬要好，一天，管赵二姬侍奉皇帝左右，说起薄姬。刘邦这才想起薄姬，当日即召幸。只一次，薄姬便有身孕，生下一子。
　　这场"织室艳遇"，造就了一代明君汉文帝刘恒。
　　这也仅仅是一次千古奇遇。在织室劳作的，大多是行为有过失的年轻女子，如果不是哪一天被皇帝放出宫去，这些正值妙龄的宫女们，要在织室度过一生。

秋阳丽，秋风爽。

领了皇太后的旨，一大早，班婕妤带领长信殿的两名宫女，到未央宫的织室察看劳作进度。

未央宫，坐北朝南。宫城之内的干路有三条，两条平行的东西向干路，从前殿的南面和北面贯通宫城，一条南北向干路，从前殿的东面纵贯其间。东西向干路，将未央宫分为南、中、北三个区域。秦始皇时，曾在咸阳城东边修兰池，并于池边建筑兰池宫。汉高祖七年（前200），萧何营筑未央宫，采取秦朝的做法修水池，并把水池修建在未央宫中，这就是位于南区西边十九万六千平方米的沧池，池中筑有上山箭台。前殿的三大殿在中区，居全宫的正中，前殿北侧，北区的第一座宫殿便是椒房殿。

班婕妤出了长乐宫西阙，穿过阁道，来到未央宫的东阙，径直从东宫门进了未央宫。此时，许皇后被废，中宫虚位，椒房殿大门紧闭，显得格外清寂。班婕妤本打算从椒房殿外东西双阙前的干路走到宫城的西边，再右转到织室。不曾想，还没走出多远，就远远看到成帝的行辇，从北往南走在干路上，前往宣室殿。辇从掖庭过来，不知陛下昨夜歇在何处？这个念头在班婕妤心里一闪而过，她慌忙退到路旁房舍的侧面，又忍不住频频朝成帝的方向望去，辇上的成帝，冠冕堂皇，正襟危坐，神情肃然。班婕妤无法看清圣颜，只在心里一遍遍地问："陛下，一切可安好？"

织室的宫女们，穿着统一的淡色衣裙，梳着统一的简单发式。她们在那些大小不一的房间里，有的在织机上织白绢，有的在织彩锦，还有几人穿梭于各个房间，将织好的绢与锦从房间取出来，一匹匹摆放在院子里的几案上。

这里是训练有素的场所，数十名宫女，谨言、慎行，各司其职，偌大的织室，除去织机声，难得听见什么杂音。班婕妤还是第一次走进织室，一双素手轻轻滑过洁白的绢，绚丽的锦，心里荡起一丝看不见的涟漪。想到往日里的丝衣锦服，最先的制作工序就是从这里开始，对于眼前这些宫女,班婕妤心生爱怜之意。

晚风见凉,暮色苍茫。

捣素的声音,从未央宫织室的方向次第响起。

从小,班婕妤就知道捣素这件事。用葛和粗丝新织就的白绢,要用木杵捶得平服、柔软,才可以裁制衣裳。在楼烦班府宽敞的院子里,秋风将树叶吹落满地,也吹落在婢女刚摆好的几块石砧上。班婕妤围着砧板转来转去,引逗得家里那只大黄狗,也跟着她转来转去,她们共同看着僵硬的绢,在婢女手中木杵的捶打下,一寸一寸变得绵软。

那些捣素的日子,是班婕妤儿时快乐中最大的快乐。

此时此刻,未央宫逐渐繁密的捣素声,带给班婕妤的却是忧伤中最深的忧伤。

而受宠增成舍的那些个秋季,参差不齐的捣素声,于班婕妤犹如美妙的乐曲。

难道说,白日里仅是远远地望到成帝的行辇,便勾起了班婕妤埋在心底的寸寸相思?

日复一日,捣素声声。

声声是相思,是幽怨,更是离情。

剪不断,理还乱。声声之中,班婕妤的另一首传世抒情小赋《捣素赋》诞生了:

测平分以知岁,酌玉衡之初临。
见禽华以丽色,听霜鹤之传音。
伫风轩而结睇,对愁云之浮沉。
虽松梧之贞脆,岂荣雕其异心?
若乃广储悬月,晖水流清,桂露朝满,凉衿夕轻。

燕姜含兰而未吐，赵女抽簧而绝声。
改容饰而相命，卷霜帛而下庭。
曳罗裙之绮靡，振珠佩之精明。
若乃盼睐生姿，动容多制，弱态含羞，妖风靡丽。
皎若明魄之升崖，焕若荷华之昭晰。
调铅无以玉其貌，凝朱不能异其唇。
胜云霞之迩日，似桃李之向春。
红黛相媚，绮组流光；笑笑移妍，步步生芳。
两靥如点，双眉如张；颊肌柔液，音性闲良。

于是投香杵，扣玟砧，择鸾声，争凤音。
梧因虚而调远，柱由贞而响沉。
散繁轻而浮捷，节疏亮而清深。
含笙总筑，比玉兼金；不埙不篪，匪瑟匪琴。
或旅环而纡郁，或相参而不杂。
或将往而中还，或已离而复合。
翔鸿为之徘徊，落英为之飒沓。
调非常律，声无定本。
任落手之参差，从风飙之远近。
或连跃而更投，或暂舒而长卷。
清寡鸾之命群，哀离鹤之归晚。
苟是时也，钟期改听，伯牙驰琴，桑间绝响，濮上停音。
萧史编管以拟吹，周王调笙以象吟。

若乃窈窕姝妙之年，幽闲贞专之性。
符皎日之心，甘首疾之病。

歌《采绿》之章，发《东山》之咏。
望明月而抚心，对秋风而掩镜。
阅绞练之初成，择玄黄之妙匹。
准华裁于昔时，疑异形于今日。
想娇奢之或至，许椒兰之多术。
熏陋制之无韵，虑蛾眉之为愧。
怀百忧之盈抱，空千里兮饮泪。
侈长袖于妍袄，缀半月于兰襟。
表纤手于微缝，庶见迹而知心。
计修路之遐复，怨芳菲之易泄。
书既封而重题，笥已缄而更结。
惭行客而无言，还空房而掩咽。

与《自悼赋》相比，这首《捣素赋》，辞藻更见华丽，意境更显优美，句式更趋繁复。《诗》的三言、四言句式，《离骚》的六言、七言句式，在这里，既错杂间行，又相生相顾。尤其是句中频频出现的"而""之""于"三字，巧妙连缀起前后的实词，令全赋工整流畅，一咏三叹，词尽，而意未尽。

试想，在遥远的西汉，霜天，皎月，清风。荧荧烛光之下，班婕妤燃香草，抚素琴，一首《捣素赋》，被她唱得如天籁降临，琴声，妙似空谷绝音。

时光飞逝，转瞬千年。今天的我们，早已远离了古人简约又靡丽的文境、语境，也已经不习惯，从古文中咀嚼千古佳赋《捣素赋》的婉约与隽永，但仍然可凭借现代通用语（译文来自新疆阿克苏市李志远博客），从中细细体味织室宫女们的美丽与劳作、不幸与哀怨、痛苦与悲伤：

测算平分的月份可知一年的进程，观察测天的玉衡便知秋季的来临。

眼观禽鸟们美丽的羽毛，耳听凌霜白鹤传来的鸣声。站立在凭栏处凝视天空，看秋云瞬息万变起落浮沉。虽说是松叶坚贞而梧叶脆弱，哪会因为繁茂或凋零而品格不同？

广阔秋夜里高高的明月，光辉如水流布着清爽。早晨的桂树挂满了露珠，傍晚天凉衣服显得单薄。燕地的歌女歌声美妙，赵地的艺妓琴曲动听。宫女们受命去化妆打扮，退出大厅收起洁白的素装。表演时个个穿着华丽的曳地罗裙，珍珠佩饰闪烁着明亮的光芒。她们左顾右盼的样子，一举一动都符合礼仪的尺度。娇柔的体态蕴含着羞怯，妖娆的风姿传递出美艳。肤色白净像月亮出现在山顶，容光焕发如荷花般清丽。铅粉不能使她们的面庞更白，朱红不能使她们的嘴唇更艳。妆容胜过太阳旁边的五彩云霞，又好像春天盛开的桃花李花。红色的唇、黛色的眉相映生媚，丝织的衣带流光溢彩。一串串笑声传送着美妙的声音，一行行莲步飘洒出怡人的芳香。酒窝像把笑容固定在脸上，双眉如鸟儿张开了翅膀。柔滑的汗珠顺着皮肤流下，话音和性情都恬静贤良。

宫女们挥起散发香气的木杵，敲打着玉石做成的衣砧，赛过鸾鸟的金声，胜过凤凰的玉音。琴体因内空而声音悠远，琴柱因固定而声音深沉。散布着轻盈而急促的音符，调节着亮丽而清远的旋律。像笙和筝的声音，像玉和金的声音；不是埙和篪，也不是瑟和琴。有时回环而抒发郁闷，有时交会却不显凌乱；有时将要前去而又中途返回，有时已经离开却又重新会合。飞翔的鸿鹄为了它而在空中盘旋，树上的花朵为了它而欣然飘落。它的曲调不是普通的旋律，声音也没有固定的乐谱。听凭挥杵的素手此起彼伏，伴随秋风敲打之声忽远忽近。有时节奏连续或敲击急促，有时短暂放慢或长时间停止。一如离群孤鸾凄凉的哀叫，又如夜归单鹤忧伤的悲鸣。如果碰巧遇到这个时刻，钟子期会转过身来倾听，伯牙也会停止弹琴。卫国桑间的情歌不再传出，濮水边的情歌也消失了声音。箫史编排自己的箫管以模拟吹奏，周王调理自己的笙簧模仿这声音。

宫女们芬芳四溢的妙龄，沉静贞洁的品性，有夫妻白头到老的心愿，甘愿生病为丈夫减轻苦痛。吟唱思念夫君的《采绿》，咏颂眷恋家乡的《东山》。而今只能仰望明月以手抚心，面对秋风收起梳妆的镜匣。看着刚刚染成的一束束丝绸，忍不住挑选玄黄两色的精美衣料。打算按照过去的尺寸裁剪，又恐怕他现在的体型与往日不同。想着心中的人也许会到来，以各种方式用花椒兰草布置房间。由香料熏出的旧衣已经失去韵味，担心容颜衰老会愧对意中人。心中充满了各种忧愁，空想远方的亲人只能独自垂泪。消瘦让美丽的衣袖显得过于宽大，将半月形的玉佩缀在散发兰香的衣襟上以作掩饰。用纤细的小手细密地缝制衣裳，希望他见到针迹能知道自己的内心。计算着美好的前程还那么遥远，埋怨芳菲年华这么容易流逝。告老还乡的上书封了口再打开重写，箱子已经上锁，再用绳子捆了又捆。出门后愧对过路的熟人默默无语，回到空荡的闺房忍不住掩面抽泣。

这篇《捣素赋》，从宫女们相约，卷起白帛下庭，写到捣帛、染色，再按照男子昔日的身材裁剪缝制。从头至尾，班婕妤都是借景生情，援物寄情，以愁云、寒风、冷月、桂露为背景，衬托美丽宫女们内心的孤寂、凄凉。采撷钟期、伯牙、桑间、濮上、萧史、周王的音乐典故，运用翔鸿、落英、孤鸾、离鹤的比兴手法，迂回婉转，掩抑吞吐，借捣素这一事象，抒写织室捣素宫女劳作之实，进而抒发自己如白绢般洁净的情怀，秋风中无尽的相思之情。赋中，行文的优雅，典故的铺排，比兴的自如，辞藻的富丽，对偶的连用，音韵的协调，如果不是精通先秦典籍，实难达到如此境界。明代文学家茅坤赞扬班婕妤："赋之藻思，当胜相如。"

更为难得的是，班婕妤虽贵为帝妃，却心怀怜悯，善待苍生，甘愿为弱小悲苦的群体，付出一腔柔情，挥洒满腹才华。这一点，便酷似她膜拜多年的庄子。清代学人胡文英如此评价庄子："庄子眼极冷，心肠极热。眼冷，故是非不管。心肠热，故感慨万端。"锦绣骚赋《捣素赋》，是对皇宫最下层女子的歌咏，也给一贯高高在上、莺歌燕舞的宫廷文学，平添了一抹人性的光辉。

而谁又能否认，班婕妤是借宫女捣素之由，含蓄委婉地表达着对汉成帝的思念之情？

坐看风云

前殿，不能无君；后宫，不能无后。

许皇后被废，汉成帝刘骜本打算立即册封赵婕妤飞燕为皇后。只是，皇太后嫌她出身低贱，始终不肯点头，以至于椒房殿空置一年有余。

不能圆入住椒房殿的皇后梦，赵氏姐妹焦虑万分。

一日，成帝照例携赵氏姐妹在建章宫的太液池上乘船游玩。这可不是一般的舟船，是成帝为了同赵氏姐妹寻欢作乐，特别命令工匠制造的一艘龙船。龙船体积庞大，分上下两层，油漆彩绘，雕梁画栋，俨然一座流动的宫殿，命名合宫舟。在舟上，赵氏二美与成帝共进美酒珍馐，度过了无数美妙的时光。但今日不同以往，二美向成帝娇滴滴哭诉，娘家没有权势，她们姐妹二人在宫中身单力薄，像小草一般命苦。

赵飞燕、赵合德来自民间，她们未经雕饰的天然态，女儿情，给礼教森严的后宫带来一股清新之气，惹得本就多情的成帝格外的怜香惜玉。眼前二人泪挂红腮的模样，更是让成帝心疼不已，连忙好言安抚："朕明白你们的心思，绝不会亏待你们赵家。"

与姐姐相比，赵合德明显地工于心计。她私底下拉拢太后姐姐的儿子，那个在宫里做侍中的淳于长，为自己的姐姐封后一事，在皇帝和太后之间频频传话。

宇宙万物，既相辅相成，又相克相生，这是上天的安排。一如有天就有地，有黑就有白，西汉王朝，既有诤谏良臣，也有佞幸宠臣。且看佞幸之臣：高祖朝有藉孺，惠帝朝有闳孺，文帝朝有士人邓通、宦官赵谈及北宫伯子，武帝朝有士人韩嫣、宦官李延年，元帝朝有宦官弘恭、石显，成帝朝有士人张放、淳于长。

淳于长终日穿梭于皇帝和太后之间，巧舌如簧的他，终于让成帝明白了太后的心思，若要想赵飞燕入主中宫，需要给她的家人一个有地位的身份。

永始元年（前16）夏四月，成帝下旨：特封赵婕妤、赵荣华的义父赵临为成阳侯，姑母冯氏为慈安夫人。

六月，册立赵飞燕为皇后，赵合德为昭仪。册封赵皇后的仪式，与当年册封许皇后一样隆重。

这对姐妹花，终于如愿以偿。

赵飞燕入住椒房殿，赵合德搬进昭阳殿。在《西京杂记》里，曾对重新整修的昭阳殿有过详细描述：

殿前庭院，地面漆成朱红色；殿内，地面漆成皇帝宫内才能使用的正红色。木制门槛，外包一层铜，铜上再鎏金。台阶用白玉做成，墙壁上方露出的横木全部包裹金钉，上面镶嵌蓝田的美玉，并用明珠翠羽加以装饰。壁带上，雕刻着九条金龙，嘴里都衔着九子金铃，铃铛下面垂有五色穗带。壁带上面，另有带着绿色花纹的紫色绶带，下面悬挂着金银制作的铃铛，铃铛上雕有各种鲜花图案。每当风和日丽，彩旗的光彩照亮整个宫殿，清脆悦耳的铃声震荡回旋。殿中，摆放着绘有图案的木屏风，花纹纤细，如蜘蛛网。还有白玉的几案和床，白色的象牙凉席。绿熊皮制作的席子，附着二尺多长的毛，睡在上面，从远处看都见不到人。平时坐在席子上，熊毛过膝。席子上混杂各种香料，只要在席子上坐过，沾染的香味百日不散。席子四周，放置四个玉镇，晶莹剔透，毫无瑕疵。殿中窗户，多用绿琉璃镶嵌，明亮无尘，纤毫毕现。橡木上的龙蛇图案，缠绕在橡木之间，鳞甲也雕刻得栩栩如生，凡是见到的人莫不心惊。

赵飞燕进位皇后，赵合德送上大礼，并附上一封充满炫耀口气的《奏上赵皇后书贺正位》。确切说，不过是一纸礼单：

> 今天是个美好的日子，姐姐你喜获册封的册书，恭谨地献上礼物三十五件，以表示我的欢喜之情：饰有金花的紫色圆边帽，饰有金花的紫色丝织网眼面衣，织成锦做的短袄，织成锦做的下衣，五彩花纹的丝带，绣有鸳鸯的短袄，绣有鸳鸯的被子，绣有鸳鸯的褥子，错彩镂金的坎肩，七宝綦屦，有五彩花纹的玉杯，做成同心纹饰并多种珠宝镶嵌的钗子，黄金制成的步摇，有合欢花饰的一对耳珠，饰有琥珀的枕头，饰有龟背纹的枕头，珊瑚玦，玛瑙环，云母扇，孔雀扇，翠羽扇，九华扇，五明扇，云母屏风，琉璃屏风，五层金博山香炉，回风扇，椰叶席，同心梅，含枝李，青木香，沉水香，香螺卮，九真郡生产的雄麝香，七枝灯。

赵昭仪正享受隆宠，昭阳殿到处都是皇帝赐予的珍宝奇玩、绫罗绸缎，献给皇后姐姐的贺礼也是满目璀璨。以至于日后，太中大夫谷永呈给成帝的上疏中曾委婉地说："建始、河平之际，许、班两家的尊贵，顷动前朝，气焰熏灼四方，赏赐无法计算，致使内库空虚，女宠达到顶点，不能再增加了。但如今后起之家所得到的宠幸，连上天都已无法享受到，比前边提到班、许之氏所受恩宠还要高出十倍。"这些言辞，虽以许、班两家作比，实则在讥讽成帝对赵氏姐妹的恩宠过盛。

事实上，不仅仅是皇太后认为赵飞燕进位皇后不妥，朝臣刘辅就曾作过《上疏谏立赵后》。

刘辅，河间国人，是一位皇室宗亲，被举荐为孝廉，担任襄贲县令。

刘辅向朝廷上书，议论国家政事的得失，被成帝召见。成帝很欣赏刘辅的才能，将其提拔为谏议大夫。恰好此时，刘辅正碰上成帝为立赵婕妤飞燕为皇后铺平道路，先颁下诏书，将赵婕妤的父亲赵临封为列侯。

刘辅的《上疏谏立赵后》言辞激烈，大意如下：

> 臣听说，上天要赞成某事，一定会先显示祥瑞，上天如果要反对某事，也会先降临灾异。这是神明的应兆，自然的预测。上古时，武王、周公顺应天地，上天遂显示鱼鸟祥瑞，君臣看到后，仍然会诚惶诚恐，脸色骤变。何况处于当今末世，没有蒙受子孙繁衍的福祉，却屡次遭到上天发威震怒而降下的灾异呢！即使每天自责，改正过错，纠正行为，敬畏天命，想到祖宗的功业，好好地选择一个有德的家族，卜求一个美丽贤能的女子，以继承宗庙，顺应天神的心意，满足天下民众的愿望，繁衍子孙的吉祥，尚且担心来得晚。如今却触发情意，放纵欲望，倾心于这个卑贱的女子，想要把她作为天下人之母，对上天不感到敬畏，对百姓不感到惭愧，没有比这更糊涂的了。俗话说，腐朽的木材不能用来做柱子，卑贱的人不能让他做主人。上天和百姓都不赞成的，一定有祸害而没有益处，这是街市上和道路上的人都知晓的道理，在当今朝堂上，竟然看不到有人敢站出来讲话，臣真的为此而感到痛心。自认为是皇室宗亲，又得到皇上的提拔，不能光享受俸禄而不尽忠，玷污了谏诤的官职，因此不敢不冒死进言，希望陛下您深切地审察。

成帝看过奏章，大怒难息，派侍御史逮捕了刘辅，把他囚禁在后宫的秘密监狱里。朝堂上，大臣们面面相觑，都不了解其中的缘故。

皇室宗亲，锒铛入狱，这件事非同小可。内朝的左将军辛庆忌、右将

军廉褒、光禄勋师丹、太中大夫谷永,一起联名上书。大意如下:

  臣等听说,英明的君王广泛地听取意见,重视谏诤之官,广开忠直之士的言路,对狂妄和偏急的言论也不加罪,然后群臣恪守自己的职位,尽量献出自己的忠诚和智谋,使得朝廷没有后顾之忧,朝中没有阿谀奉承的官员,君主没有背离正道的过失。臣私下里看到,谏大夫刘辅,以县令的身份求见皇上,被提拔为谏大夫,这表明他的议论必定有卓越异常和切实确当,符合皇上的心意,所以才能够被提拔到这样的职位。可是十天之间,却被收捕囚禁在秘密监狱里。臣等愚昧,认为刘辅有幸得以托身为皇族的亲属,处于谏官的行列,他从下面的职位上来,不知道朝廷的体制,恐怕是触犯了皇上的忌讳,不值得深究。如是小罪过,皇上迁就一下便是,如果有难以饶恕的大罪,也应该把他交给司法官员,让大家都知道他的罪状,共同惩罚他。在古时,赵简子杀了大夫鸣犊,孔子走到黄河边,随即返回。今天这件事,虽然令皇上心中不快,但时下灾异频繁降临,水旱灾害不断出现,正是要广泛听取意见、褒奖直言大臣的时候。如果对敢于谏诤的大臣施行悲惨突然的诛杀,恐怕会令朝中的大臣们恐惧,使忠诚正直之士寒心。假若刘辅不是因为谏诤而犯罪,对他所犯下的罪不予以公布,天下人也不知道究竟出了什么大事。身为谏议官员,又是皇室宗亲,本来是因为敢于说真话而获得显贵,从管理亲属、保护忠直之士的意义上说,实在不应将他秘密囚禁在后宫的狱里。朝中的公卿大臣,看到陛下这样快就把刘辅提拔上来,又这样快就给予严厉的惩罚,会惊竦不安,会学着见风使舵,不敢再向皇帝进献忠言。这不是昭显虞舜帝善于倾听的美德,弘扬虚心纳谏的风气,臣等私下里深深为此感到痛心，希望陛下留意审察。

臣子忠言，发自肺腑。于是，成帝下旨，将刘辅迁移囚禁到少府所管的诏狱，减死罪一等，判处给宗庙服劳役，终老在家里。

班婕妤离开未央宫，再不过问掖庭之事，但中宫易主，也让班氏家族陷入进退两难的境地。

在民间，老百姓常说的一句话是夫贵妻荣。在皇家，朝野上下流传的一句话是女贵家荣。

班婕妤进宫不久，即得成帝宠爱。大将军王凤投君所好，向成帝举荐班婕妤的兄长班伯。荐举的理由是，班伯随光禄大夫师丹学习齐诗，适合侍读。

一日，成帝在平时皇亲国戚宴饮会同的宴昵殿召见班伯。

大殿上，十八岁的班伯丰神俊朗，诵读讲说，甚有法度，成帝非常喜欢，当下就将他由侍郎加为中常侍。从此，班伯侍从成帝。这时候，年轻的成帝正热衷于学习，光禄大夫郑宽中、张禹，每日早晚在未央宫的金华殿上讲《尚书》《论语》，成帝诏令班伯也前来学习。班伯敏而好学，既通晓书中大义，又有与博士许商不同的见解，成帝很是赞赏，将班伯升迁为奉车都尉，掌管皇帝的车舆之事。

出入金华殿的年月，是班伯人生中最灿烂的一段年华。受教于五经博士，侍读于年岁相仿的皇帝，这一切，带给班伯的不止是表面的荣光，还有学问的精进，德行的濡养。身为中常侍，班伯负责朝廷的顾问应对，还要执行皇帝随机指定的其他事宜。更让班伯高兴的是，他可以自由出入皇帝和后妃的宫室，得以去增成舍与婕妤妹妹见面。

美好的人事，总是不能长久。数年之后，金华殿讲学的活动中断，班伯也离开了禁中。

物以类聚，人以群分。作为外戚子弟，班伯平时外出，经常与王太后家、许皇后家的后辈同行。只是，经常与贵族子弟乘坐竖车肥马，载酒买花，游山玩水，纵情田猎，始终不是班伯的喜好。

班伯常常会有异于他人的举动。

贵为楚王室后裔的班氏，虽然传承了楚地浪漫气息浓郁的文风，但毕竟几代人生活在匈汉交集之地，又吸纳了边塞的豪放风格，两相融合，造就了班家男儿的"崇文尚武"之气。班伯志向远大，品德高尚，因祖籍原在北地边陲，多次请求出使匈奴。河平三年（前26）年底，单于动身前来长安朝见，成帝便命班伯持符节，前往塞下迎接。

此时，恰逢定襄一带的大姓石氏、李氏，因报私怨而杀人，又杀死了追捕他们的官吏。班伯便于千里之外上书，表明心迹，愿为皇上解忧，自请试用定襄太守一个月。成帝应准，派遣侍中中郎将王舜驰传代替班伯护卫单于，同时带上玺书印绶，就地任命班伯为定襄太守。

定襄的人听说，班伯向来地位显贵，又年轻气盛，而且是自己请求来治理这一难以管辖的地方，担心他初来便会动用威刑，官吏和百姓们都很畏惧，心中惴惴不安。

其实，他们的担心都很多余。

班伯到任之后，亲自登门过府，问候年迈的长者，拜望与班家祖辈、父辈有交情的老朋友，把他们请进公府，聚于一堂，每日供应酒食，像子孙服侍长辈一样对待他们。如此一来，郡中公务更加混乱。那些被班伯以贵宾之礼相待的人都是当地的名人豪士，感激班伯款待之恩，酒醉之后，一道劝谏班伯应当大量拘捕盗贼，并详尽地告知那些盗贼本来打算逃跑隐藏的地点。班伯说："这正是我有求于诸位的事情。"于是召集所属各县的长吏，选拔精明能干的掾史，分队搜捕，连那些隐蔽的盗贼也没能逃脱，十天的时间，全部拿获盗贼。如此神速，郡中百姓非常震惊，交口称赞班伯神明。

一年之后，成帝征召班伯回长安。班伯上书说，想绕道故郡，到祖坟前祭奠。皇上照准并下诏，太守都尉以下前去迎接班伯。班伯召见其宗族德高望重者，根据亲疏远近施恩，散发数百金。当地人士以此为荣，年长的人也把这件事记录了下来。

祭祖后，在返京的途中，班伯不幸患了中风病，得以居家调养身体。

福无双至，祸不单行。这句话，真是至理。

班伯养病期间，正逢许皇后被废，班婕妤退避东宫，侍女李平进位婕妤，赵飞燕荣晋皇后。

花，依旧红；月，依旧明。然而掖庭，已不再是昔日那个掖庭。

婕妤妹妹失宠，班伯也不敢踏足未央宫了，以病势沉重为托词，闭门不出，对外谢客。时间一久，成帝念及班伯是班婕妤的兄长，便出宫前去探望问候。

皇上驾临府邸，令班伯诚惶诚恐，准备上朝供事。

为了避免妹妹担心，班伯一直没有将自己久不供事的状况告诉班婕妤。上朝之前，班伯特意先去了一趟长乐宫。在长信殿，兄妹二人，长述心事。

班婕妤看上去略显清瘦、憔悴，班伯很心疼。"婕妤妹妹可是瘦了不少。除了侍奉太后，平时妹妹怎么打发时光？"

班婕妤低下头，不自觉地抚摸了一下脸庞，微微一笑说：

"多谢哥哥关心，妹妹一切尚好。每天动动手，和宫女们一起打扫长信殿，还觉得身体结实了不少。现在，有更多闲暇看斿弟送我的书。读了那么多诸子的书，相互参阅一番，就觉着还是《老子》《庄子》最合我意。老子说，知道什么是雄壮，却安于雌弱，愿做天下的溪涧。愿做天下的溪涧，永恒的德就不会相离，心地就能回复到婴儿那样纯洁无瑕的境地。知道什么是明亮,却安于阴暗,愿成为天下人的楷模。愿成为天下人的楷模,永恒的德就不会失去,就可以复归到自然淳朴的'无极'境地。知道什么是荣耀,却安守卑下的位置,愿做天下的山谷。愿做天下的山谷,永恒的德就可以充足,重新恢复到原本的纯真。老子这段话是要告诉人们,道的自然法则是两极相生,物极必反。有道的人要始终保持符合道的状态,即'婴儿''无极'和'淳朴'的状态,才能够做到进退自如,宠辱不惊。"

听了班婕妤这番话,班伯的神情明显轻松了不少:"妹妹能以《老子》濡养身心,为兄也就安心了。其实,这也是为兄所向往的。"

班婕妤很错愕:"哥哥怎么会有如此念头?"

班伯这才将她离开未央宫之后,自己一直闭门在家的事全盘托出。然后说:"前日,皇上亲自登门问候,为兄这两天坐立不安,思忖着应该尽臣事去了,也想听听妹妹的想法。"

班婕妤道:"《孝经》里记录了孔子的一段话。孔子说,用奉事父亲的心情去奉事母亲,爱心是相同的;用奉事父亲的心情去奉事国君,崇敬之心也是相同的。因此,用孝道来奉事国君就是忠诚,用尊敬之道奉事上级则是顺从。能做到忠诚顺从地奉事国君和上级,然后既能保住自己的俸禄和职位,又能守住自己对祖先的祭祀。这就是士人的孝道啊!《诗·小雅·小宛》里也说,要早起晚睡地去做,不要辱及于生养你的父母。哥哥你有官职在身,身在其位,应谋其政,如此才能不辜负皇上对班家的恩宠。哥哥也不必过虑。妹妹来长乐宫侍奉太后,并不是有什么过失被皇上责罚,而是自愿自请的,不会影响到兄弟们的仕途。"

班伯还是有些心神不宁:"妹妹,你不在掖庭,为兄心里总是不甚踏实,总担心会说错话,做错事。"

班婕妤耐心开导哥哥:"在《论语》里,孔子说,君子有九种思虑:看的时候要想想看清楚了没有;听的时候要想想听明白了没有;侍人的脸色要想想是否温和；对人的态度要想想是否恭敬；说话要想想是否忠诚；做事要想想是否认真；有了疑问要想想怎样向人请教；遇事发怒时要想想后果；有利可图时要想想是否正当。只要哥哥谨记这些，朝事一定做得顺达，家人也一定保得平安。"

班伯一颗惴惴不安的心这才定了下来。

尽管外戚王凤擅权，为后世所诟病，但仍有史书评价他是"骨肉大臣，有申伯之忠"。其中原因之一，便是王凤钳制佞幸之臣，诸如张放、淳于长之流。

自从大将军王凤去世后，富平侯张放、定陵侯淳于长等开始受到宠幸。平时，汉成帝微服出行，二人与君同坐一辆车，一起握着马的缰绳；入侍宫中，成帝设宴饮酒，二人与后妃赵飞燕、李平等，还有侍中一起，狂饮，高歌，大声谈笑。当时，成帝的御车蓬帐座位上设置了绘画的屏风，是一幅商纣醉靠妲己通宵寻欢图。那一日宴饮，班伯也在席。成帝因为班伯刚被起用，非常敬重，多次向他注目致意，并指着这张图画问班伯："商纣无道，能到这个地步吗？"

班伯回答："陛下，《尚书》上只是说'于是听妇人的言语'，哪里有在朝堂上如此放纵的行为呢？所谓把全部罪恶加到一个人身上，没有比这更过分的了。"

成帝又问："如果不是这样，那这张图画告诫的又是什么？"

班伯再答："商纣沉湎于酒，是微子离他而去的原因；喝了酒就胡乱嚎叫，是《大雅》中述说的令人嗟叹泣涕的原因。《诗》《尚书》所诫止的淫乱，其本源都在于酒。"

成帝长叹一口气说："我很久没有见到班生了，今天又一次听到了正直的话！"

听了成帝与班伯的对话，张放等人心中不悦。过了一会儿，他们便藉上厕所为名，趁机离开。

当时，长信殿的宫人正好奉太后之命来到未央宫，听到君臣二人的对话。回去后，宫人便将事情的前因后果禀告太后。太后听罢，对外戚班氏一族，更是另眼相看了。

自从兄长班伯重返朝堂供事，班婕妤心中时常惦记，但自身已脱离未央宫，无法照顾兄长周全，惟希望兄长周围能有一众忠心事君的同僚，彼此帮衬，相互照应。

一日，班婕妤侍奉太后用过早膳，再端上一盏刚煮好的香茶。见太后心情甚好，婕妤遂笑盈盈地说："太后，妾想为您弹唱《诗》里周南的《兔罝》。"

太后点点头："好，好。哀家还没听过。"

　　肃肃兔罝，椓之丁丁。
　　赳赳武夫，公侯干城。

　　肃肃兔罝，施于中逵。
　　赳赳武夫，公侯好仇。

　　肃肃兔罝，施于中林。
　　赳赳武夫，公侯腹心。

这是一首赞美古代武士的歌谣：

编结紧密的兔网，固定在坚实的木桩上。雄壮矫健的武士郎，是公侯的绝好帮手。

编结紧密的兔网，安置在广袤的原野间。雄壮矫健的武士郎，是公侯的亲密朋友。

编结紧密的兔网，安置在茂密的丛林中。雄壮矫健的武士郎，是公侯的贴身护卫。

弹唱完毕，班婕妤起身，给太后续上一盏热茶，然后跪在太后身旁，轻轻为她捶腿。见班婕妤默不做声，太后便问："孩子，你为何不言语？"

班婕妤这才开口："回太后的话，妾还在想这首诗。三章起头的相叠咏唱，不仅不显得单调，重复，反而能从中读出诗人的自豪感。在周文王德化的感召下，武士们以忠勇之身护卫自己公侯国的君王。"

王太后不是民间老妪，自然明白班婕妤弹唱《兔罝》的心意，自己的皇儿刘骜，身边就缺乏武夫这样的忠君之臣。

太后正心怀忧虑，成帝的御驾已到长乐宫。

长乐少府进长信殿禀告太后，班婕妤意欲回避。

太后却说："好孩子，你难得见皇儿一面，不必退去。"

成帝来到长信殿，给母后请安。

班婕妤立在太后身旁，给成帝请安。

待成帝落座，太后上下仔细打量，忍不住哭泣着说："皇帝近日面容削瘦，脸色发黑，哀家看了心里难安。班侍中本来是大将军所推举的，皇儿应当对他格外宠爱才是。朝里要多用一些班侍中这样的人，以便更好地辅佐皇帝。还有，皇儿应当让富平侯暂时回到他的封国去。"

太后这一番话，是说给成帝听，也是说给班婕妤听。

成帝很顺从地回答："诺。"

车骑将军王音听说此事，便暗示丞相御史上书，言明富平侯的罪过，成帝只得放逐张放为边都尉。

只是成帝实在离不开张放，时隔不久，又把张放征召入朝。

事情很快传到长乐宫，太后心中着实不快，给成帝修书一封："以前所讲的，皇帝要多倚重班侍中，至今尚未奏效，富平侯却又入朝，哀家岂能默然不语？"

成帝赶忙过来长乐宫谢罪："请允许我现在就执行母后的懿旨。"

这时候，许商为少府，师丹为光禄勋。为表示对母后皇太后的孝敬之心，成帝将许商、师丹二人升为光禄大夫，掌管顾问应对之事；班伯升为水衡都尉，掌管皇家上林苑兼保管皇室财务及铸钱等事。三人并列侍中，俸禄均为二千石。皇上每每入东宫朝见太后，班伯经常跟从在后；逢朝中有大事，往往派遣他们三人，一起向公卿大臣宣示皇帝的意图。

近朱者赤，近墨者黑。身边多了好学恭谨之臣，汉成帝也逐渐厌倦游乐宴饮之事，重新重视经书事务，这让太后非常高兴。

抓住时机，丞相方进又上奏章，富平侯张放最终被放逐于朝外。

无奈天妒英才。就在这时，元延元年（前12），一心忠于朝事的班伯病故，年仅三十八岁。朝廷上下，无不为之感到同情和惋惜。

常言道：虎毒不食子。

世人很难相信，一国之君汉成帝，为了遵守与赵氏姐妹的誓约：必立赵氏所生之子为太子，不让天下任何人居于赵氏之上，竟然与赵昭仪一起，亲手杀死了中宫女史曹宫与许美人为自己诞下的皇子。

元延元年，一日，中宫女史曹宫与相恋的宫女道房，面对面坐在一起吃饭，她悄悄对道房说："陛下御幸了我。"十月，曹宫在掖庭牛官令舍生下一个男孩，有六名婢女服侍。

中黄门田客拿着一道诏令，放在一个绿色的丝帛书囊里，用御史中丞的大印封好，交给掖庭狱丞籍武说："把牛官令舍里那个妇人刚生下来的孩子，连同六名婢女，统统关进暴室，不要问孩子是男是女，也不要问是谁的孩子。"籍武就把她们关进暴室。

三天后，田客拿诏令给籍武，问道："孩子死了没有？写在木牍背面。"籍武就写道:"孩子还活着,没有死。"一会儿,田客出来说:"皇上和赵昭仪大怒,为何不杀掉他?"籍武边叩头边哭着说:"不杀这孩子,知道应是死罪;杀了他,也只是一死!"就通过田客上奏成帝:"陛下没有后嗣,不论儿子出身贵贱,还望您能够留下!"田客进去禀奏,又拿诏令给籍武,说:"今晚夜漏上五刻时,把孩子交给王舜,在东交掖门见面。"籍武就问田客:"陛下看到我的奏文后如何?"田客回答说:"只是发愣。"籍武只得把孩子交给王舜。

又过了三天,田客再次拿来封好的诏令,像以前那样交给籍武。诏令上说:"籍武,把筐里的东西和信交给狱里的妇人,籍武亲自前往给她吃下去。"籍武打开小筐,里面有两颗药丸,一张很薄的小黄纸片,上面写着:"伟能:努力吃下这药丸,不要再进来了。你自己心里明白。"伟能是曹宫的字。曹宫读完这封信,悲愤地说:"果然如此,她们姐妹要控制天下!我的孩子是个男孩,前额有浓发,像孝元皇帝。我儿如今在哪里?已经被她们害死了吧!怎么才能让太后知道这件事呢?"曹宫吞下药丸,含恨而死。紧接着,曹宫的六名婢女集体自缢。出生仅仅十一天,小皇子就被送出皇宫,不知所踪。

许美人本居住在上林苑涿沐馆,曾屡次被皇帝召到饰室中的若舍,受到御幸。元延二年(前11),美人怀孕,十一月生下皇子。

在昭阳殿,赵昭仪对成帝大发脾气:"总是骗我说,你从中宫来。若是从中宫来,许美人的孩子是从哪里来的?许氏居然又要兴起了!"她满腹怨恨,挥手捶打自己,用头撞墙和柱子,又从床上跳到地下,哭哭啼啼,不肯进食。并说:"现在陛下该安排我的事了,我要回去!"面对撒泼的昭仪,成帝只是说:"我特意告诉你许美人产子一事,你反而大怒,真不该告诉你。我发誓册立赵氏,所以废掉了许氏,使天下没有地位高过赵氏的人,这些你都不必担忧。"

结果是,汉成帝向宠妃赵昭仪屈尊,下诏让宫吏用绿书囊装上诏令,拿给许美人。美人见到诏令，便将孩子放在草筐里，用绳子捆好，连同装着回信的绿书囊一同交给宫吏。草筐和书信，被送到等在饰室的成帝和昭仪手里。片刻之后，用御史中丞大印封好的草筐和书囊传递到籍武手中，他打开诏令，但见上面写着："籍武：草筐里有个死掉的孩子，埋在僻静的地方，不要让别人知道。"

成帝的又一个皇子，就这样被埋在狱楼墙的地底下。

元延二年五月，掖庭令吾丘遵曾对掖庭狱丞籍武说："掖庭中，得到皇上御幸生下儿子的人都得死，还有许多人吃药堕胎。"

帝宠而天不佑。虽然赵氏姐妹被成帝专宠十余年，二人始终没能诞下皇子。流传民间的传奇小说《赵飞燕外传》妙笔生花，首次以文学的形式对后宫的生活作了细节描述：赵氏姐妹为了美颜永驻，多年服用方药息肌丸，早已丧失了生育能力。赵飞燕在椒房殿辟专室，频频私通皇帝侍郎冯无方与宫奴，以求生子。更有甚者，姐妹二人共通宫奴燕赤凤，以至于到了争风吃醋的地步……

最终，刘骜成为大汉朝没有子嗣的一代帝王。

绥和二年（前7）三月十八。一大早，楚思王刘衍、梁王刘立将进宫朝见，十九日他们就要告辞回去。因了这个缘故，成帝十七日晚上摆设帷帐，宿在白虎殿，一夜无事。待他早晨醒来，穿上裤袜，想从床沿边起来，一下子就掉了衣服，说不出话来。昼漏十刻时分，汉成帝辞世。

长安城里，百姓们议论纷纷，皇帝驾崩，赵昭仪负有罪责。

汉成帝平时身体很好，并无疾患。皇太后下诏给大司马王莽、丞相大司空："皇帝暴崩，人们议论纷纷，不明就里。掖庭令辅等人就在后宫附近侍候皇帝的起居，让他们和御史、丞相、廷尉一起，察问皇帝平时的起居和发病情况。"赵昭仪自杀。

如上,是《汉书》里有关汉成帝暴崩后的相关记载。
而《赵飞燕外传》另有说法:

皇帝生病,不能勃起。太医无计可施,遍求奇药,曾获得慎恤胶给昭仪。昭仪将慎恤胶进献给皇帝,皇帝吃一丸,宠幸昭仪一次。一天夜里,昭仪醉酒,进献七丸,皇帝整夜拥着昭仪在九成帐内,笑声不绝。等到天明,皇帝起床穿衣,精液外流,无法控制,不一会儿,倒在地上。侍候的宫人解开皇帝衣服,余精外泄,濡湿锦被。少顷,皇帝驾崩。宫里人把这件事告诉太后,太后命人审问昭仪。昭仪说:"我把持皇帝,就像摆弄婴儿,宠爱冠绝天下,还能向皇帝争这房事么?"于是捂着胸口呼喊:"皇帝去哪里了?"然后,呕血而死。

外传中这些描述,正应了道家纯阳派祖师吕洞宾的一首《警世》诗:

二八佳人体似酥,
腰间仗剑斩愚夫,
虽然不见人头落,
暗里教君骨髓枯。

四月的长信殿,两丛树冠茂密的石榴树,已经缀满含苞待放的花蕾。它们在长信殿生长了近百年,是皇家祈求多子多福的象征。只是,天不遂人愿,尽管王太后能操纵国柄二十六载,却无福享受民间最常见的含饴弄孙之乐。

四月初九,清晨。班婕妤给太后梳头,不经意间朝那面大铜镜看过去，发现太后似乎一下子苍老了许多。失去唯一的儿子，太后心中的悲痛可想而知，她看上去脸色很苍白，身体很虚弱，寡言少语。这也让班婕妤第一次意识到，她不仅仅是掌控前朝后宫的一国皇太后，还是一位孤孤单单的母亲。

从镜子里看到班婕妤的注视，王太后长吁一口气，问道："好孩子，哀家的骜儿去了，你心中作何打算？"

一如既往，班婕妤微微一笑，轻轻作答："妾的一切，全凭太后做主。"

行色匆匆，风雨兼程。人这一生，会路过无数个驿站，每一个驿站，都会有车把你载到下一个驿站。人这一生，也会驻足无数个渡口，每一个渡口，都会有船为你摆渡，将你送到下一个渡口。王太后政君，就是班婕妤生命中的摆渡人。二十五年前，她一道懿旨，将班婕妤从边地楼烦摆渡到皇城长安；二十五年后，汉成帝驾崩，作为妃子的班婕妤，又将被她摆渡到哪一个渡口？

第六章 清守：西风残照，汉家陵阙

阴阳相守
手足情深
躬亲民间

愿归骨于山足兮，依松柏之余休。

——班婕妤《自悼赋》

渭水桥边不见人，
摩挲高冢卧麒麟。
千秋万古功名骨，
化作咸阳原上尘。

　　古咸阳，作为战国秦和秦帝国的都城，长达一个半世纪，是名副其实的中国第一帝都。西汉帝国建立，这里距皇城长安只有三十余公里，是京畿之地；遵循秦帝国"依山环水"的造陵观念，这里也是汉室的茔葬之野。到了汉成帝朝，除去文帝刘恒的霸陵、宣帝刘洵的杜陵，已有七位皇帝葬在这里。自西向东次第排列：武帝刘彻茂陵、昭帝刘弗陵平陵、成帝刘骜延陵、元帝刘奭渭陵、惠帝刘盈安陵、高祖刘邦长陵、景帝刘启阳陵。其间，还有王侯将相、皇亲国戚的墓葬百余座。

虽然不再是都城，然而，在渭河北岸迤逦的咸阳原上，城阙巍峨，陵冢高耸；殿屋重重，林木森森；人声鼎沸，车水马龙；祭祀繁盛，冠盖如云。放眼望去，处处弥漫着另一番帝王气象。

天高，云低，残阳如血。

咸阳古道上，车辚辚，马萧萧，黄土飞扬，宛若长龙的缟素队伍离延陵越来越近。

这是皇家安葬汉成帝的列队。缟车里坐的，是汉成帝妃——班婕妤。

遵皇太后懿旨，班婕妤离开长乐宫，前往咸阳原上的延陵园。

这一去，就是终生。

阴阳相守

上古先民，对于人死后灵魂的归宿各有说法。

夏人认为归于水。

东夷人认为归于山。

周人认为归于天。

在灵魂不灭观念的驱使下，从天下第一帝秦始皇开始，中国封建社会出现了厚葬、隆祭、久祀的丧葬礼制。这礼制，一直延续到大清朝。秦始皇陵，南依骊山之麓，北临渭水之滨，是中国历史上第一座规模宏大、设计完善的帝王陵寝。内外双重的夯土城垣，宏伟壮观的门阙，寝殿建筑成群，六百多座陪葬墓、陪葬坑，共同构成地面上秦始皇陵的完整形态。这种形态，酷似秦都咸阳的宫城和都城格局。

皇帝驾鹤西去，他的后宫佳丽何去何从？最合理的，继续留在宫中，有子女的升为皇太后或其他位分，无子女的在宫中养老，衣食无忧；最残忍的，为皇帝殉葬；最耻辱的，嫁给新皇。

庆幸的是，从西汉起，废除了延续千余年且残忍的活人殉葬制。

《礼记·王制》中说："天子七日而殡，七月而葬；诸侯五日而殡，五月而葬；大夫、士、庶人三日而殡，三月而葬。"

在西汉，天子之葬并没有明确的时间规定，汉高祖停柩二十三天落葬，汉惠帝停柩二十四天落葬。到了汉成帝朝，谶纬之学初成，皇室对之非常推崇，皇太后命太史令精心推算出成帝落葬的日子。

绥和二年（前7），闰三月。停柩五十余天后，四月十二，西汉第九代皇帝成帝刘骜将落葬于咸阳的延陵园。

四月初十。皇城长安。一切如常。

对于班婕妤来说，却又是那样的不寻常。

皇太后政君用过早膳，对班婕妤道："今天略有些精神，你陪哀家往园子里走走。"

自从成帝驾崩，太后就再也没有踏入过园子，现在太后自己主动要去，班婕妤一直悬着的心便放下了。

外面，阳光很明媚地照下来，令人心怀大开。班婕妤搀扶着太后，缓缓走向园子。园子里，小桥曲折，玲珑，流水清澈见底，香草树木茂盛，时令之花开得妖娆，散养的动物们四处走动，鸟儿在树木间鸣叫，跳跃。沿着曲径前行，不觉间芬芳盈袖。湖水中，几只大白鹅，姿态优雅，挺着长颈，游来荡去。穿过回廊，太后在水榭停下脚步，依着栏杆，俯首观看绿水中成群的红鲤鱼。过了好一阵子，太后才抬起头，环视一下周围的景致，不胜感叹："园子里这些，才最是生动有趣。"

此刻，班婕妤静静立在太后身侧。太后左手拉起她的一只手，再用右手轻轻抚摸着："你看，多美的园子。这些年，你天天都陪哀家进来转转。好孩子,如果,哀家让你永远离开它,舍得吗?"

班婕妤心里一沉,继而答道:"妾舍得。但听太后吩咐。"

太后忽然垂泪,哽咽着说:"后天,骜儿就要落葬延陵。一想到,他从此要孤零零地躺在冰冷的棺椁中,哀家这心都要碎了……"

班婕妤顿时明白了太后的心思,当即跪下:"太后请节哀,凤体要紧。妾虽离开未央宫,但这颗心从未离开过。十一年了,每天夜深人静,妾都要朝着未央宫方向祈祷,祝愿皇上明天的朝事顺遂,龙体安泰。妾愿意随皇上到延陵去,只是,以后再不能侍奉太后了。"

太后起身,双手扶起班婕妤,连声说:"好,好,好。难怪皇儿对你总是念念不忘,哀家这些年也算没有白疼你。"

有一首现代诗中写:"我的心,是一座城,一座小小的城。"

何止是诗人?每个人的心,都是一座小小的城,自成风景。秉承家族信仰,班婕妤崇尚黄老,清虚自守,断念恩宠。但是,先祖们对楚王室的忠诚,犹如血液流淌在她柔弱的身体里,夜以继日。一日入皇家门,永远是皇家人,无论何时,唯有顺从。这些信条,班婕妤恪守终生。

汉成帝落葬延陵的第二天。

晨曦初露,咸阳原尚未苏醒。

班婕妤素衣简饰,静静伫立在垣墙的角楼上,向东南方向眺望。

天地一派静穆。远处,巍峨壮丽的皇城宫墙隐隐得见,那一片片重重叠叠的建筑,应该就是未央宫和长乐宫的殿堂楼阁了。近处,渭河水,亮如白练,静静流淌。在班婕妤眼里,这河水,如天上的银河落入凡间,隔开了长安与咸阳,也隔开了阳间与阴间。她知道,从今以后,自己就要过着半阳半阴的陵园生活了。

收回远眺的目光,班婕妤转身俯视陵园。她发现,树荫遍布的延陵园,布局竟然酷似皇城的未央宫。

秦始皇的最大贡献，就在于结束了诸侯为王的邦国时代，开启了天下一皇的帝国时代。

西汉帝国，是中国封建社会第一个成熟帝国，封建社会各项典章制度的完善、确立和巩固，基本上都在这时得以完成。与商周时期的"集中陵园制"不同，西汉在继承秦始皇陵园形态的前提下又有所发展，每座帝陵，陵园与茔域都有相当的规模，各类建筑设施一应俱全，具备完善的管理功能，形成一种"独立陵园制"，奠定了以后两千多年帝陵陵园制度的基础。从汉高祖刘邦的长陵到汉宣帝刘询的杜陵，都在陵墓附近设置陵邑，皇帝们迁徙天下的富豪、贵族和朝臣携家眷到陵邑居住，既为守陵，也为削弱地方豪强的势力，巩固中央集权。陵邑直属中央管辖，每个陵邑的人口都以万计，与长安遥相呼应，共同造就了京城的繁华景象。茂陵的陵邑，周长一万一千余米，人口最多时达二十九万，远远超过长安城内的人口。五点五平方公里的面积，体现出茂陵的宏大布局，彰显着汉武帝追求王朝盛世的宏伟理想。

只是，迁徙人口，充实陵邑，需要国家财力的支持。汉元帝时期，国运渐渐衰退。为了节俭，永光四年（前40），皇帝下诏，废止陵邑。一直到东汉，再无皇帝营建陵邑。

汉成帝的陵园是长方形，南北较长，四面由夯土筑成的垣墙，一如未央宫高大宽厚的宫墙，东西南北辟有宽阔的司马道。垣墙四面，设有气势不凡的门阙，正对着封冢的中部，为天子礼仪。四面的阙门宽大，各有门道、左右塾、左右配廊、散水组成。垣墙的四角，分别建有角楼。陵园的西南角，砌有一方水池，让班婕妤想起未央宫的沧池。成帝的陵冢，位于陵园中部偏南的位置，封土成覆斗形，平直，规整，上面布满青草和成排的绿树。陵冢北部是寝园，陵冢的后面是寝殿、便殿。陵冢，寝殿，便殿，似乎对应着未央宫前殿的三大殿。它们的东西两侧，有排列整齐的院落，其中有班婕妤的居所，管理陵园的官署，官吏们的宿舍。陵园内，所有的礼制建筑，雕梁画栋，浓墨为主，充分彰显着皇家气派。

陵园外面，北边不远处，是一座独立的辉煌建筑，四面有墙垣。班婕妤刚到延陵，寝园令就已经禀明，那是陵庙。庙是西汉帝陵陵园中很重要的一种礼制建筑，里面供奉着皇帝的神主，以栗木制成前方后圆的"主"。庙与寝殿、便殿配合，以便于"日祭于寝，月祭于庙，时祭于便殿"的祭祀活动。日祭由专门供职于陵寝的侍卫人员，按一天中的固定时辰分四次对逝者进行献祭。月祭则在每个月的朔日，即每月的第一天，由当朝皇帝在陵庙中对先人进行祭奠。时祭则是皇帝或由皇帝指派的专门人员在每年的春、夏、秋、冬对先祖进行祭祀。时祭一般在陵寝的偏殿中举行。

居高临下，陵园的一切，被班婕妤尽收眼底。

"这里，便是我最后的归宿了。"她自言自语。

汉承秦制，"事死如事生"。

在陵园，班婕妤似乎比在未央宫和长乐宫时还要忙碌。

犹如在长乐宫时每日清晨为太后清洁寝殿，在延陵园，班婕妤每日也是早早来到寝殿，为成帝清洁殿堂。对于这座殿堂，班婕妤心中充满敬慕与温情，看到它，就好像看到了成帝。殿堂宽敞，设有两门，六层阶梯，殿堂周边有回廊，散水。尽管成帝在阳世的生命已经终结，但是在阴间，成帝的生活依然在持续。所不同的，在阳世生活的是肉体，而在阴间活动的是灵魂。在这里，成帝依然接受朝请、议事和上食。堂上供奉着与成帝有关的象征物，朝服、冠冕、"斩蛇宝剑"，手杖，靠几，等等。还有市面上新出的各类物件。等到班婕妤做好清洁，为成帝整理好被枕床铺，就到了为成帝第一次奉食的时辰。食官丞每天要给成帝送来四餐饮食，每次班婕妤都在场，恭恭敬敬，切切实实，一切都按照礼仪进行祭祀。这种日祭于寝的祭祀活动，是人鬼沟通的最好方式。

与寝殿相比，后面的便殿，是班婕妤一天中停留时间最长的处所。在这里，她为成帝讲书，弹琴，抄写先秦典籍。便殿四周，东、西、北侧筑墙，正南面有长廊和东西侧墙相衔接，堂被围在中央，也是两门，六层台阶。左右分布着室和院子。便殿是可以放松精神的别殿，供亡灵休息闲晏，是成帝经常光顾的地方，里面同样供奉着成帝的象征之物，丧葬的乘舆、虎文衣等，也存放在里面。

班婕妤初次进入堂内，一眼就看到她为成帝缝制的寝衣，整整齐齐，摞在最显眼的位置，一共十一套。离开未央宫，班婕妤每年为成帝缝制一套绣有龙图案的寝衣，年年绣的龙都不重样。每一套寝衣的袖口，或左或右，班婕妤都要绣一只楚国的图腾——五彩凤鸟。缝制好，先请太后过目，再由长乐少府送到未央宫。

一针一线密密缝，寸寸皆是相思意。

寝衣供在这里，一定是太后的旨意。班婕妤心中充满感恩。寝衣明显地旧了，陛下应该时常穿着它们。班婕妤这么想着，伸出手，在寝衣上轻轻摩挲，似乎感觉出成帝的体温。原来，离开未央宫十一年，陛下年年都穿着自己亲缝的寝衣，而且全部保存无遗……昔日的帝王恩宠，瞬间涌上班婕妤的心头。眼前，只见物，不见人，她忍不住泪流！

现在，成帝已长眠地下，班婕妤依然每年都要给他的寝殿献上一套寝衣。班婕妤请了太后的旨，陵园可以种桑，专供制作成帝一年四季的家居服饰、床上用物。种桑养蚕，也很辛苦。从桑苗入园，到桑树发芽，布叶；从蚕子到蚕宝宝一点点长大，吐丝，结茧，到制成绢帛，班婕妤都事必躬亲。每到夜晚，在寝园为成帝铺床展被之后，班婕妤就回到自己的居所，开始一天中的缝纫生活。子夜时分，这里，依然是一室的烛光……

《庄子》秋水篇里有一段精彩的对话：
庄子和惠子一道，在濠水的桥上游玩。
庄子说："白条鱼游来游去，悠闲自在。这就是鱼儿的快乐。"

惠子说:"你不是鱼,怎知鱼的快乐?"

庄子说:"你不是我,怎知我不知鱼儿的快乐?"

惠子说:"我不是你,本来就不知你;你本不是鱼,那你不知鱼的快乐,也是完全可以肯定的。"

庄子说:"还是让我们顺着先前的话来说。你刚才说'你怎知鱼的快乐'这句话时,就是已经知道了我知鱼儿的快乐,再来问我的。不妨告诉你,我是在濠水桥上知道的。"

今天,我们无从知晓,两千年前的帝妃班婕妤,陵园生活快乐否?但她的生活里,再也不会有掖庭的风云变幻,有的只是平安、平淡、平静。在寝殿奉食祭祀的两餐之间,班婕妤会来到便殿的堂上,对着成帝的象征之物,深深施礼,轻轻说:"妾要给陛下读书了。"

便殿的书架上摆满各类典籍,《诗》《书》《易》《礼》《春秋》《论语》《孝经》和屈原赋,都是班婕妤在增成舍时为成帝抄写的。自从来到陵园,班婕妤不再在竹简上抄写书籍,而是写在陵园自产的长长的白绢上。抄写完毕,她会将这些轻软洁净的书卷起来,摆放在成帝的寝殿,以方便他睡前醒来,随时展阅。

汉成帝执政二十六年,时间之长,在西汉诸帝中,仅次于执政五十四年的汉武帝。可是,他的政绩委实平平,连史学家都无从下笔,班固在《汉书·成帝纪》最后的"赞曰"中,只能以"博览古今,容受直辞。公卿称职,奏议可诉。遭世承平,上下和睦"作为结语。但在班婕妤看来,大凡一国之君,总是要为江山社稷费心劳神,她祈祷长眠地下的成帝,从今以后,高枕无忧。她给成帝抄写侍讲自己喜欢的《老子》《庄子》和《吕氏春秋》,希望道家哲学思想的鼻祖之作《老子》,能使尊崇儒学的成帝,在"致虚极,守静笃"中达到物我两忘的状态;中国古代精神自由史第一名著《庄子》,可导引成帝进入"天地与我并生、万物与我为一"的神秘境界;黄老道家名著《吕氏春秋》,让成帝透过一书而知百家之言。

西汉是一个伟大的朝代，儒学统一天下的文化专制格局，规模宏大的对先秦典籍的寻找、整理、编辑活动，均在汉成帝朝得以完成。成帝执政时期，与群臣议政，每次下诏，总要引用《诗》《书》《易》《礼》《春秋》的句子，借此提点在朝百官，安抚天下百姓。与在增成舍时一样，班婕妤每天也要给成帝弹唱《诗》和《屈原赋》，只是弹唱的篇章有所不同。清心寡欲的她，很少再弹唱、吟诵喜怒哀乐俱全的《国风》，更偏重于《小雅》《大雅》和《周颂》。"二雅"多为贵族祭祀之歌，祈丰年，颂祖德，是周王朝西都的正声雅乐，属于宫廷宴享或朝会时的乐歌。《周颂》是宗庙祭祀的舞曲歌辞，内容多是歌颂祖先的功业。

在《史记·孔子世家》中，司马迁提出"诗"有"四始"之说。《关雎》为《风》的开始，看重的是淑女端庄的容仪，贞洁的品德，可作为后妃们效仿的楷模；《鹿鸣》为《小雅》的开始，是周天子宴饮四方嘉宾的乐歌，在欢乐的气氛中，歌颂的是太平盛世景象；《文王》为《大雅》的开始，是周人追念王朝奠基者文王的赞美诗；《清庙》为《颂》的开始，是祭祀文王时唱的乐歌。汉成帝在位时奉行周礼，班婕妤为安息在地宫的成帝弹唱《诗》时，常常要选择其中一首。

不过，她弹奏最多的，却是《小雅》的另一首《鹤鸣》：

  鹤鸣于九皋，声闻于野。
  鱼潜在渊，或在于渚。
  乐彼之园，爰有树檀，其下维萚。
  他山之石，可以为错。

  鹤鸣于九皋，声闻于天。
  鱼在于渚，或潜在渊。
  乐彼之园，爰有树檀，其下维榖。

他山之石，可以攻玉。

汉代立于学官的是鲁、韩、齐"三家诗"，班氏家族修习齐诗。齐诗的学者说，《鹤鸣》之意是贤士隐居，在班婕妤眼里，这分明描写的又是山水园林之美：

在曲曲折折的沼泽边，白鹤引颈长鸣，声音响彻云天。鱼群时而潜藏于深水之中，时而浮游在沙洲的水泊。喜爱那里的一个园子，长得粗壮茂盛的树是檀，下面铺满金色的落叶。那边山里有上好的石头，可以用作钻石。

在曲曲折折的沼泽边，白鹤引颈长鸣，声音响彻云天。鱼群时而浮游在沙洲的水泊，时而潜藏于深水之中。喜爱那里的一个园子，长得粗壮茂盛的树是檀，又矮又细的树是楮。那边山里有上好的石头，可以磨成玉器。

如此幽深静美，应该是道家向往的修行之所。班婕妤这么认为。

《湘夫人》，也是班婕妤平时爱弹唱给成帝听的一篇屈原赋：

帝子降兮北渚，目眇眇兮愁予。
嫋嫋兮秋风，洞庭波兮木叶下。

白薠兮骋望，与佳期兮夕张。
鸟萃兮蘋中，罾何为兮木上？

沅有茝兮醴有兰，思公子兮未敢言。
荒忽兮远望，观流水兮潺湲。

麋何食兮庭中？蛟何为兮水裔？
朝驰余马兮江皋，夕济兮西澨。

闻佳人兮召予，将腾驾兮偕逝。

筑室兮水中，葺之兮荷盖。
荪壁兮紫坛，播芳椒兮成堂。
桂栋兮兰橑，辛夷楣兮药房。
罔薜荔兮为帷，擗蕙櫋兮既张。
白玉兮为镇，疏石兰兮为芳。
芷葺兮荷屋，缭之兮杜衡。
合百草兮实庭，建芳馨兮庑门，
九嶷缤兮并迎，灵之来兮如云。

捐余袂兮江中，遗余褋兮醴浦。
搴汀洲兮杜若，将以遗兮远者。
时不可兮骤得，聊逍遥兮容与！

"湘君""湘夫人"，是神话传说中的一对配偶神。这篇辞赋写湘夫人思念湘君，虽有约在先，最终却没能相见。满篇铺排的，是湘夫人惆怅失落的心情：

帝子湘夫人，降临在洞庭湖北岸的小洲，望眼欲穿，不见湘君，满怀忧伤自难禁。秋风萧瑟，徐徐吹拂，洞庭湖波涌涛起，无边乔木，叶落纷纷。

伫立白薠丛中，放眼远望，与公子相约黄昏后，佳时已到，一切就绪。可是啊，鸟儿为何聚集在水蘋中，鱼网为何挂在树梢上？

沅水有白芷郁郁，澧水有兰草幽幽，我心里思念公子，口中却不敢言声。神思恍惚，眺望远方，但见茫茫湘水，缓缓流淌。

麋鹿为何在庭院觅食？蛟龙为何在水边回游？清晨我在江边跃马飞驰，傍晚渡江到西边的水畔。一旦听到公子呼唤的声音，我将乘车疾奔，同你一起，高飞远走。

　　让我们在水中筑起华屋，圆圆的荷叶覆盖屋顶。采集香荪饰墙壁，捡拾紫贝铺庭院，用椒泥涂抹厅堂的祭坛。以桂木做梁，以木兰做椽，以辛夷做门楣，以白芷饰卧房。编织薜荔做成帷帐，分开蕙草作为隔扇。以白玉为镇，压住坐席，摆上石兰，设为屏风。荷叶的屋顶上加放白芷，房屋的周围环绕杜衡。聚集百草，布满庭院，门旁回廊，芳香四溢。九嶷山神前来恭贺，群神降临，济济一堂。

　　我把衣袖抛进滔滔江流，将襌衣扔在澧水之滨。来到沙洲，拔取杜若，有朝一日，送给远方的湘君。美好的时光，哪能说来就来，暂且独自，迎风漫步，再等待下一个吉日良辰。

　　琴声清凉。

　　歌声幽咽。

　　弹唱《湘夫人》，班婕妤双眼噙满泪水，静如止水的心房，荡起微微涟漪。她对成帝的思念，一如湘夫人对湘君的思念。离开未央宫十一年，思君之心，巍峨宫墙，难以阻挡。而今，虽昼夜守在延陵园，却与成帝阴阳相隔，她要弹唱多少年的《湘夫人》，才能消弭萦绕于心的绵绵思念，缕缕忧伤？

手足情深

　　有史以来，"国之大事，在祀与戎"。

　　汉成帝落葬延陵的第一个朔日，延陵园首次举办盛大的祭祀活动。

　　咸阳道上，锦旗猎猎，鼓吹阵阵。

　　当朝皇帝汉哀帝刘欣乘辇出京，亲帅文武百官，前往陵园祭奠。

　　陵园令从陵寝请出成帝衣冠，安放在车驾上。作为守陵妃，班婕妤在车旁陪驾。守陵官吏先随衣冠车绕陵园一周，再送至宗庙接受祭拜。

降神的祭祀乐，烘托出祭祀活动的庄严与肃穆。

《嘉至》乐是一首招致神灵的乐舞，奏响它，标志着祭祀的开始。乐声中，哀帝恭敬迎驾。接下来，奏《永至》乐，这是一首祭礼节奏乐，在它快慢有序的韵律中，哀帝带领百官，随着乐声频率的节制，从堂下到堂上，脚步时急时缓，祭拜如仪。献上干豆之后，演奏《登歌》，只有一人清唱，不用管弦之乐，希望在场祭祀的人员都能听到。《登歌》演奏两遍。按照汉制，在祖庙里特设乐舞。太祖刘邦庙有《武德》，太宗文帝庙有《昭德》，世宗武帝庙有《盛德》。祭礼演奏了特设乐舞中的《昭德》，然后演奏诸帝庙共有的乐舞。其中，《文始》为文舞，舞者手执羽，或者羽旄；《四时》《五行》为武舞，舞者手执干戚。最后奏《休成》，赞美神明已经享受了祭祀，宗庙的祭神献飨礼完毕。

哀帝移步到陵庙的东厢，与宗室助祭者和执事臣僚聚宴。《食举》乐响起，先演奏《诗》小雅的《鹿鸣》，再演奏西汉的《承元气》。与祭神献飨不同，食举乐充满欢乐祥和的气氛。

宴饮过后，《永安》乐开始，标志着礼神仪式全部结束。

祭祀礼仪程序繁复，规模宏大，班婕妤被深深震撼，也从中感受到守陵的意义。

祭祀还给班婕妤带来意外的惊喜。已贵为太皇太后的王政君体恤班家，特诏班婕妤的三弟班穉回京，随哀帝一同前来参加祭奠，让他们姐弟二人团聚。

班穉年轻时任黄门郎中常侍，承受家风的熏陶，方正刚直，洁身自好。成帝膝下无子，为了汉家江山，绥和元年（前8），他想立定陶王刘欣为太子，多次派遣掌管皇后太子事务的詹事，向朝里的近臣们询问意见。无论詹事问到谁，听到的都是赞同的声音，惟独问到班穉，他嗫嚅着，不敢冒昧作答。

只是，天有不测风云，第二年，成帝暴崩，刘欣登基，即为哀帝。新君一临朝，便将班穉从出入禁中的黄门郎中常侍贬为西河属国都尉。

自从班婕妤到长乐宫侍奉皇太后，班穉便很难见到姐姐。刚刚从西河郡平定县（今内蒙古东胜县境）赶回来，班穉见到姐姐，心里有几分欢喜，也有几分惆怅。陵园里的班婕妤，铅华洗尽，素颜简衣，眼角眉梢，岁月留痕。与增成舍里那个锦衣华饰、眉目如画的宠妃，简直判若两人。

接过姐姐递过来的茶盏，班穉轻轻抿了一口，一丝苦涩入喉。

班穉小心翼翼地问："陵园清寂，岁月漫长，不知婕妤姐姐如何打发时光。"

班婕妤淡淡一笑答："在寝殿，早晚为先帝收拾寝屋，一天陪四餐。在便殿，上午为先帝读书，下午为先帝弹琴。"

"姐姐心里苦。"

"姐姐不觉得，反倒感到从来没有过的心神安宁。来到这里，我才开始细读《庄子》。尤喜欢《刻意》里的一段话，'恬淡，寂寞，虚空，静止，无为，这是修道养德的最高标准，彼此相关，不可分割。用修道养德的标准来衡量，悲伤与欢乐是德的偏斜，喜悦与愤怒是道的错误，爱好与厌恶是心的失常。因此，心中不存忧愁和欢乐，是保持自然状态的最佳境界；持守玄虚之道不变，就是保持寂静心态的最佳境界；不与外界事物相抵触，就是保持虚无的最佳境界；不与外界事物交往，就是保持恬淡心境的最佳状态；与世间万物不相违逆，就是保持心静的最佳状态。'"

述说中的班婕妤，面容圣洁，眼眸明澈，犹如婴儿、童子，散发静美。美得真实朴素，美得自然天成。

安命，顺命，以悠游、怡然、旷达、超脱的态度面对现实人生。这，便是脱离掖庭、告别长信后的班婕妤了。

班穉身在仕途，终日俗务缠身，姐姐的精神世界，与他有着天上地下的距离。

然而，世事难料，沉浮瞬间。数年后，这天壤之距，竟然沦为咫尺！

班家，王家，同属外戚。王莽年轻时，与班穉兄弟地位相近，同是黄门郎，关系颇为友善。他事奉班伯，如同兄长；对待班穉，也如弟弟一般。班伯去世后，王莽身穿丧服，并送去丰厚的随葬品。

王莽是何人？太皇太后王政君的弟弟王曼的儿子。王政君的父亲及兄弟都在元、成两朝封侯，占据高位，辅佐朝政，家族中共有九个侯、五个大司马，只有王莽的父亲王曼早早离世，未被封侯。王莽的叔伯兄弟们都是将军五侯之子，显贵时奢侈淫靡，于声色犬马中比试高低。唯独王莽，孤苦，贫困，懂得屈节事人，恭敬节俭。他拜沛郡陈参为师，学习《士礼》，勤奋博学，不像叔伯兄弟们一身绫罗，穿着如同儒生。他侍奉母亲及寡嫂，抚养哥哥的孤儿，行为检束端正；在外结交英俊之士，在内侍奉叔伯，礼貌，周到，殷勤。阳朔年间，伯父大将军王凤患病，王莽日夜侍奉，亲尝汤药，蓬头垢面，几个月未曾脱衣睡觉。王凤临死时托请太后和皇帝，拜王莽为黄门郎，不久升为射声校尉。

从此，王莽仕途坦荡，平步青云。永始元年（前16）4月，已是侍中骑都尉光禄大夫的王莽为新都侯，封地在南阳新野的都乡，食邑一千五百户。绥和元年（前8），王莽三十八岁，成帝提升他为大司马，远远超过班家兄弟，继四位伯叔之后辅佐朝政。

王莽辅政才一年多，成帝暴崩。哀帝即位，尊皇太后为太皇太后。

新帝登基，皇家又增添了新的外戚。于是，太皇太后下诏，命王莽辞去公职回府，让权给哀帝的外家。

不曾想，太皇太后的这道诏令，让哀帝心里很是难过，说大司马如果不能留任，他这个皇帝也不敢主持朝政。太皇太后无奈，只得令王莽重新辅政。

哀帝在位六年,驾崩。元寿二年（前1）九月，九岁的平帝即位。鉴于新帝年幼，仍由太皇太后临朝听政，身为大司马的王莽依旧主持朝政。王莽打算通过文教令天下太平，派遣使者分别到各地访查风俗，采集颂歌。这时候，班穉已经在广平国任职为相，同兄长班伯一样，秩二千石。他秉承家族美德，为官一任，造福一方，但始终不肯称符瑞，颂太平，迎合王莽。大司空甄丰派遣手下驰骑到广平和琅琊，用语言暗示官吏百姓，只讲祥瑞，不讲灾害；并上书弹劾公孙闳在公府大讲灾变，捏造不祥之事，班穉不讲瑞应，都是妒嫉圣政，均为左道，理应重重处罚。知道了整件事的来龙去脉后，太皇太后说道："不宣扬美德，应与大言灾异的人处置有所不同。况且，班婕妤贤德，是后宫楷模，我同情可怜她的家族。"于是，公孙闳被单独投下监狱处死。

虽然班穉并未受到处罚，但公孙闳的结局让他大为恐惧，连忙给姐姐修书一封，加急送往延陵园：

  婕妤姐姐慧鉴：
  一别累月，甚是想念。
  小弟今有一事，急告。
  大司马派使者赴四方查风俗，采颂歌。琅琊太守公孙闳因在公府大讲灾变，被下令处死。小弟没有响应大司马，称符瑞，颂太平，被大司空弹劾。幸亏有太皇太后庇佑，才免遭罪责。时下，为弟虽仍在相位，但整日惶恐，寝食难安，不知何时灾祸再次降临。
  乞请姐姐明示，指点迷津。
  速复为盼！
  恭颂秋祺。

三弟班穉 顿首
元寿二年仲秋

远离皇城，班婕妤时常惦念城里双亲的安康，也盼望远在广平的三弟仕途平顺。突然收到班穉急信，班婕妤的心情，比那年自己无端陷入巫蛊之祸还要焦急万分，当夜便修书一封。

　　三弟台鉴：
　　久不通函，甚是惦念。
　　小弟遭遇，让姐姐想到十数年前的巫蛊之祸。
　　《老子》第四十四章说：名誉和生命相比，哪个更可亲？生命和财富相比，哪个更珍贵？得到名誉和丧失生命，哪个更有害？过分追逐名利，必定要付出更大的代价；过于积敛财富，必定招致更惨重的损失。知道满足就不会受到屈辱，懂得适可而止就不会遇到危险，这样才可以保持长久的安乐。
　　《庄子》秋水篇说：庄子在濮水边垂钓，两位大夫领旨前往，代为传达楚王的意愿，希望将国事委托给先生处理。庄子手把钓竿，头也不回地说，我听说楚国有一只神龟，已经死了三千年，楚王用巾饰包着它装于竹箱，珍藏在宗庙里。对于这只神龟来说，是宁愿死去留下骨骸以显尊贵呢，还是宁愿活下来，拖着尾巴在泥水里爬行呢？两位大夫说，当然宁愿活下来，拖着尾巴在泥水里爬行。庄子便说，请回吧！我也将拖着尾巴在泥水中爬行。
　　为弟之计，不如也来陵园为先帝守陵，我姐弟二人相护相守，共度余生，也可保得班府永久安宁。
　　三弟不必过分焦虑，待姐姐进宫见过太皇太后再做定夺。
　　顺祝时绥。

姐姐　手书
元寿二年仲秋

第二天一大早，这封加急的书信就被送出陵园。

班婕妤也不敢怠慢，随即乘车赶往长安城。

长乐宫，长信殿。班婕妤跪在堂下，给太皇太后叩头问安。

王政君起身，双手扶起班婕妤，充满慈爱地说："好孩子，为何行如此大礼，快快起来说话。"

班婕妤说："妾收到三弟班穉的家书，得知他的一些行事有负皇恩。幸亏得太皇太后庇护，小弟才免遭罪责，妾感激涕零！作为家姐，妾没有尽到教导监督之责，有愧太皇太后多年的疼爱，请求责罚。现在三弟终日自责不已，诚惶诚恐。妾今日来给太皇太后请安，斗胆为三弟求情，能否恩准他到延陵园为先帝守陵。"

说完这些，班婕妤已是满眼泪光闪闪。

虽说操纵权柄数十年，历经风云，心肠坚硬，但王政君毕竟也是母亲，眼见得皇儿昔日的宠妃，自己一直喜爱的贤妃，如今孤守陵园，花容尽失，月貌不再，她很是疼惜。转而又想，班氏作为一朝外戚，家族成员个个谨守儒家礼仪，忠于皇室，从未有过一丝一毫的非分之想、僭越之举。一家之主班况，承受皇恩而不骄横，正值壮年，辞官归家；班婕妤年华三十离开掖庭，来到长信殿侍奉自己，皇儿驾崩，又遵懿旨去往延陵守园；长子班伯一心辅佐皇帝，鞠躬尽瘁，英年早逝；班家如今唯一在朝为官的最小子弟班穉，素来谨言慎行，为官数年，两袖清风。纵观西汉二百年，如此忠诚、守礼、安分的外戚，仅此一家矣！班婕妤的这一请求，她不能不答应。于是和颜悦色地对班婕妤说：

"你不必伤怀，哀家准了你的请求便是。"

"谢太皇太后隆恩！"班婕妤再次跪拜。

收到姐姐的第一封信，班穉的心便安定下来。紧接着又收到第二封信，班穉即刻上书，首先感恩谢罪，然后表示愿意归还相印。太皇太后不但允准了，还让他入朝为延陵园郎，并且依旧享受原有的俸禄。

接到太皇太后的懿旨，班穉才回到家中，将自己的遭遇和现在的归宿告知双亲。对于一双儿女的这番行事，班况很赞同，内心里也甚感欣慰。

《老子》上说：委屈反而能够保全，弯曲反而能够伸直；低洼之处容易充盈，陈旧的东西更好翻新；有所欠缺才能再次获得，贪多之人徒生迷惑。班穉交还相印，标志着西汉的班家子弟彻底离开政治舞台。也正是因为班穉采纳了班婕妤的建议，远离了当朝权臣的视线，才使得班氏家族，在王莽时期虽没有显达，但也没有遭受大灾难。

大汉朝制度健全，帝陵也自有一套机构，上有管理的官吏，下有一般的杂勤、仆役、宫女，全部守陵人员多达五千人左右。陵园作为一个整体，寝园的长官是寝园令，副手是寝园丞，庙园有庙令，食官有食官令。寝园令的副手是文武两人，一位是园丞，协助处理陵园事务；另一位是园长，负责陵园的保护和治安。

以国相之身退守陵园的班穉任园丞，每日晚睡早起，将陵园的各项事务打理得井井有条。上行下效，杂勤、仆役、宫女们也都谨守园规，做事格外勤勉。班穉胸怀若谷，谦让同僚，与园长紧密配合，陵园的上下里外让寝园令省了不少心。那寝园令也是聪明人，深知班家虽已无人在朝，但曾经是皇家外戚，深受恩宠，现在太皇太后对班家子弟依然恩护有加，他对班婕妤从来都是毕恭毕敬，对班穉也是以礼相待。陵园有制度，定时要回长安皇宫，向长乐宫的太皇太后禀报和领旨。这本是陵园令应有的待遇，借机也可亲近朝廷，看望家人。但他时常委派班穉回宫，一来太皇太后看在班家的面子上，会给陵园增添额外的用度，二来班穉心性良善，一定会向太皇太后为自己美言，于寝园令来说，这是一举两得的好事。

班穉的到来，给班婕妤单调的陵园生活增添了色彩和亲情，姐弟二人，闲暇时阅读经书，切磋学问，班婕妤的脸上常常浮现出满足的笑容。

躬亲民间

咸阳二三月，宫柳黄金枝。

蛰居一冬的班婕妤，在三弟班稚的陪伴下走出阙门。

暖风十里，田畴苏醒，农人已经开始春耕。

孩童们领着大黄狗，三三两两，从不远处的村庄走出来，开始在陌上奔跑，嬉闹。

班稚指着远处说："姐姐你看，那些孩子，有不少是陵园里杂勤、仆役的。"

虽然陵园不再建造陵邑，但守陵人家还是要有居住的地方，在通往陵园的道路两旁，错落延展着高高低低的民宅，那都是下层守陵人的居屋。

班婕妤问："他们就这么在外面玩耍，难道都不读书吗？"

班稚答道："都是乡下的孩子，况且，也没有人愿意到陵区来教书。"

班婕妤回想起小时候在府里书馆读书的情景，新奇，快乐。

一个念头，突然闪过脑际。班婕妤对班稚说："三弟，我们在这里办书馆如何？你先教学童识字，待他们学会，再教《孝经》《论语》。我教他们《诗》。"

班稚击掌附和："这太好啦，我怎么就没想到！"

班婕妤沉思一下，又说："延陵毕竟是皇家陵园，你我二人又不事经营，不能办成私学，理应禀告太皇太后，获得朝廷的资助。"

班稚说："一切听从姐姐安排。"

班稚将这一打算讲给寝园令。让守陵人后代有学可求，寝园令自然赞同。在班婕妤的指点下，班稚斟词酌句，拟写奏折，上书太皇太后。

西汉时期，地方官学规制并不完备，中央官学太学却日益发达，武帝朝时太学生只有五十人，到成帝朝末期，太学生已高达三千人。这时的私学也逐渐兴盛，有蒙学性质的家馆和书馆，以识字、习字为主；有专业基础教育性质的乡塾；还有专精研习性质的精舍或精庐。

班氏姐弟的上书送达长乐宫前殿。看到昔日的后宫贤妃、前朝良臣，甘愿放弃荣华富贵，不计较名利前程，虽屈居延陵园，仍能够尽心为皇家做事，愿亲授守陵人后代，使庶民得以教化，太皇太后心中颇感快慰。她欣然批复："《诗》说，'夙夜匪懈，以事一人'。班婕妤，班爱卿，身在帝陵，心向朝廷，自请为师，造福黎民。诏准。"

并吩咐下去，尽快在延陵外建造一处官办性质的书馆。

金秋时节，延陵书馆开学。孩童们欢天喜地坐进学堂。

当年，班婕妤和兄弟们的开蒙读物，是由秦朝三书合并而成的《苍颉篇》。

今时，班婕妤为孩童们指定的开蒙读物，是元帝朝撰写的《急就篇》。

那一年，中秋之夜，元帝大宴朝臣。酒至半酣，公卿大臣开始吟诗助兴。他们并不是自己现场作诗，而是吟诵《诗》的摘章断句，再把其中的微言大义阐发一通。轮到黄门令史游这里，突然停顿了下来。见史游不言语，不少大臣脸上露出鄙夷的神情。

元帝问道："史游，你为何不接着说？"

史游慢悠悠地回答："陛下，臣自知才智低下，无法领略圣贤的深奥道理，故而不敢言语，但臣尊经重儒，天地可鉴。臣深知陛下教化黎民之心，对博士弟子不限员，为读书人广开了门路。然而，地方上的百姓，不能人人都入太学。臣以为，如若能让他们都识字，闲暇之日再读些经书，天长日久，陛下教化黎民的心愿，必将得以实现。"

元帝急问："哪有此书？"

史游便说："回陛下，臣不才，斗胆写了一本。眼下还在完善中。"

元帝命史游立刻取来。

史游呈上书简，元帝一看书名《急就篇》就面浮笑意。全书分为三言、四言、七言韵语，三言、四言隔句押韵，七言句句押韵，非常便于诵读。第一部分包括一百三十二个姓，单姓加两字，复姓加一字，凑成三字句，所加字都是抽象名词、动词、形容词。第二部分"言物"，依次叙述了锦绣、饮食、衣物、臣民、器物、虫鱼、服饰、音乐、形体、兵器、车马、宫室、植物、动物、疾病、药品、丧葬等等，七字为一句。第三部分是职官。全书最后用四字句作结语，内容是歌颂汉代的盛世。

览过全书，元帝甚为满意，当即对堂下众臣说："史游的《急就篇》，正适合幼童开蒙所用，即刻传抄下去，命各郡国官学、私学，均以此书作为范本。"

《急就篇》，就这样成为中国最早保留下来的识字书，一直到唐代，都是最主要的初级教育读本，千字文出现都没有被替代，其中的很多字词，一直沿用至今。

班稺给学童授识字课，先从《急就篇》的三言开始：

宋延年，郑子方。卫益寿，史步昌。
周千秋，赵孺聊。爰展世，高辟兵。
邓万岁，秦妙房。郝利亲，冯汉强。
戴护郡，景君明。董奉德，桓贤良。
任逢时，侯仲郎。由广国，荣惠常。
乌承禄，令狐横。朱交便，孔何伤。
师猛虎，石敢当。所不侵，龙未央。
伊婴齐，翟回庆。毕稚季，昭小兄。
柳尧舜，乐禹汤。淳于登，费通光。
柘温舒，路政阳。霍圣宫，颜文章。
管财智，偏吕张。鲁贺喜，观宜王。

程忠信，吴仲皇。许终古，贾友仓。
陈元始，韩魏唐。液容调，柏杜阳。
曹富贵，君李桑。萧彭祖，屈宗谈。
樊爱君，崔孝让。姚得赐，燕楚庄。
薛胜客，聂干将。求男弟，过说长。
祝恭敬，审母妨。庞赏赣，来士梁。
成博好，范建羌。阎欢欣，宁可忘。
苟贞夫，苗涉臧。田细儿，谢内黄。
柴桂林，温直衡。奚骄叔，邴胜箱。
雍宏敞，刘若芳。毛遗羽，马牛羊。
尚次倩，丘则刚。阴宾上，翠鸳鸯。
庶霸遂，万段卿。泠幼功，武初昌。
褚回池，兰伟房。减罢军，桥窦阳。
原辅辐，宣弃奴。殷满息，充申屠。
夏修侠，公孙都。慈仁他，郭破胡。
虞尊伛，宪义渠。蔡游威，左地余。
谭平定，孟伯徐。葛轒轲，敦倚苏。
耿潘扈，焦灭胡。晏奇能，邢丽奢。
邵守实，宰安期。侠却敌，代焉于。
司马褒，尚自於。陶熊黑，解莫如。
乐欣谐，童扶疏。痛无忌，向夷吴。
闳并䜣，竺谏朝。续增纪，遗失余。

从此，除去祭祀繁盛时的人声鼎沸，车水马龙，冠盖如云，平时的延陵园外，又增添了琅琅书声。

要给学童们讲《诗》了，班婕妤把课堂搬到渭河之滨。清脆稚嫩的童音，盘旋在在渭河上空。

　　于以采蘋？南涧之滨。
　　于以采藻？于彼行潦。

　　于以盛之？维筐及筥。
　　于以湘之？维锜及釜。

　　于以奠之？宗室牖下。
　　谁其尸之？有齐季女。

因为临河而咏，班婕妤选了《国风》召南卷中这首《采蘋》作为第一课。班婕妤一字一句教，学童们一字一句学。然后，她又一句一句释义：

什么地方可以采蘋草？就在南涧的水滨。什么地方可以采水藻？就在积水的那片浅沼。

用什么可以盛放水草？圆的竹筥和方的竹筐。用什么可以煮水草？三足的锜和无足的釜。

哪里可以安置祭品？就在家庙的窗户下面。这次谁来做主祭？是恭敬虔诚的待嫁女。

班婕妤进一步讲，祭祀是商周朝的大事，贵族女子出嫁前，须到宗庙去祭祀祖先，学习婚后的有关礼节。这首小诗，描写的是女奴们的劳动过程。她们为主人家小姐的祭祀采办祭品，整置祭具，设置祭坛，奔走终日，劳碌不堪。

很显然，《采蘋》是讲给女童听的，教导她们从小就要学会为父母分担家务。

班婕妤也为男童们选了《国风》秦国卷的《渭阳》：

我送舅氏，曰至渭阳。
何以赠之？路车乘黄。

我送舅氏，悠悠我思。
何以赠之？琼瑰玉佩。

在当今，男女之间的婚姻有一个雅称"秦晋之好"。但其实，"秦晋之好"，原本代表的是一种政治联姻，是国家之间的联合。

晋武公晚年，娶了齐桓公年轻貌美的女儿齐姜。这个齐姜，与太子姬诡诸私下有情。公元前676年，姬诡诸继位，即晋献公。献公把庶母齐姜娶为夫人，生有女儿伯姬，儿子申生。在后来的秦晋政治联姻中，伯姬嫁给秦穆公为夫人，这便是"秦晋之好"的开端。

与平浅、写实的《采蘋》相比，《国风》秦国卷中这首《渭阳》，内在含义相对深奥些。班婕妤深入浅出，讲得生动易懂。她说，这是秦国外甥秦康公送晋国舅父晋文公回国的送别诗。第一章，写康公送舅父到渭河北岸。离别在即，康公心中有千言万语，一时间又无法尽说。用什么赠予舅父呢？一辆大车，四匹黄马。这里面，有助舅父速回之意，也有晚辈的殷殷祝福，更表明了秦晋两国的政亲关系。第二章，由惜别之情转向念母之思。康公的母亲，即是已经故去的秦穆夫人。甥舅之情，源自母亲，对母亲的思念，又加深了康公对晋文公的情感。用什么赠予舅父呢？自然是"琼瑰玉佩"。君子如玉，康公以美玉馈赠，本意有三，一是赞美舅父的道德人品，二是愿舅父不忘与母亲的深厚姐弟情意，三是提醒舅父是秦国助他重返晋国，入主君位。

班婕妤用这首言简而意深的小诗教诲男童，从现在起，就要有所担当，培养男子汉的家国情怀。

到书馆授课，是班婕妤陵园生活中最开心的一件事。她一生无子嗣，面对单纯无邪的乡野孩童，她的一腔母爱，满腹柔情，袒露无遗。在课间，或在田野，班婕妤会用丝帕，给男童擦净流到唇边的鼻涕，昔日为皇太后梳头的纤纤十指，今日给女童盘结小抓髻……

就这样，西汉皇宫的婕妤娘娘，把民间孩童当作自己的孩子，细心照拂，倾力教养。

有时候，班婕妤也会独自走出延陵园，在附近的陌上漫步，口中不时吟诵喜爱的诗赋。

一日上午，班婕妤正走在阡陌小径。突然，一阵杵声响起。

是从附近的村庄传来。

循着声音，班婕妤来到一处用枝条围起的院子。院中央，一个年轻的妇人正在捣素。班婕妤上前询问，原来她的丈夫就是守陵人，她正在为家人缝制冬衣做准备。

屋子的墙边，摞着一些用葛皮织成的细布和粗布，它们很快就会被裁制成过冬的衣裳。班婕妤拿起其中一块，用手摩挲，感觉粗糙僵硬，厚薄不均，远不及楼烦班府里那些婢女捣得好，她至今还记得婢女们是怎样捣素的。

班婕妤拿着葛布，耐心地对妇人讲："若要织出柔软平展的葛布，第一步，葛麻的皮沤好以后先洗干净，然后放在捣衣石上反复捶打。如此能去掉皮上的杂质，使皮变得柔软，有韧性。第二步，将捣过的皮以清水漂净，再均匀地撕成细丝，这样织出来的葛布才能厚薄均匀，细密紧致。第三步，将葛丝放入略稀的浆水浸一下，晾干，这时的葛丝，一根根的很光滑，便于织梭在织布机上往返。第四步，将织好的葛布折成厚叠，然后横着，竖着，正面，反面，反复捶打，捶打，直到手摸上去感到光滑、软绵为止。这样的布做出来冬衣，穿上才贴身，暖和。"

听了班婕妤这番话，小妇人脸上现出领悟的表情："哦……捣素，原来是这样啊。难怪我织出的葛布不好。这位大姐，我没见过……"

班婕妤微微一笑："嗯，我住在陵园里。"

到了晚上，小妇人将白天发生的事情讲给丈夫听。又说："那个大姐，人长得真好看。她还说了，明年春天，要教我和村里的妇人养蚕。她说蚕吐的丝可以织成绢，做衣裳，夏天穿上很凉快。"听妻子说那位大姐住在陵园里，守陵人张大嘴巴愣在那里，好一会儿才回过神来，又惊又喜地说："她可不是什么大姐，她是婕妤娘娘。你真有福气，娘娘亲自教你捣素。你可不能独自享用，赶快把娘娘教你的这些告诉村里的人。"

　　春日载阳，有鸣仓庚。
　　女执懿筐，遵彼微行，爰求柔桑。
　　　　　　　　　　《诗·国风·七月》

这是一幅令人欢欣雀跃的春行图：

春来了，天气和暖，黄莺儿鸣叫。姑娘们挽深筐，沿小径，轻盈前行，去寻找喂养幼蚕的柔嫩桑叶。

季春之月，班婕妤开始兑现去年秋季的一个承诺。

一日，班婕妤吩咐寝园令，让他告知家住陵园外的守陵人，每户可有一位女眷到陵园来采桑。

第二天清晨，陵园来了一群挽着篮子的村姑村妇。在桑园里，班婕妤告诉她们，这个季节，长安宫中的皇后娘娘会率领后宫妃嫔、百官夫人，到上林苑的先蚕坛"亲桑"，祭蚕神，行先蚕礼。

她还讲了一个蚕神的故事给众人听：

据《山海经》的《海外北经》记载，在北方的荒野，生长着三棵桑树。树身有百丈高，光杆，没有枝叶，一个披着马皮的女子，半跪着趴在树上吐丝，不分昼夜。久而久之，人们将这片荒野称为欧丝之野。

如此美丽的女子，为何身披马皮，化身为蚕？

上古时期，有一个父亲、女儿和小公马组成的家庭。一次，父亲外出远行，许久没有回来，小姑娘只能天天与马儿为伴。她很想念父亲，又很孤单寂寞。那天，她一边逗着马儿，一边漫不经心地说着玩笑话："马儿啊，你若能迎回父亲，我就嫁你为妻。"没想到，那马儿竟是听懂了，不停地蹦跳，挣脱缰绳后冲出马厩，飞奔而去。

不知奔跑了多久，它终于找到男主人落脚的地方。主人看到自家的马，既惊奇，又高兴，还有些担心，以为家中出了变故，马儿是特来报信的。这位父亲日夜兼程，策马回到家中。

见到父亲，小姑娘喜笑颜开，说家中并无事，只是想念父亲，马儿知道了，前去迎父亲回家。听女儿如此讲，父亲更疼惜这匹小公马了，用上好的饲料喂养它。不过，马儿并不大肯吃，整日里情绪低落。但它看见小姑娘，马上又叫又跳，神情异常。父亲感到奇怪，便问女儿："马儿如此，却是为何？"小姑娘才将那句玩笑话告诉父亲。父亲训斥了女儿，也忍痛割爱，将小公马射死在马厩内，剥下的马皮晾晒在院子里。

一日，家里只剩小姑娘，她走到马皮跟前，一边用脚踢着，一边自言自语："马儿啊马儿，你本是畜生，却想讨人做妻了，如今被剥皮，也是自作自受。"小姑娘的话音刚落，马皮突然跳起来，卷起小姑娘，消失得无影无踪。这位父亲找了几天几夜，才在一棵树上找到女儿，发现女儿已经变成一个身裹马皮、前后蠕动的生物。只见它缓缓摇动马头，不断从口中吐出金色的长丝，然后绕到树枝上。后来，人们就称它为蚕，称树为桑。再后来，它被人们尊为蚕神。黄帝打败蚩尤以后，蚕神奉献上自己吐的丝，以庆贺他的胜利。亲眼看到蚕神不断地吐出金丝和白丝，黄帝大为感动，派人把蚕神送给发妻螺祖。作为人间最尊贵的天后娘娘，螺祖开始养蚕，人民也纷纷效仿。

　　班婕妤一边讲述先蚕礼的程序，一边教她们如何采摘桑叶，回去后如何养蚕。日上三竿，人人都摘了一大篮，拿着班婕妤分给的幼蚕，兴高采烈出了陵园。

　　村姑村妇们时常进陵园采摘桑叶，给班婕妤讲述蚕儿生长的情况，班婕妤也随她们到各家各户，现场解决蚕儿出现的一些问题。在班婕妤的指导下，蚕儿被勤劳的村姑村妇养得白白胖胖，个个吐丝，结茧。然后，班婕妤又手把手教会她们缫丝技术，最终将千千丝织成洁白的绢。满心欢喜的村姑村妇做了手工送给娘娘，以表达感谢之意，班婕妤收到厚厚的一摞绢帕。

　　为了守陵人家生活得好，班婕妤鼓励他们种桑，让妻女养育更多的蚕儿，织出的绢由陵园收购。几年之后，延陵园四周，方圆几里，处处可见桑林成片。阳春三月，《诗》里的景象出现在咸阳原上：

　　　　十亩之间兮，桑者闲闲兮，行，与子还兮。
　　　　十亩之外兮，桑者泄泄兮，行，与子逝兮。

　　一代才女、西汉贤妃班婕妤，身居帝陵，躬亲民间，教孺子于学堂，授生计于桑林。清风明月下，苍天厚土间，她，无疑是渭水北岸一道奇绝的风景，并成永恒。

　　君看今年树上花，不是去年枝上朵。
　　如花美眷，寂寞流年。咸阳原上，晨昏交替二十载，昔日未央宫花开正好的班婕妤，年逾六十，红颜尽老，青丝落雪，体弱病起。
　　天凤年间。
　　那一年，不知是海棠铺绣的春，还是藕花满湖的夏，抑或是菊蕊独迎枝的秋，更有可能是寒梅点缀琼枝腻的冬。冥冥之中，班婕妤似乎听到，成帝的呼唤声愈来愈近……

某一日，晚间，掌灯时分，寝殿。班婕妤拖着羸弱的病体，为成帝换上全新的床上用品。

再来到便殿。

对着成帝的象征物，班婕妤深深施了一礼。沉静地说："今晚，是妾最后一次为陛下弹琴了。"

净素手。焚香草。《诗》"四始"，《诗·小雅·鹤鸣》，屈原的《湘夫人》，班婕妤不停歇地弹着，弹着。

当弹到最后一句，"时不可兮骤得，聊逍遥兮容与"，弦断，音绝。

夜正深。

一弯淡月，清愁似织。

班婕妤已经筋疲力尽，在贴身侍女的搀扶下，挣扎着回到自己的居所。她示意侍女打开那个陪嫁的箱子，取出红嫁衣，为自己穿上。对镜梳晚妆，侍女忍着泪水，将婕妤娘娘花白的头发盘成发髻，再插上那对凤鸟玉簪。

静静地，班婕妤合衣躺在床上。

红嫁衣的杜若之香，在房间弥散，弥散。

昏暗的烛光里，班婕妤仿佛看到，昔日情景，排山倒海一般向自己涌来——

最后一次在长乐宫的园子里，跪在皇太后的脚下。

未央宫，温室殿，向大殿上的成帝拜别。

增成舍，与成帝对弈：

"张放总是输给朕的。这一点上，爱妃，你不如他。"

"那是张侯要讨陛下的欢心，刻意为之。"

夜赴宵游宫，独舞后：

"爱妃呀，朕没想到，你的舞姿竟然如此曼妙。"

"陛下，妾是山鬼吗？"

"爱妃不是山鬼，朕也不是灵修。"

"那陛下会一直宠爱妾吗？"

"朕对爱妃的宠爱，与天地同在。"

在掖庭，第一次与成帝执手相拥。

出嫁。离家。楼烦班府门前，泪洒母亲怀。

父亲来自长安的家书："女儿，你将出阁，爹爹送你一言，务必谨记。老子曰：我有三宝，持而保之。一曰慈，二曰俭，三曰不敢为天下先。"

"妹妹，抓紧！"后院，传出兄长班伯欢快的声音。

……

第七章 典范：贤才通辩，泽被千年

德传四海
才荫两代

有德有言，实惟班婕。

——魏·曹植《班婕妤赞》

时光深沉，如江如海，不知埋葬多少宫廷风云、宦海沉浮、市井悲欢。时光亦温柔，翻山越岭，跋涉千年，尚留遗韵在人间。

陕西省咸阳市北五公里处的渭城区周陵乡严家沟村，岁岁播收的田野间，西汉延陵成帝的陵冢，茕茕孑立。如今，延陵虽然只剩封土，独自苍凉，然而一直以来，却享受着四季烟火环绕带来的世俗温暖。距延陵东北处六百米，便是传说中的班婕妤墓了。皇家怜惜，将班婕妤葬在汉成帝陵冢一侧，实现了她生前的唯一夙愿：

"愿归骨于山足兮，依松柏之余休。"

一如物质可以不灭，精神，才情，同样可以不朽。

德传四海

"在表现言辞上,诗胜于画;在表现事实上,画胜于诗。"

这是15世纪中叶欧洲文艺复兴时期,大艺术家达·芬奇说过的一句很精辟的话。

古老的中国礼教文明,早在公元前22至11世纪之间,就已经证实了达·芬奇的论断。

夏商时期,绘画属于礼教范畴。商朝初年,宰相伊尹画九主的形象,用来劝诫商王成汤;中兴君主武丁,命人画自己梦中的宰相,并以此像求贤。周代继承夏商,对绘画重视有加,专门设置官吏予以掌管。帝王功臣是周朝最为流行的绘画题材,他们被"绘像于明堂之墉",《孔子家语·观周》就记录了孔子不远千里前往宗周观礼的史实。在周朝,孔子观看明堂。明堂四个大门内的墙壁上,画满尧舜和桀纣的图像,各自有着善恶不同的模样,配有国家兴废的诫言。还有周公辅助成王,抱着年幼的成王背对象征王位的屏风,面向南面接受诸侯们朝拜的图像。孔子在明堂徘徊,张望,良久。然后对随从的弟子说:"这就是周之所以能够兴盛的原因啊。明镜是用来观察自己的容貌的,思考过去的事情,是为了更好地了解当今的事情。"

汉朝是儒学集大成的朝代,也是礼教绘画最为盛行的朝代。三代以来的帝王、功臣、贞女、烈士以及贤愚成败者,被画在墙壁、屏风和缣帛之上,广见于宫殿、官衙、祠堂、庙宇、住宅,乃至地下墓室,班婕妤的《自悼赋》里就抒写过"陈女图以镜监兮,顾女史而问诗"的宫廷生活。

在未央宫的那些岁月,班婕妤从自古流传下来的图画中接受教化,以古礼约束自己。她不会想到,未来某一天起,后人也开始从她的画像中得以教化。

写到这里，一定要提及一个人——南朝宋武帝刘裕的侄儿、袭封临川王刘义庆。

彭城（今江苏徐州）人刘义庆，是南北朝文学家。他组织一批文人编写的《世说新语》，又名《世说》，是中国魏晋南北朝时期"笔记小说"的代表作，也是最早的文言志人小说集。此书内容丰富有趣，自汉魏至东晋，士族阶层的言谈、轶事，均有涉猎，字里行间，弥漫着士大夫们的思想、生活和清谈之风。

书中有一则记录：

> 汉成帝幸赵飞燕，飞燕谮班婕妤祝诅，于是考问。辞曰："妾闻死生有命，富贵在天。修善尚不蒙福，为邪欲以何望！若鬼神有知，不受邪佞之诉；若其无知，诉之何益！故不为也。"

很显然，这是某一日，某士大夫以《汉书》为谈资讲的一段汉事，被某文人记录下来，并不足为奇。引人注目的是，这段记录，被编撰在《世说新语》的"贤媛"篇十九里，排在王昭君后面，位居前三。

让我们猜测。或许，自从有了"贤媛"的定位，班婕妤便从一个聪慧机敏的后宫妃嫔，逐渐升华为中国古代女性的道德楷模。关于她宫苑辞辇的故事，也是从这时起，逐渐以图文的形式传播开来。

班婕妤被以人物画的形式，与远古至战国时代的贤德后妃并列，见诸于帝王的宫殿之壁，用以教化后人，当始于三国时期。

何晏是曹魏大臣，玄学家，曾经写过一篇著名的赋文《景福殿赋》。魏明帝曹睿想要东巡，又不堪夏季的炎热，于是令人在许昌建了一座宫殿，命名为"景福"。宫殿建成，明帝命人作赋以记，何晏便作了此赋。对于殿中的绘画人物，《景福殿赋》里作了如下描述：

> 图象古昔，以当箴规。椒房之列，是准是仪。观虞姬之容止，知治国之佞臣。见姜后之解佩，寤前世之所遵。贤钟离之谠言，懿楚樊之退身。嘉班妾之辞辇，伟孟母之择邻。

如果说，《景福殿赋》是宫廷应制之作，传播有限，那么，被后世奉为人物画圭臬的《女史箴图》，可谓是流传千古、闻名中外了。

东晋画家顾恺之的这幅旷世之作《女史箴图》，基本脱胎于西晋文学家张华所撰的《女史箴》一文。

张华不仅是西晋的文学家，还是一位政治家，在武帝、惠帝两朝为官，一度曾经官至中书令，相当于一国宰相。晋惠帝无能，国家大权被皇后贾南风独揽。张华为官正直，遂以流传下来的《列女传》为蓝本，将历代贤姬的事迹用韵文的形式作成《女史箴》，以女史的口吻写出宫廷的规箴，希望贾氏能以此为鉴戒。

就像规矩永远都是给守规矩者立的一样，《女史箴》并没有受到贾南风的重视。她野心勃勃，排除异己，通过各种手段把持朝政，最终激起司马氏皇族的不满，于公元300年被赵王伦起兵所杀。在这场宫变中，受贾南风重用的张华未能幸免。

张华死于朝乱，但《女史箴》名噪当时，被称是以"苦口陈箴，庄言警世"。后来，随顾恺之的《女史箴图》流传下来。

《女史箴》原文共十二节，依据其内容，《女史箴图》长卷亦分为十二段。前三段已经湮灭于时光之中，现存有九段。卷中的每一段画面都相对独立，各有箴文。"班姬辞辇"的箴文说："班婕有辞，割欢同辇，夫岂不怀，防微虑远。"

班婕妤的后妃之德，令人动容。

顾恺之的《女史箴图》，真迹早已亡佚，只有若干流传已久的摹本，故宫里就藏有宋代的摹本。

摹本中,最为精美的出自唐人之手。据说,神韵最接近原画。

这件唐摹本《女史箴图》,绢本设色,横卷,纵二十四点八厘米,横三百四十八点二厘米。凭借丰富的历史人物内容,得益于顾恺之"春蚕吐丝,流水行地,以形写神,皆出自然"的高超绘画技巧,《女史箴图》曾被皇家和文人墨客争相收藏,分别押有宋、金、明、清内府藏印,也不乏明清收藏者的私人鉴藏印。清朝乾隆皇帝对这幅画喜爱至极,亲手加了题跋和手绘兰花,加钤三十七个收藏章,收藏在故宫静怡轩。乾隆去世,《女史箴图》一直收藏在建福宫花园。慈禧太后时期,又被移往颐和园。1900年,八国联军侵略中国,驻扎在颐和园的英国军官克拉伦斯·约翰逊趁乱将《女史箴图》盗走,1903年入藏大英博物馆至今。

第二次世界大战期间,英国政府为感谢中国军队在缅甸解除日军之围,曾有意把顾恺之的《女史箴图》作为谢礼,归还中国,同时欲赠的还有一艘潜艇。不知是不是英方故意为难,要求对方接受的条件是,二择一。

或许是被西方的坚船利炮打怕了,当时的中国政府选择了潜水艇。

于是,这件传世国宝《女史箴图》,便永久性地定居海外了。

也从此,唐摹本《女史箴图》进入公共领域,名声与日俱增,成为世界名画。

2016年,谷歌艺术中心将《女史箴图》作了图像采集。这一人类文化瑰宝,开始通过网络向全球展示,班姬辞辇的故事,也随着高科技的翅膀飞翔到世界各地。

古人云:治天下,首正人伦;正人伦,首正夫妇;正夫妇,首重女德。

大唐名臣魏征在《群书治要》的首序中也讲:"至于母仪嫔则,懿后良妃,参徽猷于十乱,著深诫于辞辇……"意即那些具备贤淑女德的皇后妃嫔,以美好的修养进入辅佐治国的贤臣行列。他特意提及班姬辞辇的典故，阐明女德对君王治国有辅助作用。

乾隆执政六十年，是清朝在位时间最长的皇帝，也是中国封建社会最注重绘画礼教功能的皇帝。他不仅自己收藏《女史箴图》，还以其中最著名的故事来教化后宫妃嫔和皇家公主。

紫禁城的东西六宫是乾隆后宫妃嫔居住区，永寿宫是西六宫中第一宫，为两进院。前院正殿，殿内高悬乾隆帝御笔匾额"令仪淑德"，东壁悬出自乾隆御笔的《圣制班姬辞辇赞》，西壁悬摹本《班姬辞辇图》。皇帝亲自为班婕妤辞辇之举作赞，足见乾隆对班婕妤后妃之德的看重。

永寿宫距离慈宁宫、养心殿最近，屡屡被作为皇家筵宴的场所，公主下嫁也在这里宴请女眷。乾隆三十七年（1772），和硕和恪公主下嫁，乾隆五十四年（1789），最心爱的小女儿固伦和孝公主下嫁和珅之子，乾隆帝都在永寿宫设宴。筵宴上，还有宫廷乐舞演奏，喜庆气氛，一时盈宫。

在皇家女眷时常聚集的永寿宫，乾隆命人悬挂两件与班婕妤辞辇有关的书画之作，意在告诫自己的后妃和公主，女德的高贵之处就在于，上可佐国君，下可助人夫。从中，也可看出大清皇帝的良苦用心。

如今，这两幅作品依然悬挂在永寿宫。每日跨过故宫巍峨壮丽的宫门，潮水一般涌入各大宫殿参观的人，上自高官，下至百姓，难以数计。在惊叹紫禁城的宏伟建筑、珍宝古玩之时，在津津有味聆听讲解员讲述曾经发生在后宫的稀奇故事之际，他们，有没有留意过永寿宫的《圣制班姬辞辇赞》和《班姬辞辇图》？

东汉辞赋家王延寿，游鲁国时曾作《鲁灵光殿赋》，他从殿内壁画中得出结论："恶以惩世，善以示后。"

为国昌盛，为家兴旺，时至今日，由"班姬辞辇"演绎出的微言大义，仍不失为我们修身、齐家、治国、平天下的精神营养。

如果说，东晋顾恺之的《女史箴图》是存世最古老的宣扬女德的人物轴画，那么，20世纪60年代，从山西省大同市石家寨村出土的太和八年（484）墓葬——北魏司马金龙墓中的红漆屏风，应该算是我们见到的最早宣扬女德的木板漆画。

司马金龙是晋皇族的后裔，与鲜卑贵族通婚。司马氏在北魏袭爵作官，备受宠信，死后获赠大将军、冀州刺史、谥康王封号。司马氏的墓葬规模宏大，陪葬有大批穿胡服的陶俑、石雕柱础、石棺床及生活器具。

这些丰厚的陪葬品中，制作精美的木板漆画屏风最为醒目。漆画被安置在相当大的漆面上，表现了色彩富丽、真实生动的各类图画，边框装饰极为精美。现存五块较为完整的漆画,每幅约长八十厘米,宽二十厘米,两面绘制，分上下四层。画面以朱漆髹底，线描勾勒人物，墨书榜题。画面内容沿续汉代以来帝王将相、列女、孝子等传统故事，列女图有十六幅，画中主要人物附有榜题。其中的一块漆画上，第一层六个人物，描述的是帝舜恪守孝道的故事；第二层三个人物，是周太王妃太姜、周武王母太姒、周文王母太任的立像；第三层两个人物，是鲁师春姜及春姜女像，第四层六个人物，是班婕妤婉辞成帝同辇的故事。

不像顾恺之作《班姬辞辇图》，在辇中的汉成帝身边附会出一名女子，木板漆画《班姬辞辇图》，严格遵循《汉书》中的描述。画中，四个宫人抬着一具坐辇，独坐辇中的汉成帝，转身朝向班婕妤。班婕妤表情矜持，双手拢在长袖内，衣袂飘举间，一面款款而行，一面从容讲言，婉拒邀请，并规劝皇帝。

贵为皇族后裔的司马家族，能以《班姬辞辇图》列为陪葬品，那可想而知，他的府邸也一定有此类壁画悬挂在堂，用以教化府中女眷。由此推测，在皇亲贵胄之家，《班姬辞辇图》应该是屡见不鲜的了。

光阴流转，沧海桑田。有些人事，会在悠悠岁月里永远消失；有些人事，却在其中反复出现，以不同的姿态惊醒时人。

北宋时期（960～1127），《列女传》受到朝野的广泛重视，再加上雕版印刷的普及、兴盛，《列女传》出现了多种刻本。其中，嘉佑年间王回编撰的《列女传》最有名。而南宋嘉定年间，蔡骥在王回定本基础上整理刊印的《烈女传》最权威，"成为从南宋至明清的各种版本之所本，而刘向的祖本，反而不可考见了"。王回整合刘向《列女传》的同时，又将后人羼入的二十传，以时间为序，专辟成《续列女传》。如此一来，班婕妤的宫廷生涯，也得以独立小传《班女婕妤（续〈辩通〉第十七)》的形式列入其中，流传后世。宋代以后，各类版本的《列女传》如有插图，都会取"班姬辞辇"这一情节来描绘。清代翻刻宋刻本的《列女传》，其中的插图就比较著名，明代的《闺范》也享有小誉。

不分国籍，莫问种族，人类最大的共同点，当是重道德、守礼仪。《续列女传·班女婕妤》中赞道：

<blockquote>
班婕妤辞谢同辇的要求，是具有周宣姜后的礼让；进献李平与自己同列，是具有楚庄樊姬的仁德；消除求神降祸的谗言，是具有卫姑定姜的智能；请求共养于东宫，是具有陈寡孝妇的品行。至于她作赋抒情，哀愁而不过于悲伤，是归于天命又不怨天尤人。
</blockquote>

这样的贤妃，这样的美赞，在明朝时期，15世纪初年，被波涛汹涌的东海推送到朝鲜。《朝鲜王朝实录·太宗》4年（1404）里面，就有从明朝引进五百本《列女传》的记录。

一百年之后。

"近来妇女们的礼仪很紊乱，到了无所不为的地步……但是，《三纲行实图》是几个特殊人物的出色表现，普通百姓和妇女难以学习。因此希望，日常生活中最迫切的部分，如《列女传》译成韩文后发行。"

以上这段话，出自朝鲜中宗时代弘文馆所宣告的内容。

"十分得当。执行下去。"

中宗的回复，出自《朝鲜王朝实录·中宗》12年（1517）6月27日的记录。当时，朝鲜正遭遇道德危机，作为应对方案，朝廷计划把《列女传》翻译成韩文，然后在全国颁布。

直到中宗38年（1543），遵照王命，才将汉文版《列女传》翻译成韩文。这本朝鲜初期的《古列女传·谚解本》共四十页，有十三幅描述具体内容的图画，每个故事均有一幅画开头，之后是汉文和韩文。

《古列女传·谚解本》中，还录有与《列女传》有关的朝鲜王室逸事。实录中，世宗说道："已经命人教奉氏《列女传》了。但是她竟敢还作出如此粗鲁的行为，岂能符合儿媳妇的道理！"原来，第二个太子妃纯嫔奉氏，整日里沉迷于饮酒，还陷入令人不齿的同性恋。为了让奉氏具备合乎皇家规范的伦理观，世宗让她学习《列女传》。

犹如东汉之后，《列女传》由宫廷传入民间，从中宗时期开始，《古列女传·谚解本》也逐渐经由王室进入朝鲜民众家中。

我们尚不知道，文字版的《列女传》还曾经流布到哪些国度，但可以想到的是，但凡读过《班女婕妤》的人，一定会被她的贤德行为所感动。

有一句类似的话，现在非常流行：停下来，等一等，等等落在后面的灵魂。

人类社会发展到今天，尖端科技空前发达，物质生活空前富裕。冷眼旁观，天下熙熙，皆为利来；天下攘攘，皆为利往。人们在利益的路上走得匆忙，丢失太多独属人类的东西。其中，就有专属于我们的中华传统礼仪和道德文明。

传统礼仪，道德文明，是国之瑰宝，与天地同贵。

才荫两代

"家有赐书，内足于财，好古之士自远方至，父党杨子云以下莫不造门"。

读到《汉书·叙传》中这句话，似乎能看到班固书写至此脸上的神情，既得意，又自豪。

当年，士子们到京城游学，蔚然成风，其中不乏班婕妤两位弟弟班斿、班穉的远方友人。身为后辈，班府高门前川流的车马，府内大堂通明的灯火，班固自然不可得见，都是置身其中的父亲班彪讲给他听的。

中国的游学，起源于先秦时代，标志性人物是孔子。山东嘉祥境内出土的汉画像石上，就有孔子拜见老子的图画。

孔子拜见老子，最著名的故事就在《庄子》一书里。孔子在屏蔽处，等候老子将刚洗过的一头长发由风吹干。见面后，孔子请教老子，游心于宇宙之初、万物之始是什么样的状况，到达此境界的方法是什么。对谈结束，孔子走出老子住所，把见到老子的情况告诉颜回，感叹地说："我对于道，就像瓮中的小飞虫对于瓮外的广阔天地一样啊！如果不是先生的启发，我还真不知道天地的大全。"

到了汉朝，儒学独步天下，读书人纷纷效法祖师爷孔子，游学之风更为盛行。

班氏家族，从班况起开始亲近儒学，到班彪已是第三代。虽然家中皇室图书秘副，数以千计，子弟们一贯勤学，手不释卷，但班斿却认为，读书万卷，不如行步千里。作为班府第一代史学家、编辑家，班斿曾奉皇命校雠先秦典籍，对孔子周游列国的嘉行最为熟悉。他不奢望下一代能从游学中获取功名，惟期望他们能在游学中，获取家国大事和社会知识，开阔胸襟，调节心境，增强体质，切实践行儒家先贤的游学精神。就在天下好学之士蜂拥京城的时候，班斿反倒让十六岁的儿子班嗣，带着堂弟班彪，离开京城，四处游学。

更始帝朝，始建国四年（12），春回大地。

一个吉日，班府两个翩翩少年郎，轻车简从，跨过灞水桥，直奔孔子的故乡鲁国。然后，一路南下，风雨无阻。

离京游学那年，班彪刚满十周岁。

直到腊月里，班嗣，班彪，才在漫天飞雪中回到京城。

暂且不说，堂兄弟二人，一年里拜见了多少贤能，获得了多少才学，又遭受了多少磨难，单单是他们对人对事所呈现出的崭新态度，就足以令身为父亲的班斿、班稺惊喜不已。

上有父母在高堂，下有儿孙绕膝旁，无疑是人生一大乐事。班婕妤一生没有子女，但她依旧可以享受天伦之乐。在延陵园，班稺行动相对自由，经常回长安班府看望父母，时不时带班嗣、班彪两兄弟到陵园来，让他们与婕妤姑母欢聚。侄儿们带来祖母做的姑母爱吃的家常菜，也带来尘世最美好的欢乐与笑声。班嗣、班彪都在上学的年龄，每次侄儿们到来，班婕妤总是先询问他们的功课，然后给他们讲述宫里的一些人和事。

很多年之后，班彪还记得姑姑说到汉成帝时欣喜的表情，言语间充满赞美和敬慕："先帝十分注重仪表。上车正立，不左顾右盼，不疾言厉色，不指手画脚。临朝严肃深沉，如同神明，称得上是端庄盛美的天子容仪……"

那时，小小的班彪，只是聚精会神地听姑母讲述，根本不会想到，有一天自己会把这些写到史书里。

在少年班嗣、班彪眼里，他们的婕妤姑母，美丽，高贵，神秘，和蔼，有学问。平时读书遇到疑难之处，去陵园后也要求教于姑母。不过，自从游学归来，两兄弟似乎一下子就成熟了，开始托长辈给姑母带去求教书信。

一日，班穉带回班嗣、班彪写给姑母的一封信札。大意是：前些日，宫中一位大人来家里，查阅"秘副"。正好有几位远道而来的史学前辈也宿在府里，他们围炉煮茶，相谈甚欢。那位大人很是风趣，闲聊之间，给前辈们说起皇家的家书，说元帝写给赵婕妤的书信，辞藻华丽；成帝写给赵婕妤的书信，朴素平实。侄儿有幸，在场听到。二帝书信，措辞不同，敢问姑母，谁更为上？

读完最后一句，班婕妤忍不住微微一笑，似乎看到两个侄儿为元成二帝书信的写法，各执一词、争执不下的样子。

在掖庭时，班婕妤并没有见过元帝写给后宫妃嫔的书信，倒是成帝给她看过写给赵飞燕的《赐赵婕妤书》。信写得简洁，班婕妤还记得内容：

> 问飞燕赵婕妤，夫人有诚，必应以实；愤懑充中，必行于色。《诗》云："鼓钟于宫，声闻于外。"犹此言之真伪之效难以欺矣。夫君子贵素，文足通殷勤而已，亦何必华辞哉！

当时，班婕妤并没有特别留意成帝书信的风格，侄儿们这么一问，她才开始细细琢磨。想起《老子》八十一章开篇的一句话："真实的言语不华美，华美的言语不真实。"班婕妤认认真真给侄儿们写了回信。

她在《报诸侄书》中写道：

> 记言属见元帝所赐赵婕妤书以相比。元帝被病无惊，但锻炼后宫贵人书也，类多华辞。至如成帝，推诚写实，若家人夫妇相与书矣。何可比也？故略陈其长短，令汝曹自评之。

班婕妤是一位温和开明的长辈，她先亮明自己的观点，两帝家书，风格迥异，没有可比之处。然后鼓励侄儿们，在为学上可以不拘一格，自由讨论。

南朝时的文人，热衷于辑录历代妇女的事迹、言语和作品，班婕妤的《报诸侄书》，最早收录于南朝殷淳所撰《妇人集》。岁月久远，殷本《妇人集》早已亡佚，《报诸侄书》有幸被《太平御览》收录，才得以保存下来，流传至今。

如今的《报诸侄书》，或许只是断简残篇，但我们仍然能够分辨得出，这是一封家书，但又不是普通的家书，对元成二帝书信体散文风格，班婕妤提出了自己的文论观。"类多华辞""推诚写实"，既是对元成二帝书信风格的高度概括，又是对人品即文品的经典性注解。《汉书》中元成二帝《本纪》的赞辞，堪称是对班婕妤以上品评的一个有力佐证。元帝多才多艺，"鼓琴瑟，吹洞箫，自度曲，被歌声，分刌节度，穷极幼眇"，行文必然热情华丽；成帝善修容仪，"升车正立，不内顾，不疾言，不亲指，临朝渊嘿，尊严若神"，下笔必然冲淡严谨。"何可比也"四个字，赫然表明班婕妤的审美意向，更钟情于成帝《赐赵婕妤书》中所表达的"何必华辞哉"！

被后世称作"婉约之宗""词后""词圣"的宋代女词人李清照，曾于南渡之前作过一篇《词论》，提出词"别是一家"的说法。后世学者称赞，《词论》为"妇女做的文学批评的第一篇专文"。近年有女性学者认为，班婕妤的《报诸侄书》，作为"中国古代妇女见诸载籍最早的一篇文学批评专论"，早于《词论》千余年。如此一来，中国古代妇女的文学批评史被前推了上千年。

《报诸侄书》对中国文学的贡献，两千年后的今天才被研究者首肯，而对班氏家族的影响，在班嗣、班彪一辈中即见真章。

班婕妤的两个侄儿，一同在秘书副本中汲取先秦的文史精华，一同走

245

出京城，游学四方。不过，两兄弟的志向、情趣和追求却截然不同。

班氏，第一代班壹是边地新兴豪门，第二代班孺是州郡歌之的任侠。从第三代班长开始，班氏逐渐收敛了祖辈的恣意排场和父辈的任侠行为，开始走上仕途。到了重返国家政治中心的第五代班况，班氏华丽转身，从豪族蜕变为仕宦之家。汉成帝朝崇尚儒学，在父亲班况的引导下，班氏第六代的班伯、班婕妤、班斿和班穉，身为帝妃，朝臣，齐心向儒，研读五经，班氏家族从此转化为经学之家。班嗣、班彪是第七代，从这时起，班氏文学和史学进入了自由发展的状态。

所以，虽然承继家风，班嗣、班彪都接受了主流的经学教育，不过最终，班嗣还是选择了老庄之学，以求其真。

班府的皇家赐书，吸引了西汉末、东汉初的众多学人。东汉哲学家、经学家桓谭曾修书一封，向班嗣借阅道家书籍。面对博学多通、遍习五经的学界前辈，秉性耿直的班嗣率然回复《报桓谭》书信一封。大意是：

> 庄子那样的人，绝圣弃智，修炼生命，保养真气，清静淡泊，归万物于自然，只有师友之间相互影响，而不被世俗力量所役使。在山壑间垂钓，天下万物难以干扰他的心志；隐居在一小山中，天下万物不能改变他的安乐。不受周公、孔子的束缚，不为君王赐予的爵禄所诱惑，放纵躯体，放任心志，谈论的人难以给他命名，因此非常宝贵。如今，你已经套上了仁义的羁绊，系上了声名的缰锁，已经信服了周公、孔子的主张，传扬颜回、闵子骞的精华。既然已经服膺儒学教化，又何必用老庄的大道自我炫耀？过去，有到邯郸学走路的人，不但没有学成，反而忘掉了原来的走法，于是，只好爬了回去！我担心你也会那样，故而不把书借给你。

班嗣的回信，直抒胸臆，一气呵成。他的原文，句式长短参差，骈散交替，自我性情灌注其间，文采恣意飞扬，显示出崇尚道家之学的随意与洒脱。

而班彪，虽完全奉行儒术，却独独醉心于史籍。

班彪二十多岁时，正值更始败逃之际，京城附近大乱。当时，隗嚣身为国士，带领众人在天水（今甘肃天水）起事，班彪跟着他避难。刘秀建立东汉政权后，作为隗嚣的谋士，班彪曾当面规劝他归附新帝，但隗嚣听不进去班彪的建言。

面对隗嚣的一意孤行，又感慨天下混乱，争战不息，班彪遂作《王命论》。其中言道：刘氏上承帝尧之帝统，刘氏氏族世世代代，显名于史书。唐尧火德，汉王朝也续接为火德，开始在沛县的大泽起兵，神母夜间嚎哭，以彰显赤帝的符应。这段话表明了一个意思：汉德是继承唐尧，有灵验的王符作证，王者登上宝座，不是凭欺诈能成功。

班彪想用这些言论来感动隗嚣，可是隗嚣始终不肯觉悟。

就在隗嚣决心走割据之路的前夜，唯恐惹祸上身的班彪，避走河西，投奔到河西大将军窦融麾下。

窦融与班彪有同乡之谊，素来看重班彪的才学，起用他作从事，以师友之道，恭敬相待。班彪不负重用，尽心竭力，为窦融出谋划策，起草奏章，二人共同敬事汉廷。

在窦融的辅助下，光武帝刘秀扫平隗嚣、公孙述。之后，班彪又说服窦融交出兵权。光武帝为奖赏窦融，封他为安丰侯，召回京城洛阳。

长久以来，对于窦融从河西报回京城的奏折，光武帝一直欣赏有加，君臣刚刚见面，光武帝开口就问："爱卿所上奏章，是谁与你参谋？如此富有文采！"

窦融如实答道："都是我的从事班彪所为。"

光武帝一向听到班彪很有才干，即刻召见他，举为司隶茂才，封为临淮郡徐县县令。

因身体有恙，班彪并没有就位。

其实，班彪的不就位，有着更深层次的原因。处在西汉末大动乱之际，班彪目睹无数的生死祸福，看过太多富贵贫贱迅速转化的悲喜剧，作为时代顶尖的历史学家，他对世事变迁、人生价值有着比常人更深的体悟。班彪随了婕妤姑母的秉性，笃信孔子的"死生有命，富贵在天"，对个人的名利前程，以一颗平常心，坦然面对。他终日埋首于古代历史文化，专注于西汉历史研究，探索国家的前途命运，诠释光怪陆离的人生遭际……安之，乐之，也迷之，对于官位利禄，虽不能像道家隐士，弃之如敝履，但绝不会舍命追求。

淡泊如此的人生态度，恰恰成就了班彪。

当年婕妤姑母在《报诸侄书》中，称赞汉成帝的书信风格"推诚写实"。这种出自家族长辈的启蒙教育，成年后醉心于史籍的班彪，一直铭记在心。在《前史略论》中，他也用类似的词语评价司马迁和《史记》："他善于叙述事理，文笔畅达而不华丽，质朴而不粗野，文质相称，不愧为良史之才。"

一个是"推诚写实"，一个是"文质相称"，前者是文评专论，后者是史评专论。表面上看，两者论及的是文史两个领域，但实质上却是那样的珠联璧合，如要写史，必先要"推诚写实"，方能达到"文质相称"。从中不难看出，祖孙两代，文论，史论，一脉相承。

让我们再白话一下《前史略论》的精彩片段：

唐虞三代，据《诗》《书》的记载，每代都有史官管理经典著作。到了诸侯各国，每国都有历史。所以《孟子》上才说：

"楚国的历史叫《杌》，晋国的历史叫《乘》，鲁国的历史叫《春秋》，他们记载历史都是一回事。"鲁定公、哀公的年代，鲁国君子左丘明收集当时的历史，作《左氏传》三十篇，又根据各种不同的材料，写成《国语》二十一篇。从此，《乘》和《杌》的事就不再流传，而《左氏》《国语》就得到人们的重视传习。又有记录黄帝以来至春秋时代帝王公侯卿大夫事迹的书，叫作《世本》，共十五篇。

春秋之后，七国纷争，秦国吞并诸侯，就有《战国策》三十三篇问世。汉朝兴起，平定天下，太中大夫陆贾记录当时情况，作《楚汉春秋》九篇。孝武皇帝的年代，太史令司马迁采集《左氏》《国语》，删削《世本》《战国策》，根据楚、汉列国时事，上自黄帝起，下至太始年间，作本纪、世家、列传、书、表……司马迁的《史记》，从汉朝开国记到武帝时绝笔，这是他的功绩。至于采取经传，搜罗分散于百家的材料，很多粗疏简略之处，不如原来的真实详细，他是以多闻广载见长，论议肤浅而不厚实。他论学术就推崇黄帝、老子，轻视五经；写货殖传就轻仁义，以贫穷为耻；写游侠之士，就轻视那些节烈的人，推崇世俗建功之士。这些就都是大毛病，有伤正道……以往那些百家的历史书籍，都有可取之处。如《左氏》《国语》《世本》《战国策》《楚汉春秋》《太史公书》，读了之后，今天的人能够知道古代历史，后世的人可以知道前代的事，实在是圣人的耳目呀。

有了班彪的《前史略论》，史学在中国学术文化史上才单独成为一个学派，这是继司马迁"欲成一家之言"后的一个创举，对后世史学者的著书立说有着深远影响。

班彪对家族最大的贡献，就是依仗他通达广博的学术作风，促成了班氏在儒学之外，形成自家的学问——史学。

司马迁写《史记》，终止到太始二年（前95）。后来，虽有杨雄、刘歆等做"缀集"工作，但班彪以为，文笔都很鄙俗，实在不配为《史记》的后续之作。他潜心书斋，不吝笔墨，广泛汲取历代史官记史成书的优长，继续采集前朝历史遗事，还从旁贯穿一些异闻，写下"文质相称"的《史记后传》六十五篇，以续补《史记》遗缺。在《后汉书·班彪列传》里，范晔说班彪"以通儒上才，倾侧微乱之间，行不逾方，言不失正，仕不急进，贞不违人，敷文华以纬国典，守贱薄而无闷容，彼将以世运未弘，非所为贱焉耻乎？何其守道恬淡之笃也。"

只是，天不假年，这些后传还没有结集成书，建武三十年（54），五十二岁的班彪就病逝在望都长的任上。

人生有悲亦有喜。令人欣喜的是，班固子承父业，开始擎起班氏家族的史学大旗。

班固生于建武八年（32），是班彪的长子，天资聪慧，勤而好学，九岁便能连句作文，背诗诵赋。比班固年长五岁的王充，是东汉的哲学家、思想家、文学评论家，年少时师从班彪修习五经。有一日，王充按照惯例，前去班府拜见先生，正碰上班固在场。在长辈面前，两人自然而然谈的都与学问有关，只经过简短的对话，王充便知晓班固的志向。他拍着班固的脊背，对班彪言道："先生，您这个儿子，长大后必记汉事。"

这一年，班固才十三岁。

年满十六，班固即入读太学。府中"秘副"丰富珍贵，给班固的博学创造了良好条件，他不拘于专研某一经书，也不执着于某一家法、师法，自由广泛地接触各类书籍。年方弱冠，班固对儒墨道法九流百家的学问，均能考其源，辨其流，几乎达到了全知的程度。再加上性格宽厚，和众学人相处融洽，范晔在《后汉书·班彪列传》中毫不掩饰地称赞班固："不以才能高人，诸儒以此慕之。"

建武三十年（54），班彪病逝。作为家中长子，二十二岁的班固从京都洛阳扶父亲的灵柩回到安陵家中。居家服丧期间，班固仔细阅读了父亲留下的《史记后传》遗稿，他敬佩父亲的闭门修撰，也发现续写的前史不够详实，于是深入钻研西汉历朝史料，想一举完成父亲的遗业。

时光飞逝，转眼到了汉明帝永平五年（62），这也是班固潜心整理史料、撰写《汉书》的第五年。

真是不测风云天上有，旦夕祸福在人间。就在班固苦守书斋、发奋著述的时候，竟有人向朝廷告发他，罪名是私自改动国史。

皇帝的诏书下到扶风郡，将班固关押在京兆狱，家藏的资料、书稿，全部被抄走。

班固的弟弟班超，读书也多，却不求专精，可贵之处是志向高远，口才出众。听说哥哥被捕入狱，班超担心他被郡里核考，不能自己辩明是非，就直接到朝廷上书，被汉明帝召见。面对一国之君，年轻的班超毫无惧色，大胆陈词：

"兄长班固，继承家父未竟之业作汉史，完全是为了彰显汉朝的功德，丝毫没有对朝廷不敬之意。班超斗胆，拜请陛下明察。"

这时候，扶风郡太守也将班固所撰书稿呈给皇帝批阅。明帝惊奇于班固的才学，下旨立即开释，召班固作校书郎，授职兰台令史。后来，班固又升为校书郎，典校秘书，继续撰写《汉书》。

班彪《前史略论》的观点，成为班固修撰《汉书》的重要指导思想。弘儒思想浓重，废除世家体例，只用纪传体，这三点，皆与《前史略论》相吻合。撰写的过程中，面对浩瀚的资料，班固取舍慎重，用辞严谨，力求达到父亲所说的"文质相称"。

至今没有人能够考证出，班彪的数十篇后传是否全部收入《汉书》，或收入时经过改定，但他们与《汉书》之间有千丝万缕的联系，自《汉书》问世以来，从来没有人否定过。

用命运多舛来形容班固，一点都不为过。汉和帝永元四年（92），一度把持朝纲的外戚大将军窦宪，因失势而自杀。班固与窦宪是同乡，两人关系密切，他曾以中护军的身份，随窦宪远征匈奴。这也使得班固难逃株连厄运，先遭免官，后被仇家洛阳令种兢逮捕，再次入狱。最终，班固病死狱中，享年六十一岁。

殚精竭思二十余年，到离世前，班固共完成《汉书》的纪十二篇、传七十篇、志九篇。另有八表、天文志，尚在撰写之中。

班氏，一向家族情怀深厚。班固写《汉书》，是要完成父亲未竟的事业，他不在人世了，《汉书》未完的篇章，又有谁来续写呢？

班昭五六岁时，父亲便故去。长兄如父，班昭自幼受班固的影响，熟读儒家经典史籍，也欣赏父兄的道德文章，常将之作为蓝本效仿。班固离世，完成《汉书》的重任，自然而然要由班昭来承担了。

所幸，当朝皇帝敢于弥补往日失察之过。永元十一年（99），国家政权稳固之后，汉和帝逐渐意识到，史学对于朝廷记功载德非常重要，对班固之死感到十分惋惜。遂下诏，谴责逮捕班固入狱的种兢，严惩主办此案的官吏。

凭借诗礼传家的深厚积淀，立己之身的女德修养，班昭也被朝廷重用。和帝诏班昭入东观藏书阁，继续撰写《汉书》。

在藏书阁，班昭初见的《汉书》原稿，已经被别有用心的人弄得"散乱"，她只能先重新编排、校订兄长的原稿。虽然不像兄长那样，耗时二十余载写《汉书》，但也花费了整整十四年时间，班昭才完成了对《汉书》原稿的全部编排、校订，并编撰了八表。此时，班昭已是六十有余的老妇人，年老体弱，力难从心。征得邓太后同意，班昭请饱读诗书的中郎将、同乡马续撰写天文志。这也是史学界常说的"昭表、马志"。

经过数十年的努力,班彪和班固、班昭两代人,终于完成了史学巨著《汉书》。虽然全书由四人完成,但前后贯通,如出一人之手,从中可看出班昭整理、修改、润色的文史功力。《汉书》是中国第一部断代史,开创了纪传体断代史的先河,也是二十四史之一。它与《史记》,犹如双壁,被史学界并称为"史汉"。

班彪、班固父子写《汉书》,践行了班婕妤"推诚写实"的叙事风格,班昭后来著《女诫》,则受益于班婕妤对儒家经典、礼仪、榜样的学习与遵守。

《汉书》问世,班昭享誉朝野;她治学严谨,博学,高才,也得到和帝的赞赏与尊敬。和帝宣班昭进宫任女官,令皇后妃嫔以师礼相待,并尊称其为曹大家。

这时的班昭,承蒙皇恩,教授后宫;参与政治,为邓太后谋士,辅佐其成为东汉专政最久、最成功的女主。

人到暮年,特别容易沉湎往事,感物伤怀。闲暇之际,班昭会取出《汉书》,翻到《外戚传》,轻轻吟诵祖姑母班婕妤的《自悼赋》:

……每寤寐而累息兮,申佩离以自思,陈女图以镜监兮,顾女史而问诗。悲晨妇之作戒兮,哀褒、阎之为邮;美皇、英之女虞兮,荣任、姒之母周。虽愚陋其靡及兮,敢舍心而忘兹?……

每每读到这里,祖姑母措辞婉转的剖心表白,都令班昭铭感五内。

而更多时候,浮现于班昭眼前的,却是当下后宫的风起云涌,惊涛骇浪。

班昭看到:建初二年(77),章帝同时将窦氏、宋氏、梁氏三位美人选入后宫，封为贵人。由此开始，后宫掀起了争宠保位的大战。窦贵人荣晋为窦皇后，诬陷宋贵人和梁贵人，二人惨死宫中。窦氏家族凭着窦太后稳固的地位和权力，对朝廷渐生忤逆之心。十四岁的和帝处事果断，一夜之间，铲除了窦氏家族的所有权力，窦太后被软禁。五年之后，窦氏郁郁而终。

  班昭还看到：和帝的皇后阴氏，不能忍受邓贵人受宠，借巫蛊之事，欲将其置于死地，没想到自己却招来杀身之祸，殃及宗族。之后，邓贵人升为皇后。

  班昭更看到：马太后和邓太后，处世之道，高超绝妙。马太后即明德马皇后，是明帝的皇后，章帝的太后。马太后不主张按照惯例给外戚封爵位，"德冠后宫"，平时生活简朴，全心全意辅佐皇帝，在朝野树立了良好口碑。邓太后即邓绥，是和帝的皇后，殇帝、安帝的太后。邓太后临朝十六年，为人谨慎小心，做事符合法度。她"以安刘氏"为己任，随时警惕大权旁落，外戚与皇室之间，从未发生过因权力冲突而导致的政治危机。

  想想祖姑母，再对照当下，班昭意识到，女子不应为权势地位而争。保持谦让贤良的美德，依古礼、儒学的伦理道德准则为人处世，才是最安稳的生存方式。

  班婕妤一生，独享过汉成帝的宠爱，也因赵氏姐妹受宠而遭成帝冷落，更由于她们的诽谤令成帝对自己生疑，但终因自身修养和才思智慧，退求自保，得以善终。祖姑母知礼谦让的处世之道，时刻启示着班昭，让她看到女性向儒而学后闪烁的光芒，成为她歌颂和向往的典范，也是她书写《女诫》想要表达的主旨。

  身为帝妃，班婕妤在《自悼赋》中表明心迹，惟愿自己能够成为大汉朝的一代贤妃、良母。而作为后妃之师，班昭将自己一生的经历与感受，凝笔端，写《女诫》。表面上看，班昭是以著述教导自家女儿，实则应该是教导后宫众多女子如何"为人妇"。《女诫》仅有一千七百余字，共七章，分别为《卑弱》《夫妇》《敬顺》《妇行》《专心》《曲从》《和叔妹》。在文中，班昭一反世俗社会以色事夫的传统，强调女性的品德修养、持家能力，归纳了女性的定位、责任、义务和立身处世的原则方法，以及如何对待丈夫、公婆、姑叔、子女等等。

作为一代后妃之师，班昭的《女诫》一经完成，便广为流传，成为古代女子教育的启蒙教材。后世评价"班姬《女诫》，堪称母师"，其中凝聚了古代女性学习当时文化、以谋求生存的最高智慧。由此，班昭也被誉为"百世女师"。

我们都知道，班氏家族以家学——史学震古烁今。我们也应当知道，班氏的文学同样成就斐然，而且，先于史学发轫。

所谓诗礼簪缨之家，一定是经过漫长的时间积淀而成。

班氏的文学家族性质，从班伯一代的帝妃班婕妤正式起步。经过班嗣、班彪的努力，到班固、班昭一代，渐至顶峰。

班彪父子创作丰富，成就颇高，是自古公认的事实。班彪生前有赋、论、书、记、奏事共九篇，现存四篇赋作；班固所著《典引》《宾戏》《应讥》、诗、赋、铭、诔、颂、书、文、记、论、议、六言，存世四十一篇。同为女性，班婕妤存作也远不及班昭。班昭的作品有赋、颂、铭、诔、问、注、哀辞、书、论、上书、遗令等十六篇。班固、班昭的文名远远大于父辈和祖辈，他们兄妹二人，不仅屡屡奉皇命作诗赋，而且还要承命著史，教授后宫贵人，乃至皇太后。

而实际上，隋代的《经籍志》中，曾辑有《汉成帝班婕妤集》一卷。这说明班婕妤的作品为数不少，只可惜早已散佚，大多连篇名、类别都没有留下。班婕妤的传世之作，除文论《报诸侄书》残篇外，另有五言诗《怨歌行》（团扇诗)，抒情小赋《自悼赋》和《捣素赋》。

虽然仅存四篇，却跨越了三种文体，对中国古典文学的发展有着承上启下的作用。

一如《报诸侄书》影响了班氏史学的修撰，班婕妤的五言诗、抒情小赋，也影响了班氏文学的创作。

周朝的《诗》之后，直到西汉初年，其间岁月，诗歌几乎一片空白。到了汉武帝朝，才有了李广将军的嫡孙、汉骑都尉李陵的五言诗被载入书籍。南朝梁时期的钟嵘在诗学著作《诗品》中，将李陵的五言诗列为上品，紧随其后的，便是班婕妤的《怨歌行》（团扇诗）。钟嵘认为，班婕妤的诗歌，源出于李陵，《团扇诗》简短，言辞意旨，清新明快，哀怨深切，文辞绮丽，体现出女子的情致。仅通过这首诗，便可知她诗艺的工巧。

与汉赋相比，西汉诗歌的发展显然落后，《怨歌行》促进了五言诗的成熟，有着极大的文学史意义和文学意义。班婕妤的五言诗也影响了班氏的后代，班固就写有几首五言诗。其中，较有名的是《咏史》：

　　三王德弥薄，惟后用肉刑。
　　太仓令有罪，就逮长安城。
　　自恨身无子，困急独茕茕。
　　小女痛父言，死者不可生。
　　上书诣阙下，思古歌鸡鸣。
　　忧心摧折裂，晨风扬激声。
　　圣汉孝文帝，恻然感至情。
　　百男何愦愦？不如一缇萦。

这是中国现存最早的文人五言诗，咏赞了汉文帝时的孝女缇萦为赎免父亲刑罚，请求舍身为奴的故事。缇萦伏阙上书，不仅救了触刑的父亲，还感动了当朝皇帝，文帝随即下达了废除肉刑的著名诏令。而促成文帝作出如此重要决策的，并不是堂堂须眉朝臣，竟是一位临淄的民间少女。班固有感于此，才在结句中发出"百男何愦愦？不如一缇萦"的慨叹。

《咏史》中所体现的，是民间少女救父的一段史实，但追索班固晚年的遭际，难免不让人对他写这首诗的初衷作出一些猜想。

班固虽是东汉大儒，受朝廷器重，但他"不教学诸子，诸子多不遵法度"。家里的下人也仗势欺人，飞扬跋扈，一次趁酒醉，辱骂了洛阳令种兢，这便让种兢与班固结下宿怨。公元92年，宫廷政变后，种兢奉命逮捕大将军窦宪宾客，顺势也将班固一并逮捕。在狱中，班固受尽折磨，因无人救援，最后惨死狱中。

如果说《咏史》一诗，大约作于班固晚年入狱之际，有没有可能是他感慨儿子们不肖，累及自己下狱却不救，才触发思古之幽情，写下这首歌咏缇萦救父的诗？

果真如此的话，那便像班婕妤的《怨歌行》，援扇以诉心头忧伤，成为宫怨诗的开山之作一样，班固的《咏史》，也开创了借咏史事以抒己怀的"咏史体"先河。

尽管钟嵘将班固的《咏史》列入《诗品》的下品，认为诗作质朴有余，文采风致不足，但在叙事中也有"忧心摧折裂，晨风扬激声"的豪情，"百男何愦愦？不如一缇萦"的寄怀，这便博得了钟嵘一赞，称《咏史》中"有感叹之词"。考究汉朝辞赋高度发达，而诗歌受冷落、"诗人之风，顿已缺丧"的事实，钟嵘在《诗品序》中也很公允地说："东汉二百载中，唯有班固《咏史》。"这也是五言诗在东汉时期已经成熟的标志。

在古老的文学时空，先秦时代，是诗骚的"天下"；两汉时代，是辞赋的"乐土"。

汉赋，惯于以"铺采摛文"的形式，侧重抒写"体物写志"的纷繁内容。其中，渲染宫殿城市，描写帝王游猎，叙述旅行经历，抒发不遇之情，杂谈禽兽草木……无所不有。

《自悼赋》，被班固收到《汉书·外戚传》中。在这首自传性骚体抒情小赋中，班婕妤叙述了承受祖先功德被选入宫，受宠、自省、失宠、退守东宫的全部过程和心理活动。赋中虽饱含幽怨之情，却始终做到有所节制，含蓄委婉，"怨而不怒""和平中正"。看得出，作者行为举止深受儒家思想的影响。《捣素赋》虽是咏物叙事之作，也并非单纯铺陈物事，班婕妤是借此表达捣素女们的幽怨思念之情。

当时，润色鸿业，歌功颂德，是汉大赋的主调，像班婕妤这样的情感真挚、语词清新之作，实乃一股清流。无怪乎宋人魏庆之在《诗人玉屑》中对她称赞有加，认为《自悼赋》所展现的"德行之美、学问之礼，有过人者"，见录于《诗》的《绿衣》《白华》，也不过如此。

能受到后世如此的褒奖，归根结底，还是源于班婕妤骨子里浓厚的楚祖意识。孩提时就聆听祖父对母国历史的追溯，班婕妤敬仰"筚路蓝缕，以启山林"、艰难创业终成中原霸主的楚祖，热爱充满悲情意识的楚国文化，屈原的《离骚》，她从楼烦老家弹唱到未央宫，又从长乐宫弹唱到延陵园。

"帝是高阳氏之苗裔兮，朕皇考曰伯庸"。我是远祖高阳氏的后裔，我的父亲是伯庸。

《离骚》的开篇语令班婕妤沉醉，她在《自悼赋》里也开门见山，"承祖考之遗德兮，何性命之淑灵"。说自己承继祖先留下的德操，保有着天性的贤淑。贤妃班婕妤，以此当作自己对远祖的崇拜和感念。

祖姑母赋作中的楚祖意识，也深深影响了班固。

班固是东汉的正统赋家，他的赋作，多是歌颂体、御用性作品，饱含激情，文采激扬。或典雅肃穆，或奇丽风流，或凶猛严厉，笔触十分灵动。在魏晋南北朝时期，班固的《两都赋》备受推崇，但最能打动人心的，还是他二十岁时的作品《幽通赋》。

《幽通赋》，作于班固突遭家庭变故之际，记载了年轻班固充满迷茫、忧虑和追求的一段心路历程，开启了他今后主要的人生轨迹。此赋是班氏家族盛衰的陈述，更是班固发愤著述的誓词。开篇写道：

  系高顼之玄胄兮，氏中叶之炳灵。繇凯风而蝉蜕兮，雄朔野以飏声。

班氏本是高阳氏颛顼帝的后裔，家世中叶在楚国显出赫赫神灵。楚亡后不得已离开故土，又雄据北方晋、代之地远扬声名。

显而易见，与《自悼赋》相比，班固《幽通赋》的楚祖意识，较之祖姑母班婕妤更见浓厚。

如果说，楚祖意识是班氏文学生长的土壤，那么，儒道并存的思想，则是班氏文学繁茂灿烂的营养素。

在《自悼赋》中，班婕妤表白自己以女图作为榜样和鉴戒，陈列古代女子的图画接受教导，前去拜访女史修习《诗》。感慨妇人祸国引以为鉴，哀叹褒姒、阎妻罪孽深重；赞美娥皇、女英为虞舜的妻子，称颂太任、太姒母仪宗周的荣耀。当遭赵氏姐妹诬陷，退避东宫后，班婕妤又以道家精神修复心灵的伤口：

  顾左右兮和颜，酌羽觞兮销忧。惟人生兮一世，忽一过兮若浮。
  已独享兮高明，处生民兮极休。勉虞精兮极乐，与福禄兮无期。

其中的"惟人生兮一世，忽一过兮若浮"，化用《庄子·知北游》的"人生天地之间，若白驹之过隙，忽然而已"和《庄子·刻意》的"其生若浮，其死若休"。并以"《绿衣》兮《白华》，自古兮有之"作结，安慰自己。

班彪著名的《北征赋》，也是骚体抒情赋，写于更始之乱。作者投奔隗嚣途中的所见所闻，所思所感，在这里表露无遗。与班婕妤稍有不同的是，《北征赋》的正文，从头至尾，弥漫着易代之际文人所特有的惆怅与感伤。但在乱辞部分，班彪还是找到了自己的精神归宿：

　　夫子固穷游艺文兮，乐以忘忧惟圣贤兮。达人从事有仪则兮，行止屈申与时息兮。君子履信无不居兮，虽之蛮貊何忧惧兮？

　　他希望自己能像孔子那样，安守困穷，畅游于文章典籍，乐观忘忧。做事谨守法则，可行即行，可止即止。该屈就屈，该伸就伸，审时度世，顺应情势。如果能够履行忠信之道，就没有不可居住的地方，即便是在蛮荒之地，又有什么可忧惧的呢？

　　从中流露出的，是同班婕妤《自悼赋》"悲晨妇之作戒兮，哀褒、阎之为邮；美皇、英之女虞兮，荣任、姒之母周"一样的向儒情怀。

　　《幽通赋》里，班固援引了《淮南子·人间训》里的一则故事。北叟居住塞上，在失马与得马之间、儿子折髀等时刻，能够洞察祸福倚伏的道理，这也是后世典故"塞翁失马，焉知非福"的出处。班固借此申述自己对祸福无常的理性认识，这样的思想，也正是《老子》所强调的。他还引《庄子·达生》所记单豹、张毅的各有所持，但终究避免不了祸患的事迹为例，再论及孔门的几位弟子，虽游学于圣人之门却不得善终，以此显示他对祸患无所不在的敏锐体察，传达出自身面对现实时，内心深处难以排解的畏戒。

　　这都让我们看到，班固的人生态度，与道家有着内在且直接的联系。尤其是赋中的"道修长而世短兮……道混成而自然兮……"同班婕妤《自悼赋》的"惟人生兮一世，忽一过兮若浮"，简直是如出一辙。

班昭作《东征赋》，是在汉安帝永初七年（113）。这一年，班昭随儿子曹成去陈留赴任。本赋抒写沿途的所见所感，从头至尾，体现出班昭的复杂情愫。其中，有离京的悲伤，跋涉的劳苦，更有对先贤的缅怀，对民难的体察。

这篇《东征赋》，是班昭效法父亲的《北征赋》而作。不过，与《北征赋》相比，《东征赋》的感情描写更为细腻。常常出入皇宫教授后妃的班昭，内心充满矛盾、苦闷，却依然勉励自己向德行高尚的古人学习：

> 知性命之在天兮，由力行而近仁。勉仰高而蹈景兮，尽忠恕而与人。好正直而不回兮，精诚通于明神。庶灵祇之鉴照兮，祐贞良而辅信。

在这里，班昭写道：我懂得上天主宰着人的命运，从此身体力行，接近仁贤。勉励自己保有高尚的言行，对人应尽忠孝，善于宽恕。亲善正直，无怨无悔，让神明知道我的精诚。愿神灵审查并监察我的言行，保佑我真诚善良的辅佐之心。

乱辞里更称：

> 贵贱贫富，不可求兮。正身履道，以俟时兮。修短之运，愚智同兮。靖恭委命，唯吉凶兮。敬慎无怠，思谦约兮。清静少欲，师公绰兮。

班昭安慰自己：世间的贫贱富贵，自古以来不能强求。洁身自好，持守正道，以此等待时来运转。长寿和短命在于天道，愚钝和聪慧来源相同。安心等待命运的安排，不管它是吉还是凶。敬业慎行不敢懈怠，牢记谦虚时刻反省。清心寡欲于平静，效仿孟公绰为修身楷模。

结束语中的"清静少欲，师公绰兮"，与班婕妤《自悼赋》中的"勉虞精兮极乐，与福禄兮无期"，有着异曲同工的妙理。

文字里，能够窥见一个人的灵魂、志向、情操。

班氏一脉，同气连枝。从班婕妤到班彪，再到班固班昭两兄妹，百余年间，三代为文为史。纵观他们的字里行间，无不充盈着浓厚的经学之气，冲淡的道学之风。也正是得益于外儒内道的兼收并蓄，才使得班氏子孙，得意时躬身忠君事国，失意时守身安之若素。

江山代有人才出，各领风骚数百年。

班氏家族，秦末由楚地迁至晋代之间，后到雁门郡楼烦县定居，汉成帝时重返国家政治权力中心。近三百年间，从楚国贵族到豪族化，从豪族到官僚化，从官僚家族到学术化，再从学术化官僚家族到尚武化。伴随着这些历程，班氏家族的文史基因，也相应地经历了初发、渐兴、鼎盛、衰退的过程。最终，在东汉中后期，班氏后裔先逐渐淡出政治舞台，再悄然退出文史舞台。

落幕。

第八章 流芳:总有一缕香,为她续魂

乐府撷英
花开别枝
东瀛散韵

《团扇》短章,词旨清捷,怨深文绮,得匹夫之致。

——南朝梁·钟嵘《诗品》

班姬二赋,《自悼》则《小雅》之苗裔,《捣素》乃鲍、谢之滥觞。

——清·王士禄《宫闺氏籍艺文考略》

学者黄永武在专著《中国诗学》中写道:
"……中国人就有用典的喜好,你也用桃花源,我也用桃花源,桃花源不但是过去,也是现代人的。而且它一直存在并继续增长,虽老犹新……此种用典的习惯,没人指责思想抄袭,必有其理念上的背景。原来中国是一个喜欢'尚同'的民族,谁写诗能与古人的心思相应合一,读者不讨厌,反而喜欢……

"用典一次，等于将某个故事、某个象征重新获得认同一次。典故的普遍应用等于无数同类经验采用了同一反应，久而久之，变成潜藏在创作中的原始表达内容，也就成了集体无意识中的部分，形成了原型。"

一个喜欢"尚同"的民族。

台湾的黄先生，果然是一等一的高人。

班婕妤，团扇，长信殿，玉阶，捣衣……这些由班婕妤本事（宫苑辞辇、退避东宫）和她的"两赋一诗"衍生出来的诗歌意象，对中国古代文人士大夫和古典文学的影响，绵延千年，意义非凡。

其中，更有甚者，曾经影响了一衣带水的东瀛人文。

乐府撷英

如果说，班婕妤的"后妃之德"漂洋过海，仰仗的是古代人物画，那么，她的惊世才情、不凡身世流传至今，依托的则是古代文人诗。

中国，这个古老的诗歌国度，公元6世纪，也就是南北朝时期，有两部古典文学大书相继问世。一部是由南朝梁武帝的长子萧统组织文人编辑的《昭明文选》（文选），一部是南朝梁陈的一代文宗徐陵辑成的《玉台新咏》。

《文选》大多是典雅之作，被视作教科书，为天下士子所必读。

《玉台新咏》以"选录艳歌"为宗旨，是南朝梁简文帝萧纲给后宫妃嫔指定的宫教读本。

一部士子教科书，一部妃嫔宫教读本，分别选入班婕妤的《怨歌行》（团扇诗），足可说明这首诗的社会价值和文学地位。也是因了这两部书，《怨歌行》才得以保存，进而流传。

怀抱尚古的心情，让我们再录一遍全诗：

> 新裂齐纨素，鲜洁如霜雪。
> 裁为合欢扇，团团似明月。
> 出入君怀袖，动摇微风发。
> 常恐秋节至，凉飙夺炎热。
> 弃捐箧笥中，恩情中道绝。

扇子的初始，原本是为了实用。原始先民"出于引风加热，驱赶蚊虫"之便，制作了最初的扇子。

到了汉代，扇子的材料，已从竹子和羽毛变成绢或丝；形制也由障扇、大柄扇，演变成羽扇和团扇（纨扇）；使用范围，更是一反既往的宫廷专用，在民间广泛流行。

即便如此，扇子，也还只是日常生活中一个寻常的物件。

不过，当扇子遇见班婕妤，当班婕妤将扇子从生活引入诗歌，它的命运和功能，就变得不一样了。

在《怨歌行》中，诗人将扇子与失宠的帝妃对应起来。

班婕妤，美而有才，温良贤德，性情淡泊，气韵如兰，得汉成帝宠爱多年。后来，赵飞燕、赵合德姐妹相继入宫，一个长袖善舞，一个妖冶美艳，成帝开始专宠二人，班婕妤备受冷落。这首《怨歌行》，便是她失宠时阐发个人闺怨的抒情之作。

短短十行五言诗，结构精巧，层次分明，词义丰满。

诗人下笔，先扬后抑，展现了先受宠而后失宠的复杂心理活动。前四行，以皎洁如霜雪的白绢比喻自己的天生丽质，以合欢扇形容美满的宫廷生活；中间两行，借"出入君怀袖"的扇子，含蓄表达受成帝宠幸的程度；后四行，表面上写常常害怕秋季的"凉飙"会夺去"炎热"，洁白的团扇，由此被轻弃竹篓中，实则是对成帝移宠赵氏姐妹的行为表现出深深的忧虑。

借用这首诗,班婕妤委婉地告诉世人:后宫妃嫔,情爱,不得守;恩宠,不得长。

在《诗品》中,钟嵘将所选作品分为三大系:源出于《国风》,源出于《楚辞》,源出于《小雅》。

钟嵘说,汉都尉李陵的诗,源出于《楚辞》,"文多凄怆",属"怨者之流"。又说,班婕妤的团扇诗,源出于李陵。

这表明,班婕妤属于以《楚辞》为源头的怨词一宗。

主旨蕴涵丰厚,表达温和委婉,"得匹夫之致"的艺术特征,使得《怨歌行》被后世学人确立为闺怨诗的源头和典范。而情兼雅怨的优美语态,又让《怨歌行》超越了常见宫怨、思妇、弃妇题材的局促与狭隘,具有了普遍意义。诗中皎洁如雪、驱暑纳凉的团扇,经由班婕妤的素手纤笔,幻化成诗词意象,伴随着她的失宠,走入两千年封建文人士大夫的笔下,成为遗弃哀怨、仕途不顺、怀才不遇的代名词。

或许是敬慕班婕妤的品德、才情,也或许是同情班婕妤身为帝妃,却逃不出"秋扇见捐"的悲剧性命运,自魏晋以来,与班婕妤有关的诗作层出不穷,一直延续到清代。这其中,吟咏班婕妤本事的有之,幻化班婕妤作品为诗歌意象的有之,拟作《怨歌行》的也有之,多数都被辑录在另一部古典文学大书《乐府诗集》里。

《乐府诗集》,由宋代郭茂倩编撰,分为十二类。在相和歌辞十八楚调曲中,有直接以"班婕妤""婕妤怨"为题的诗歌。

西晋著名文学家陆机,出身名门,是吴郡吴县(今江苏苏州)人。他的《平复帖》,是中国古代存世最早的名人书法真迹。

陆机是《班婕妤》诗的开创者:

> 婕妤去辞宠，淹留终不见。
> 寄情在玉阶，托意唯团扇。
> 春苔暗阶除，秋草芜高殿。
> 黄昏履綦绝，愁来空雨面。

玉阶，团扇，春苔，秋草，履綦，雨面，一系列意象，或直接取之于班婕妤的《怨歌行》《自悼赋》，或从中幻化而来。景色里掺杂着诗人复杂的情绪，一个被弃宫妃的孤独、无助与绝望，跃然纸上。

《红楼梦》第三十七回的前半回"秋爽斋偶结海棠社"，说的是贾政自元妃归省之后，为官更加勤慎，以期仰答皇恩。皇上见他人品端方，风声清肃，虽非科第出身，却出自书香门第，便将他点了学差。贾政走后，宝玉犹如获得大赦，每日在园中纵性游荡，将光阴虚度，把岁月空添。正觉着日子无聊，忽然雅兴大发的探春写信给宝玉，提议结社作诗。恰好，贾芸刚刚孝敬宝玉两盆珍贵的白海棠，他们便借此成立了海棠诗社。在李纨的主持下，探春、宝钗、宝玉、黛玉，每人作了一首《咏白海棠》。果然"诗如其人"，红楼里小姐公子的思想、情趣、品格表露无遗。作者曹雪芹，也通过其中词句隐示了四人的命运。

其实，同题唱酬，古来有之。与班婕妤相关的唱和之作，早在南北朝就风行一时，最典型的，当属南朝梁元帝萧绎与臣子之间的《班婕妤》诗歌酬唱。只是不知，君臣之间是否是对着宫廷里的《班姬辞辇图》，即兴而作：

> 婕妤初选入，含媚向罗帏。
> 何言飞燕宠，青苔生玉墀。
> 谁知同辇爱，遂作裂纨诗。

以兹自伤苦，终无长信悲。

在治国理政上，萧绎被世人贬作庸君，但他却具有诗歌与绘画的天赋。这首《班婕妤》诗，萧绎引用了"班姬辞辇"的典故，褒奖班婕妤的行为，赞赏她的明哲保身，退避长信殿，没有在后宫中遭遇到不得善终的悲剧。

彭城（今江苏徐州）人刘孝绰，一入仕，就被梁武帝安排在"昭明太子"萧统的身边为幕僚，是东宫十学士之一。

刘孝绰作《婕妤怨》：

应门寂已闭，非复后庭时。
况在青春日，萋萋绿草滋。
妾身似秋扇，君恩绝履綦，
讵忆游轻辇，从今贱妾辞。

长乐宫的大门已经关闭，也没有掖庭的丝竹管弦，载歌载舞。新住进的佳人年华正好，殿前的青草却淹没了路径。诗作追述了班婕妤自请长乐宫后的境况，凄清，悲凉。

南朝梁孔翁归，会稽人，擅长五言诗，著有文集。《玉台新咏》收载了他的艳体诗。

孔翁归作《奉和湘东王教班婕妤》：

长门与长信，日暮九重空。
雷声听隐隐，车响绝珑珑。
恩光随妙舞，团扇逐秋风。
铅华谁不慕，人意自难终。

诗作以外部环境的寂静，烘托班婕妤在长信殿的寂寞与幽怨。"恩光随妙舞"，君王的恩宠，只覆盖长袖善舞的赵飞燕了；"团扇逐秋风"，班婕妤面临的，是团扇遇秋风的被弃遭遇。诗人笔墨在手，回溯汉宫春秋，禁不住暗自喟叹：有谁不羡慕华饰锦衣的尊贵生活呢？只是，世事终究难尽如人愿。

南朝梁何思澄是东海郯人，他的诗不多，但一首《游庐山诗》，连史学家、文学家沈约见了都大加赞赏，认为自己不如。

何思澄作《班婕妤》：

> 寂寂长信晚，雀声喧洞房，
> 蜘蛛网高阁，驳藓被长廊，
> 虚殿帘帷静，闲阶花蕊香，
> 悠悠视日暮，还复拂空床。

没有别的，只有寂寂，雀声，蜘蛛，驳藓，虚殿，闲阶，悠悠，空床……渲染的，还是班婕妤在长信殿的孤单、寂寞，度日如年。

南朝梁王叔英妻沈氏作《班婕妤》：

> 日落应门闭，愁思百端生。
> 况复昭阳近，风传歌吹声。
> 宠移终不恨，谗枉太无情。
> 只言争分理，非妒舞腰轻。

太阳刚刚落下，长乐宫的大门即刻关闭，即将面临漫漫长夜，班婕妤理不清心头的愁绪。而昭阳殿又是那么近，乐声，歌声，穿过宫墙，随风而来，让人平添许多愁。同为女性，沈氏忍不住为班婕妤辩解，汉成帝将恩宠转移到赵氏姐妹并不记恨，只是赵氏姐妹的诽谤之词，太过伤人。我只为争一个理字，并不是嫉妒赵飞燕的丽姿曼舞。在这里，诗人不落窠臼，代替班婕妤道出内心的挣扎，展现她高洁的品格与尊严。

南北朝时梁陈的阴铿，武威姑臧（今甘肃武威）人。他一生工于五言诗，风格清新流丽。

阴铿作《班婕妤》：

柏梁新宠盛，长信昔恩倾。
谁谓诗书巧，翻为歌舞轻。
花月分窗进，苔草共阶生。
妾泪衫前满，单眠梦里惊。
可惜逢秋扇，何用合欢名。

有史学家评点，阴铿为开创五言律诗第一人，这还真不是浪得虚名。"柏梁新宠盛，长信昔恩倾""花月分窗进，苔草共阶生"，都称得上是五言律诗的佳对。不仅诗艺工巧，内容也清新脱俗，多用前后对比的表现手法。赵氏在皇帝宫中享受隆宠，班氏在太后宫里尽失君恩。虽说班婕妤诗书皆通，全不抵赵飞燕的莺歌燕舞。鲜花，清月，错开窗户进入；青苔，杂草，依赖台阶共生。想到班妃忆起昔日的荣宠，泪洒衣襟，孤身而眠，不时在噩梦中惊醒，诗人忍不住叹息一声：如此有德有才的女子，偏偏遇上秋扇的命运。既然如此，何必又要用合欢这个虚名？

南朝陈何楫只是一般的诗人，但这首《班婕妤》也入了《乐府诗集》：

齐纨既逐箧，赵舞即凌人。
履迹随恩故，阶苔逐恨新。
独卧销香炷，长啼费锦巾。

庭草何聊赖，也持秋当春。

通篇描述的依旧是班婕妤"秋扇见捐"的典故，但"齐纨"对"赵舞"，"既逐筐"对"即凌人"，"履迹"对"阶苔"，"随恩故"对"逐恨新"，"独卧"对"长啼"，"销香炷"对"费锦巾"，将《怨歌行》《自悼赋》的意象和律诗的对仗巧妙地融为一体，却也令人耳目一新。

唐朝是古代诗歌鼎盛的朝代，诗人们延续了《班婕妤》的诗题。

兖州瑕丘人徐彦伯，文章典缛，语言清丽，沉凝；诗作多是闺愁思怨和应制侍宴之篇。

徐彦伯作《班婕妤》：

君恩忽断绝，妾思终未央。
巾栉不可见，枕席空余香。
窗暗网罗白，阶秋苔藓黄。
应门寂已闭，流涕向昭阳。

再没机会侍奉汉成帝洗漱更衣，枕畔，只有君王喜爱的香草味萦萦绕绕。屋内屋外，处处萧瑟、荒凉。未央宫的大门已经关闭，只能向着赵飞燕寝宫的方向，暗自垂泪。班妃在长信殿形单影只的孤寂情状，赫然入目。

严识玄是郡望冯翊（今陕西大荔）人，《班婕妤》是他为数不多的诗作之一：

贱妾如桃李，君王若岁时。
秋风一已劲，摇落不胜悲。
寂寂苍苔满，沉沉绿草滋。

荣华非此日，指辇竟何辞。

这是一首令人感伤的《班婕妤》诗。妃嫔犹如春天的桃树李树，而君王就像岁月，主宰着花开花落。春去秋来，君恩不复返，班妃悲之又悲；苍苔满阶，绿草丛生，班妃孤之又孤。荣华富贵已成过去，如果再遇帝辇，班妃又该如何应答呢？

河东蒲州（今山西运城）人王维，诗、书、画、乐，无一不精，尤其擅长五言，多寄情于山水田园。毕竟被称作"诗佛"，王维就是与众不同，一出手便是《班婕妤三首》：

一
玉窗萤影度，金殿人声绝。
秋夜守罗帏，孤灯耿不灭。
二
宫殿生秋草，君王恩幸疏。
那堪闻凤吹，门外度金舆。
三
怪来妆阁闭，朝下不相迎。
总向春园里，花间语笑声。

第一首诗，班婕妤被汉成帝冷落，深夜独坐增成舍，或许还期待君王的临幸。然而，玉窗只有萤火虫飞来飞去，金殿人去声绝，君王早已歇息，只剩自己秋夜守空帏，坐对孤灯长明。全诗无一"怨"字，而失宠不眠之情，见于言外。

第二首诗里，班婕妤已退避长乐宫。长信殿内，秋草兀自茂盛，独不见君王驾临的痕迹。怎么能听那夫妻和鸣的箫曲呢？帝辇从门前走过，君王却过而不入。门内，秋草日生；门外，金舆自度。如此写，实在是凄然动人。

王维是山水诗圣手，即使怀古咏史，也舍不得放下看家本领。他运用倒叙的方式，将班婕妤受宠时的情景安置在第三首诗中：难怪用来梳妆的阁门关闭着，连皇帝下朝，步辇已到增成舍也不前迎。原来，班妃和侍女们在春意满满的园子里游玩，鲜花丛中，欢声笑语。诗人的这种匠心独运，也算是为失宠的班婕妤戴上了一个美丽的光环。

不仅延续了《班婕妤》这个诗题，唐代诗人还各显身手，从班婕妤本事衍生出情韵别具的《婕妤怨》。

定州人崔湜作《婕妤怨》：

> 不分君恩断，新妆视镜中。
> 容华尚春日，娇爱已秋风。
> 枕席临窗晓，帏屏向月空。
> 年年后庭树，荣落在深宫。

吴郡（今江苏苏州）人崔国辅作《婕妤怨》：

> 长信宫中草，年年愁处生。
> 故侵珠履迹，不使玉阶行。

张烜作《婕妤怨》：

> 贱妾裁纨扇，初摇明月姿。
> 君王看舞席，坐起秋风时。
> 玉树清御路，金陈翳垂丝。

昭阳无分理，愁寂任前期。

洛阳（今河南洛阳）人刘方平作《婕妤怨》：

夕殿别君王，宫深月似霜。
人愁在长信，萤出向昭阳。
露裹红兰死，秋凋碧树伤。
唯当合欢扇，从此箧中藏。

玄宗天宝前人王沈作《婕妤怨》：

长信梨花暗欲栖，应门上钥草萋萋。
春风吹花乱扑户，班倢车声不至啼。

润州丹阳（今江苏镇江）人皇甫冉作《婕妤怨》：

由来咏团扇，今与值秋风。
事逐时皆往，恩无日再中。
早鸿闻上苑，寒露下深宫。
颜色年年谢，相如赋岂工。

长洲（今江苏苏州）人陆龟蒙作《婕妤怨》：

妾貌非倾国，君王忽然宠。
南山掌上来，不敌新恩重。
后宫多窈窕，日日学新声。

274

一落君王耳，南山又须轻。

翁绶作《婕妤怨》：

谗谤潜来起百忧，朝承恩宠暮仇雠。
火烧白玉非因玷，霜翦红兰不待秋。
花落昭阳谁共辇，月明长信独登楼。
繁华事逐东流水，团扇悲歌万古愁。

刘氏云作《婕妤怨》：

君恩不可见，妾岂如秋扇。
秋扇尚有时，妾身永微贱。
莫言朝花不复落，娇容几夺昭阳殿。

诗人们还将《自悼赋》中的"长信""玉阶"，幻化为宫怨诗的主题。
唐代开元时期的王諲作《长信怨》：

飞燕倚身轻，争人巧笑名。
生君弃妾意，增妾怨君情。
日落昭阳壁，秋来长信城。
寥寥金殿里，歌吹夜无声。

唐代河东晋阳（今山西太原）人、"七绝圣手"王昌龄作《长信怨》：

奉帚平明金殿开，且将团扇暂徘徊。

玉颜不及寒鸦色，犹带昭阳日影来。

祖籍陇西成纪（今甘肃秦安）人、唐代"诗仙"李白作《长信怨》：

月皎昭阳殿，霜清长信宫。
天行乘玉辇，飞燕与君同。
更有留情处，承恩乐未穷。
谁怜团扇妾，独坐怨秋风。

陈郡阳夏（今河南太康）人、南朝"永明"诗人的代表谢朓作《玉阶怨》：

夕殿下珠帘，流萤飞复息。
长夜缝罗衣，思君此何极。

南朝齐虞炎作《玉阶怨》：

紫藤拂花树，黄鸟度青枝。
思君一叹息，苦泪应言垂。

李白作《玉阶怨》：

玉阶生白露，夜久侵罗袜。
却下水晶帘，玲珑望秋月。

从西晋开始，就有了与班婕妤《怨歌行》同题的诗作问世。这些诗作与班婕妤的《怨歌行》，一同被收入相和歌辞十七楚调曲。

有关班婕妤本事的诗歌，最早是出自西晋文学家、北地郡泥阳（今陕西耀县）人傅玄的《怨歌行·朝时篇》：

> 昭昭朝时日，皎皎晨明月。
> 十五入君门，一别终华发。
> 同心忽异离，旷如胡与越。
> 胡越有会时，参辰辽且阔。
> 形影无仿佛，音声寂无达。
> 纤弦感促柱，触之哀声发。
> 情思如循环，忧来不可遏。
> 涂山有余恨，诗人咏《采葛》。
> 蜻蜓吟床下，回风起幽闼。
> 春荣随路落，芙蓉生木末。
> 自伤命不遇，良辰永乖别。
> 已尔可奈何，譬如纨素裂。
> 孤雌翔故巢，星流光景绝。
> 魂神驰万里，甘心要同穴。

这首诗并没有特殊的寓意，而是单纯地就班婕妤的本事进行阐发。"纨素裂"，出自班婕妤《怨歌行》中的"新裂齐纨素，皎洁如霜雪"。"甘心要同穴"，意指班婕妤死后要葬于汉成帝墓旁的遗愿，称赞班婕妤对成帝至死不渝的忠贞。

文坛典故"江郎才尽"中的江郎，就是南朝济阳考城（今河南民权）人江淹。

江淹作《怨歌行》：

纨扇如团月，出自机中素。
画作秦王女，乘鸾向烟雾。
彩色世所重，虽新不代故。
窃悲凉风至，吹我玉阶树。
君子恩未毕，零落委中路。

南朝梁吴兴武康（今浙江德清）人沈约作《怨歌行》：

时屯宁易犯，俗险信难群。
坎壈元淑赋，顿挫敬通文。
遽沦班姬宠，夙窆贾生坟。
短俗同如此，长叹何足云。

唐代余姚（今浙江宁波慈溪）人虞世南作《怨歌行》：

紫殿秋风冷，雕甍白日沉。
裁纨凄断曲，织素别离心。
披庭羞改画，长门不惜金。
宠移恩稍薄，情疏恨转深。
香销翠羽帐，弦断凤凰琴。
镜前红粉歇，阶上绿苔侵。
谁言掩歌扇，翻作《白头吟》。

唐代李白作《怨歌行》：

十五入汉宫，花颜笑春红。
君王选玉色，侍寝金屏中。
荐枕娇夕月，卷衣恋春风。
宁知赵飞燕，夺宠恨无穷。
沉忧能伤人，绿鬓成霜蓬。
一朝不得意，世事徒为空。
鹔鹴换美酒，舞衣罢雕龙。
寒苦不忍言，为君奏丝桐。
肠断弦亦绝，悲心夜忡忡。

唐代新安（今安徽黄山休宁）人吴少微作《怨歌行》：

城南有怨妇，含怨倚兰丛。
自谓二八时，歌舞入汉宫。
皇恩数流盼，承幸玉堂中。
绿陌黄花催夜酒，锦衣罗袂逐春风。
建章西宫焕若神，燕赵美女二十人。
君王厌德不忘新，况群艳冶纷来陈。
是时别君不再见，三十三春长信殿。
长信重门昼掩关，清房晓帐幽且闲。
……

唐太宗李世民的宠妃徐惠，工于诗文，文采华美。贞观二十三年（649），太宗病逝，徐惠哀思成疾，拒绝药医，为太宗殉情而死。高宗追赠徐惠为贤妃,列正一品四夫人之位。

徐惠作"柏梁体"命题诗《长门怨》:

> 旧爱柏梁台,新宠昭阳殿。
> 守分辞芳辇,含情泣团扇。
> 一朝歌舞荣,夙昔诗书贱。
> 颓恩诚已矣,覆水难重荐。

反思班婕妤、赵飞燕二位妃嫔的不同遭遇,徐惠心中充满担忧:"一朝歌舞荣,夙昔诗书贱。"她思虑自己诗文再佳,恐怕也只能与班妃有同样的命运。不过,现实中,徐妃并没有蹈班妃的覆辙,二十四岁即香消玉殒。病重时她留话给父母大人:"吾荷顾实深,志在早殁,魂其有灵,得侍园寝,吾之志也。"这个夙愿,倒与班婕妤相同,徐妃死后,被葬在唐太宗昭陵的石室。

《婕妤怨》《长信怨》《玉阶怨》《怨歌行》《长门怨》,上述这些同题怨诗,基本上全篇都在陈述班妃遭弃之悲,抒发君恩薄凉之怨。

唯萧纲有所不同。

梁简文帝萧纲一生雅好诗赋,文学造诣很高。只是,他的诗伤于轻艳,与徐陵、庾信等人形成一种"宫体诗"流派。

且看简文帝的《怨歌行》:

> 十五颇有余,日照杏梁初。
> 蛾眉本多嫉,掩鼻特成虚。
> 持此倾城貌,翻为不肖躯。
> 秋风吹海水,寒霜依玉除。

月光临户映,荷花依浪舒。
望檐悲双翼,窥沼泣王余。
苔生履处没,草合行人疏。
裂纨伤不尽,归骨恨难祛。
早知长信别,不避后园舆。

全诗结构严密,含有顺时叙事的意味。班婕妤承宠,遭人嫉妒诬告,在君王眼中成为不祥之身,无奈退避长信。从此,看到檐间双燕,班婕妤即为自己的孤栖单宿而生悲;见到池中游鱼,便想起《吴都赋》中的"双则比目,片则王余",不禁伤怀落泪。相传越王吃比目鱼,只吃一半,剩余部分被称作"王余"。班妃先被宠,后遭弃,萧纲将她比作"王余"。

写到此,与其他咏班婕妤的诗作相比,似乎并没有什么出众之处。

然而,能为君王,必有不同凡响之音。经过上面写景叙事的层层铺垫,不管当事人的心意如何,诗人径直代班婕妤一展悲怀:秋扇见捐的哀伤难以穷尽,即便他日埋骨山丘,遗恨也永难消除。在篇末更是直抒胸臆,为班妃设想:如果早知道,一去长信殿就与君王永别离,那么当初在掖庭,就不用避讳与汉成帝同辇。

我们权当这是诗人萧纲一念间的怜香惜玉。身为君王,他心里最应该清楚,后宫也江湖,不管妃嫔怎样地俯就圣意,她们的情爱都不得守,恩宠都不得长。

《乐府诗集》成书于宋代,但之前,《班婕妤》诗仍有"遗珠"散在书外。比如唐代荆州江陵(今湖北江陵)人崔道融的《班婕妤》:

宠极辞同辇,恩深弃后宫。
自题秋扇后,不敢怨春风。

281

之后，各朝代也不乏《班婕妤》诗作问世。

宋代颍昌阳翟（今河南禹县）人曹勋作《班婕妤》：

　　宠移非为妒，花落不因风。
　　来往长门月，羞将团扇同。

宋代江湖派诗人、天台黄岩（今浙江台州）人戴复古作《婕妤词》：

　　纨扇六月时，似妾君恩重。
　　避暑南薰殿，清风随扇动。
　　妾时侍君王，常得沾余凉。
　　秋风飒庭树，团团无用处。
　　妾亦宠顾衰，栖栖度朝暮。
　　扇为无情物，用舍不知恤。
　　妾有深宫怨，无情不如扇。

宋末元初处州松阳（今浙江松阳）人张玉孃作《班婕妤》：

　　一自煌捐弃，香足玉阶疏。
　　闻道西宫路，近亦绝鸾舆。
　　翠箔玉蟾窥，天街仙籁绝。
　　抱恨坐夜长，银釭半明减。

"明初诗文三大家"之一、处州青田（今浙江文成）人刘基作《班婕妤》：

昭阳秋清月如练，笙歌嘈嘈夜开宴。
　　长信宫中辞辇人，独倚西风咏纨扇。
　　倾城自古有褒妲，红颜失宠何须怨。
　　泠泠玉漏掩重门，一点金釭照书卷。

明代徽州歙县（今安徽黄山）人程诰作《班婕妤》：

　　梦断清宵月，愁深长乐宫。
　　无劳怨团扇，渐冷是秋风。

明代浙江海宁人苏平作《班婕妤》：

　　一自辞同辇，深宫草又生。
　　甘随纨扇弃，犹记玉阶行。
　　明月愁中影，流莺梦里声。
　　笙歌前殿夜，教妾若为情。

明宣宗时驸马王谊作《班婕妤》：

　　玉簟夜凉新，秋蛾暗里颦。
　　如何天上月，独照掌中人。

清代满洲正黄旗人纳兰容若作《班婕妤怨歌》：

　　团团望舒月，皓皓冰蚕绢。
　　欲却炎天暑，比月裁成扇。

> 望舒圆易缺，金风换炎节。
> 风凉秋气寒，匣扇复谁看。
> 扇弃何足道，感妾伤怀抱。
> 对月泪如丝，君恩异旧时。

一看便知，容若的诗还是围绕班婕妤的《怨歌行》展开，但"扇弃何足道，感妾伤怀抱"，着实让人有些"惊艳"。汉成帝冷落班妃，弃之如秋扇，诗人倒觉得微不足道，令他感怀的，是班婕妤"对月泪如丝"的伤情、伤心。这便足足印证了清顺治时代被称为"红豆词人"的吴绮，为纳兰容若《饮水词》所作序中写的那句"非慧男子不能善愁，唯古诗人乃可云怨"，用在他身上是再贴切不过的了。

唐朝以"天宝宫人"冠名的《题洛苑梧叶上》，也值得在此一记：

> 旧宠悲秋扇，新恩寄早春。
> 聊题一片叶，将寄接流人。

封建帝国两千年，历朝历代，皇帝后宫，佳丽三千，遭遇秋扇之弃者多之又多。唐天宝年间（742-755）这位宫女，借梧桐之叶，题写自己类似班妃的深宫幽怨，让它随着宫城溪水，飘流出东都洛苑。

皇家无情，史家有心，无名宫女的这首佳作被如实传诵下来。

"士为知己者死，女为悦己者容""良禽择木而栖，猛虎择穴而居"，是由史书流传而来的千古名句。封建士大夫一旦投身仕途，便将自己比喻为许嫁国君，一旦国君疏离、怀疑，就如弃妇或弃妃般伤感。从南朝至大唐，在一些借班婕妤本事和"团扇"典故所作的诗歌中，不难看到他们骨子里的"怨妇"情结。

南北朝东海（今山东郯城）人"元嘉三大家"之一鲍照作《白头吟》：

直如朱丝绳，清如玉壶冰。
何惭宿昔意，猜恨坐相仍。
人情贱恩旧，世路逐衰兴。
毫发一为瑕，丘山不可胜。
食苗实硕鼠，点白信苍蝇。
凫鹄远成美，薪刍前见凌。
申黜褒女进，班去赵姬升。
周王日沦惑，汉帝益嗟称。
心赏固难恃，貌恭岂易凭。
古来共如此，非君独抚膺。

南北朝清河郡东武城人张正见作《白头吟》：

平生怀直道，松桂比真风。
语默妍媸际，沉浮毁誉中。
谗新恩易尽，情去宠难终。
弹珠金市侧，抵玉春山东。
含香老颜驷，执戟异扬雄。
惆怅崔亭伯，幽忧冯敬通。
王嫱没胡塞，班女弃深宫。
春苔封履迹，秋叶夺妆红。
颜如花落槿，鬓似雪飘蓬。
此时积长叹，伤年谁复同。

这是两首很特殊的文人诗，一同被收入《乐府诗集》相和歌辞十六。借用各种典故、史实，诗人袒露了被君王抛弃后的郁郁之情。尤其借用班婕妤退避东宫长乐的本事，比拟自己与班妃有相似之处，在时光的回溯中，诗人似乎看到了自己最终的命运。分别由"直如朱丝绳，清如玉壶冰""平生怀直道，松桂比真风"引出的诗作，体现出怀才不遇、被谗遭嫉和感怀生命的吟咏主题。

祖籍济阳考城（今河南民权）的南朝陈大臣、文学家江总，所作的《怨诗行》也收入相和歌辞十六：

> 新梅嫩柳未障羞，情去恩移那可留。
> 团扇箧中言不分，纤腰掌上讵胜愁。

以班婕妤团扇为凭，诗人隐晦地抒发了自身历经梁、陈、隋三朝为官的心中怨情。

唐朝史学家、诗人李百药，定州安平（今属河北）人，隋文帝时为太子舍人，兼东宫学士。隋炀帝时被贬出京城，险些丧命。贞观元年（627），唐太宗李世民登基，求贤若渴，很快征调李百药进京任中书舍人，赐爵安平县男，诏令他编撰《齐史》。这位历经坎坷、由隋入唐的文臣，终于在六十二岁时迎来了新生。

李百药作《妾薄命》：

> 团扇秋风起，长门夜月明。
> 羞闻拊背入，恨说舞腰轻。
> 太常先已醉，刘君恒带醒。
> 横陈每虚设，吉梦竟何成。

西汉班婕妤、陈阿娇、赵飞燕的典故，是诗人用来的借喻，实则伤感自己也是"妾薄命"，多苦难，受宠的吉利之梦何时能圆？这应该是诗人被贬出京后"哀士不遇"的悲情之作。

唐朝"雅善五言诗"的杜审言作《妾薄命》：

> 草绿长门闭，苔青永巷幽。
> 宠移新爱夺，泣下故情留。
> 啼鸟惊残梦，飞花搅独愁。
> 自怜春色罢，团扇复迎秋。

这首以"妾薄命"为命题的应制五言律诗是乐府古题，吟咏的是汉宫两位失宠的后妃。草绿，苔青，宠移，泣下，叙述了皇后陈阿娇幽居长门宫的凄苦境遇；闻啼鸟，观飞花，惊残梦，搅独愁，描写了班婕妤退避长信殿的伤怀之情。

杜审言，襄州襄阳（今湖北襄樊）人，是大诗人杜甫的祖父。他一生仕途坎坷，先后被贬，入狱，罢免官职，遣返洛阳。武则天主持朝政时，将他召回并重用。在诗中，杜审言借美人失宠，寄托自己流贬不遇之意，曲折表达了在宫斗中遭受贬谪的苦闷与彷徨。

这两首以班婕妤团扇典故入诗的《妾薄命》，被辑入杂曲歌辞二。

纵览《乐府诗集》，援团扇典故而衍生的诗作，大多脱不开班婕妤"秋扇见捐"的悲剧性命运，抒写了班妃失宠之后孤独幽怨的内心感受。作为红颜薄命、佳人失势的象征，团扇的凄婉意象对后世文学影响尤其深远。

也有新颖活泼之声，都来自文人士大夫与妾婢之间的情爱故事，同样被收入《乐府诗集》。

相传，东晋时期，身为中书令的琅琊临沂（今山东临沂）人王珉，与二嫂的婢女谢芳姿两情相悦，彼此爱慕。但苦于二人门第悬殊，芳姿终日为情所困，做事心不在焉。这让王珉的二嫂十分恼怒，一日，忍不住扬手捶打芳姿。此番情景，被王珉的二哥王珣撞见，上前阻止。为消夫人心中怒气，王珣提议，罚善歌的谢芳姿唱上一曲。看在夫君的面上，二嫂准许芳姿献歌一曲，以抵过失。

思念主人家的小叔子，自己才做错了事，想到此生不可能与中书令比翼双飞，谢芳姿格外苦恼。只得借王珉平时喜爱的手中团扇作为己喻，抒发心头的忧郁："白团扇，辛苦五流连，是郎眼所见。"

王珉正好听到，又不知刚刚发生过一场闹剧，便询问芳姿，唱得很是好听，为何又不唱了？

见到心上人，谢芳姿既窘且羞，忙改口唱道："白团扇，憔悴非昔容，羞与郎相见。"

因是随口唱来，谢芳姿的《团扇歌》，以自我作比的白团扇只是发语词，整体也较为简洁。到了桃叶的诗里，已经是整齐的五言了。

东晋著名书法家、诗人、画家琅琊临沂人王献之，纳有一名小妾，唤作桃叶。王献之很宠她，为之作《桃叶歌三首》：

桃叶复桃叶，桃树连桃根。相怜两乐事，独使我殷勤。
桃叶复桃叶，渡江不用楫。但渡无所苦，我自来迎接。
桃叶复桃叶，渡江不待橹。风波了无常，没命江南渡。

那桃叶也通诗文，遂写了《答王团扇歌三首》：

七宝画团扇，灿烂明月光。饷郎却暄暑，相忆莫相忘。
青青林中竹，可作白团扇。动摇郎玉手，因风托方便。

团扇复团扇，持许自遮面。憔悴无复理，羞与郎相见。

在诗中，桃叶将自己比作深受夫君喜爱的手中团扇。无论是珠光宝气的彩画团扇，还是青青林竹做的白团扇，都承载了桃叶的一腔心愿：郎情妾意的恩爱时光，但愿彼此永远不忘。桃叶何等聪慧，受宠时也会担心，有朝一日，明月光般姣好的容颜会憔悴不堪，色衰爱弛的悲惨结局会落到自己身上，于是，以扇遮面。结句的"憔悴无复理，羞与郎相见"，将一个还未被夫君嫌弃、却未雨绸缪的小妾心理刻画得入木三分。

常说"远亲不如近邻"。这句话，用在高贵的文学上也恰恰好。与汉朝仅隔两百年的南北朝，士子文人们以班婕妤《怨歌行》中团扇为意象的诗作，除《乐府诗集》的相和歌辞之外，仍然灿若繁花，争奇斗艳。
以闺怨、相思、咏怀为团扇主旨的有之：

　　相逢咏蘼芜，辞宠悲团扇。（齐·谢朓《和王主簿季哲怨情诗》）
　　竹柏君自改，团扇妾方嫌。谁能怜故素？终为泣新缣。（梁·萧子云《春思诗》）
　　掩闺泣团扇，罗幌咏蘼芜。（梁·萧纲《有所思》）
　　秋风与白团，本自不相安。（梁·萧纲《怨诗》）
　　且供雕炉暖，非同团扇捐。（梁·萧纲《和徐录事见内人作卧具诗》）
　　空劳织素巧，徒为团扇诗。（梁·刘孝仪《闺怨诗》）
　　白露怆单衣，秋风息团扇。（梁·张率《远期》）
　　泪逐梁尘下，心随团扇捐。（梁·荀仲举《铜雀台》）
　　无因辞日逐，团扇掩齐纨。（陈·张正见《雨雪曲》）

今日悲团扇，非是为秋风。（陈·徐湛《赋得班去赵姬升诗》）

化用《怨歌行》"团团如明月"句，将团扇比作圆月的也有之：

何当垂双髻，团扇云间明。（齐·王融《拟古诗》）
初生似玉钩，裁满如团扇。（梁·虞羲《咏秋月诗》）
春草似青袍，秋月如团扇。（梁·何逊《与苏九德别》）
桂花那不落，团扇与谁妆。（梁·萧纲《望月诗》）
婕妤比团扇，曹王譬洛神。（梁·戴暠《月重轮行》）
团团婕妤扇，纤纤秦女钩。（陈·陆琼《关山月》）
支轮非战反，团扇少歌声。（陈·江总《赋得三五明月满诗》）

一如原始先民就开始使用的扇子，是班婕妤最早引入诗歌的物件；远在春秋战国时就有文字记载的捣素，是班婕妤最早引入赋作的物象。

若乃广储悬月，晖水流清，桂露朝满，凉衿夕轻……于是投香杵，扣文砧，择鸾声，争凤音……表纤手于微缝,庶见迹而知心……渐行客而无言，还空房而掩咽。

在《捣素赋》中,砧声与秋夜互映,缝制寒衣与思念远人相接,捣素这项单调、乏味又沉重的劳作，既被班婕妤调弄得诗情画意，充满典雅端庄的华贵之气，又传递出宫女们心中的寂寞和苦楚，为"宫怨"题材注入日常的生活细节，打开了宫怨诗的新格局。

自从班婕妤将捣素纳入赋作，秋夜，明月，思妇，砧声，杵声，就成为后世捣衣诗的原始意象。

以捣衣为母题的诗歌，两晋开始发端，南北朝初盛文坛。

翻开《乐府诗集》，与捣衣相关的内容频频映入眼帘：

风清觉时凉，明月天色高。佳人理寒服，万结砧杵劳。（《清商曲辞·子夜四时歌·秋歌十八首》）

白露朝夕生，秋风凄长夜。忆郎须寒服，乘月捣白素。（《清商曲辞·子夜四时歌·秋歌十八首》）

碧玉捣衣砧，七宝金莲杵。高举徐徐下，轻捣只为汝。（《清商曲辞·青阳度》）

折杨柳，夜闻捣衣声，窈窕谁家妇。（《清商曲辞·月节折杨柳歌十三首·八月歌》）

千门皆闭夜何央，百忧俱集断人肠。探揣箱中取刀尺，拂拭机上断流黄。情人逐情虽可恨，复畏边远乏衣裳。已缲一茧催衣缕，复捣百和薰衣香。犹忆去时腰大小，不知今日身短长。（王筠《杂曲歌辞·行路难》）

叠素兰房中，劳情桂杵侧。朱颜润红粉，香汗光玉色。（王金珠《清商曲辞·子夜四时歌·秋歌》）

这些南朝的乐府旧题诗，浸润着浓郁的民歌风，言辞素朴，情感单纯，传递出闺中思妇对远方亲人的想念、关怀。

汉使出燕然，愁闺夜不眠。易制残灯下，鸣砧秋月前。（隋炀帝·杨广《杂曲歌辞十七·锦石捣流黄》）

丈夫出使塞外，漫漫长夜，使妇独守空帏，辗转反侧，难以入眠。只得起身，在荧荧如豆的灯下，为远征人缝制寒衣，再就着冷冷的秋月，将衣裳捶打得绵软密实，以抵挡边塞的刺骨寒风。这应该是由古代帝王亲拟的第一首思妇怀远的诗歌。

曲房理针线,平砧捣文练。鸳绮裁易成,龙乡信难见。(乔知之《相和歌辞·从军行》)

长安一片月,万户捣衣声。秋风吹不尽,总是玉关情。何日平胡虏,良人罢远征。(李白《清商曲辞·子夜吴歌·秋歌》)

可怜楼上月徘徊,应照离人妆镜台。玉户帘中卷不去,捣衣砧上拂还来。(张若虚《清商曲辞·春江花月夜》)

北斗星前横度雁,南楼月下捣寒衣。夜深闻雁肠欲绝,独坐缝衣灯又灭。(刘元淑《杂曲歌辞·妾薄命)

月明中庭捣衣石,掩帷下堂来捣帛。妇姑相对初力生,双揎白腕调杵声。高楼敲玉节会成,家家不睡皆起听。(王建《新乐府辞·捣衣曲》)

云送关西雨,风传渭北秋。孤灯然客梦,寒杵捣乡愁。(佚名诗人《近代曲辞·长命女》)

与南朝的乐府相比,唐朝文人的拟乐府诗,给捣衣增添了新的意境,情感的表达也更为强烈。

《乐府诗集》是一部出色的诗歌合集,但毕竟无法囊括天下诗歌。乐府之外,有更多以捣衣入诗的佳作在各朝代延续。

从东汉末到隋朝统一,中国疆土分裂,近四百年。割据政权之间常年征战,军队不断扩大,男丁们被迫从军,服劳役,或徭役,不知造成多少民间夫妇分离。时势造英雄,也造诗歌。两晋南北朝的捣衣诗,也由单一的"宫怨"题材,逐步拓展开来。

寒兴御纨素，佳人理衣襟。冬夜清且水，皎月照堂阴。纤手叠轻素，朗杵叩鸣砧。（东晋·曹毗《夜听捣衣》）

夕阴结空幕，宵月皓中闺。美人戒裳服，端饰相招携。簪玉出北房，鸣金步南阶。櫩高砧响发，楹长杵声哀。微芳起两袖，轻汗染双题。纨素既已成，君子行未归。裁用笥中刀，缝为万里衣。（南朝宋·谢惠连《捣衣》）

非是无人助，意欲自鸣砧。向月怜孤影，承风送逈音。疑捣双丝练，似奏一弦琴。令君闻独杵，知妾有专心。（南朝梁·僧正惠偘《咏独杵捣衣诗》）

阊阖下重关，丹墀吐明月。秋气城中冷，秋砧城外发。……乘轩尽世家，佳丽似朝霞。圆珰耳上照，方绣领间斜。衣薰百和屑，鬟插九枝花。……金波正容与，玉步依砧杵。红袖往还萦，素腕参差举。徒闻不得见，独夜空愁伫。（南朝梁·费昶《华光省中夜闻城外捣衣诗》）

下机骛西眺，鸣砧遽东旭。芳汗似兰汤，雕金辟龙烛。散度广陵音，掺写渔阳曲。别鹤悲不已，离鸾断还续。尺素在鱼肠，存心凭雁足。（南朝梁·王僧孺《咏捣衣诗》）

细细读来会发现，这些诗句，或多或少都留有班婕妤《捣素赋》的痕迹，在特定的场景中，秋夜，思妇的容貌、体态、服饰，捣衣的状态，被描述得惟妙惟肖，栩栩如生，令人如临其境。尤其是费昶、王僧孺的诗，或言辞绮丽，或对仗工整，或笔触细腻，体现出齐梁宫体诗的旖旎风格。

中州木叶下，边城应早霜。……参差夕杵引，哀怨秋砧扬。……佳期久不归，持此寄寒乡。妾身谁为容，思君苦入肠。（南朝梁武帝·萧衍《捣衣》）

乌鹊夜南飞，良人行未归。池水浮明月，寒风送捣衣。愿织回文锦，因君寄武威。（南朝梁元帝·萧绎《寒闺诗》）

南朝梁政权的建立者萧衍，将捣衣与边塞巧妙地融为一体，为闺怨诗灌注新鲜的因子，也体现出一代君王对民间疾苦、戍边将士的体恤和关注。他的七子萧绎，继承父皇的"衣钵"，通过《寒闺诗》，将良人、征客纳入诗中，带出一片关外情怀。

自君之出矣，临轩不解颜。砧杵夜不发，高门昼恒关。（南朝宋·鲍令晖《题书后寄行人》）

秋夜促织鸣，南邻捣衣急。思君隔九重，夜夜空伫立。（南朝齐·谢朓《秋夜诗》）

嗟矣当春服，安见御冬衣。……念君方远游，望妾理纨素。……轩高夕杵散，气爽夜砧鸣。……垂泣送行李，倾首迟归云。（南朝梁·柳恽《捣衣诗》五题）

秋至捣罗纨，泪满未能开。风光萧入户，月华为谁来。（南朝梁·江淹《悼室人诗十首五》）

羁旅无俦匹，形影自相亲。萧索高秋暮，砧杵鸣四邻。（南朝梁·何逊《赠族人秣陵兄弟诗》）

庭中无限月，思妇夜鸣砧。（南朝梁·江洪《秋风曲三首》）

不怨前阶促织鸣。偏愁别路捣衣声。（南朝陈·江总《宛转歌》）

长安城中秋夜长，佳人锦石捣流黄。香杵纹砧知近远，传声递响何凄凉。七夕长河烂，中秋明月光。蠮螉塞边绝候雁，鸳鸯楼上望天狼。（北朝北魏·温子昇《捣衣》）

秋夜捣衣声，飞度长门城。今夜长门月，应如昼日明。小鬟宜粟瑱,圆腰运织成。秋砧调急节,乱杵变新声。石燥砧逾响,桐虚杵绝鸣。鸣石出华阴,虚桐采凤林。北堂细腰杵,南市女郎砧。击节无劳鼓,调声不用琴。……风流响和韵,哀怨声凄断。新声绕夜风,娇转满空中。应闻长乐殿,判彻昭阳宫。……谁怜征戍客,今夜在交河。栩阳离别赋,临江愁思歌。复令悲此曲,红颜余几多?(北朝北周·庾信《夜听捣衣诗》)

更多的,则是诗人们借助捣衣,抒发念远、独悲之情。以上诗句里,捣衣,仅仅是一个特定的烘托情景的意象;甚至,只是表达情感的背景音乐。诗的重点,全部放在抒发思妇思念征人和游子的感情上。

相较于与南朝,北朝的捣衣诗寥若晨星。但温子昇的七言《捣衣》,脱去了宫体诗的脂粉气息,在齐梁的遗风中,掺入边塞的浑厚苍茫;庾信的长篇五言《夜听捣衣诗》,写捣衣女的发型服饰、捣衣体态、砧杵之声,也写征人思乡之心,既与班婕妤《捣素赋》的意象一脉相承,很大程度上又拓展了捣衣诗的情感表现范畴。

到了唐朝,捣衣诗发展到鼎盛。唐中期,百分之八十以上的诗人都写过以捣衣为内容的诗作。只是,诗中不再对"捣衣"这一物象作具体描述,它完全蜕变成一种意象,诗的内涵也更为丰富。

欲向楼中萦楚练,还来机上裂齐纨。揽红袖兮愁徒倚,盼青砧兮怅盘桓。(刘希夷《捣衣篇》)

高殿秋砧响夜阑,霜深犹忆御衣寒。(王昌龄《长信秋词》其二)

长信宫中秋月明,昭阳殿下捣衣声。(王昌龄《长信秋词》其五)

谁家思妇秋捣帛,月苦风凄砧杵悲。(白居易《闻夜砧》)

御泉长绕凤凰楼,只是恩波别处流。闲揲舞衣归未得,夜来砧杵六宫秋。(刘驾《长门怨》)

字里行间,还保留少许早期捣衣诗的闺怨气息。

鸣环曳履出长廊,为君秋夜捣衣裳。纤罗对凤凰,丹绮双鸳鸯。调砧乱杵思自伤。思自伤,征夫万里戍他乡。鹤关音信断,龙门道路长。君在天一方,寒衣徒自香。(王勃《秋夜长》)

九月寒砧催木叶,十年征戍忆辽阳。白狼河北音书断,丹凤城南秋夜长。谁谓含愁独不见,更教明月照流黄。(沈佺期《独不见》)

晓吹筼管随落花,夜捣戎衣向明月。(李白《捣衣篇》)

亦知戍不返,秋至拭清砧。已近苦寒月,况经长别心。宁辞捣熨倦,一寄塞垣深。用尽闺中力,君听空外音。(杜甫《捣衣》)

夜静掩寒城,清砧发何处。声声捣秋月,肠断卢龙戍。未得寄征人,愁霜复愁露。(刘长卿《月下听砧》)

爽砧应秋律,繁杵含凄风。一一远相续,家家音不同。……盈箧寄何处,征人如转蓬。(刘禹锡《捣衣曲》)

杵影弄寒月,砧声调夜风。裁缝双泪尽,万里寄云中。(吴大江《捣衣》)

关中群盗已心离,关外犹闻羽檄飞。御苑绿莎嘶战马,禁城寒月捣征衣。(韦庄《睹军回戈》)

唐朝连年征战,导致府兵大增。按照政府规定,百姓中二十岁以上、六十岁以下的男子,皆有义务当府兵。平日"安居田亩""国家有事征发",相当于义务兵制。府兵最大的特点,士兵自备粮草、武器、衣裳。如此,捣衣便成为日常生活的普遍现象。砧杵声声,诉说妻子们的辛劳与哀愁,也拨动了忧国忧民的诗人们的心弦。于是,一批托征妇之口抒思夫之情、厌恶战争、期盼阖家团圆的佳作应时而生。

关城树色催寒近,御苑砧声向晚多。莫见长安行乐处,空令岁月易蹉跎。(李颀《送魏万之京》)

天净河汉高,夜闲砧杵发。清秋忽如此,离恨应难歇。风乱池上萍,露光竹间月。与君共游处,勿作他乡别。(李嶷《淮南秋夜呈周侃》)

丛菊两开他日泪,孤舟一系故园心。寒衣处处催刀尺,白帝城高急暮砧。(杜甫《秋兴八首》其一)

风幔何时卷,寒砧昨夜声。无由出江汉,愁绪月冥冥。(杜甫《客旧馆》)

渡口月初上,邻家渔未归。乡心正欲绝,何处捣寒衣?(刘长卿《余干旅舍》)

天门街西闻捣帛,一夜愁杀湘南客。(岑参《秋夜闻笛》)

杜鹃声不哀,断猿啼不切。月下谁家砧,一声肠一绝。杵声不为客,客闻发自白。杵声不为衣,欲令游子悲。(孟郊《闻砧》)

旅宿今已远,此行殊未归。离家久无信,又听捣寒衣。(张籍《宿临江驿》)

流萤与落叶,秋晚共纷纷。返照城中尽,寒砧雨外闻。离人见衰鬓,独鹤暮何群。楚客在千里,相思看碧云。(皇甫曾《秋兴》)

江人授衣晚,十月始闻砧。一夕高楼月,万里故园心。(白居易《江楼闻砧》)

地远蛩声切,天长雁影稀。那堪正砧杵,幽思想寒衣。(张

祜《晚秋江上作》）

　　庭锁荒芜独夜吟，西风吹动故山心。三秋木落半年客，满地月明何处砧。（薛能《秋夜旅舍寓怀》）

　　江城向晚西流急，无限乡心闻捣衣。（杜牧《冬日五湖馆小亭怀别》）

　　荒凉客舍眠秋色，砧杵家家弄月明。不及巴山听猿夜，三声中有不愁声。（杜荀鹤（《秋夜闻砧》）

　　无酒泛金菊，登高但忆秋。归心随旅雁，万里在沧洲。残照明天阙，孤砧隔御沟。谁能思落帽，两鬓已添愁。（王贞白《九日长安作》）

　　捣衣诗最原始的情感内容，仅限于描述思妇对心上人和家人的眷恋之情。在这里，游子诗已经自成一系。大唐政治、经济、文化繁盛，给士子们求取功名带来了诸多机会。很多诗人为了前程，不惜跋山涉水，游宦他乡，而其间的辛苦，也是不言而喻。尤其到了秋季，天始寒，衣正单，异乡的捣衣之声，搅扰着宦游千里的士子情怀，瞬间勾起他们对故乡和亲人的眷念。看看上面这些诗歌，有哪一首不是流露出天涯游子浓浓的思乡情呢？

　　流传于世的唐代捣衣诗，还有一首绝响。

　　这便是杨泰师的《夜听捣衣诗》，诗作曾被平安朝时期的日本收入《经国集》中。

　　杨泰师本是一名武将——渤海国文王大钦茂时的归德将军，也是出色的外交官，但更是一位优秀的诗人。杨泰师因公逗留日本之际，羁旅思乡，进而生"愁"，恰恰又听到邻女深夜捣衣，砧声酷似乡音。更深，露重，砧声紧，杨泰师心潮起伏，意绪难平，提笔写下《夜听捣衣诗》：

霜天月照夜河明，客子思归别有情。
　　厌坐长宵愁欲死，忽闻邻女捣衣声。
　　声来断续因风至，夜久星低无暂止。
　　自从别国不相闻，今在他乡听相似。
　　不知彩杵重将轻，不悉青砧平不平。
　　遥怜体弱多香汗，预识更深劳玉腕。
　　为当欲救客衣单，为复先愁闺阁寒。
　　虽忘容仪难可问，不知遥意怨无端。
　　寄异土兮无新识，想同心兮长叹息。
　　此时独自闺中闻，此夜谁知明眸缩。

　　这首《夜听捣衣诗》，赤子情深深，思乡愁缕缕。以他乡之情，唤故乡之情，堪称是文学移情的典范。

　　唐天宝年间，府兵制取消，捣衣诗沉寂一时。到了明朝，捣衣诗再度兴起，这与其时的卫所制有着千丝万缕的关系。卫所制也是寓兵于农，士兵们每年有几个月，分地域，分时间，以取衣为名回家休假。假期将满之时，千家万户又响起捣衣声，诗人们的捣衣诗，也随着砧声流传下来。

　　寒机裂霜素，繁杵叩清砧。哀音缘云发，断响随风沉。……君子万里身，贱妾万里心。灯前择妙匹，运思一何深。裁以金剪刀，缝以素丝针。愿为合欢带，得傍君衣襟。（何景明《捣衣》）
　　秦关昨寄一书归，百战郎从刘武威。见说平安收涕泪，梧桐树下捣征衣。（谢榛《捣衣曲》）
　　汉月挂庭树，胡霜拂城楼。边人一夜寒，深闺始知秋。起来理征衣，纤手一何柔。双杵几不胜，寸心未能休。（林鸿《寄衣

曲》）

城上秋风木叶飞，城中思妇捣寒衣。谁怜此夜肠空断，独恨经年戍不归。（乔世宁《捣衣》）

月树朦胧夜色微，清砧不断晓鸦啼。十年少妇闺中力，谁寄辽阳万里衣。（俞允文《捣衣二首》其一）

重关月色早凉分，夜夜砧声逐塞云。泪尽天南与天北，胡笳同是月中闻。（俞允文《捣衣二首》其一）

除却南朝宋女诗人鲍令晖的《题书后寄行人》，与捣衣有关的诗歌，几乎由文士一统天下。不过，唐朝倒是有两个小小的"插曲"。

唐玄宗朝，宰相张悦远征在外，多年不归。妻子裴羽仙捣练，为夫裁制寒衣。交给边使寄衣时，又另附上自己写的一首诗：

深闺乍冷开香匣，玉筋微微湿红颊。
一阵霜风杀柳条，浓烟半夜成黄叶。
重重白练如霜雪，独下闲阶转凄切。
只知抱杵捣秋砧，不觉高楼已无月。
时闻塞雁声相唤，纱窗只有灯相伴。
几展齐纨又懒裁，离肠恐逐金刀断。
细想仪形执牙尺，回刀剪破澄江色。
愁捻银针信手缝，惆怅无人试宽窄。
时时举袖匀残泪，红笺漫有千行字。
书中不尽心中事，一片殷勤寄边使。

无独有偶。唐武宗朝，有位叫张暌的将军，戍边一去就是十年。他的妻子侯氏常年空守闺阁，心中惦记丈夫，日夜盼望他回家团聚。但冬去春来,年复一年,天子就是不开圣恩。侯氏是一位诗才出众的女子,且善于刺绣。万般无奈之下,她将自己的诗,在白绢上用彩线绣成一只龟形:

  睽离已是十秋强,对镜那堪重理妆。
  闻雁几回修尺素,见霜先为制衣裳。
  开箱叠练先垂泪,拂杵调砧更断肠。
  绣作龟形献天子,愿教征客早还乡。

  与文士们相比,两位女子的诗作毫不逊色。裴羽仙的诗,明显带有南北朝捣衣诗的表述痕迹:深闺,红颊,霜风,捣秋砧,展齐纨,执牙尺,回刀剪,信手缝,试宽窄,匀残泪……全诗有景,有事,字字含情。这一番表白,道出的是征妇制衣的辛苦,对丈夫思念的绵长。想那侯氏定是一位泼辣的女子,直接进宫面圣,献龟形诗直抒胸臆,向天子讨要夫君。难得的是,武宗皇帝看完,龙颜大开,深受感动。于是下诏书,让张揆从边疆返家团聚,还赐侯氏绢三百匹。又嘱翰林院将诗存于宫中,侯氏的《绣龟形诗》也因此得以流传。

花开别枝

  一如清溪,有幸汇入江河,便平添了另一番气韵,文学之风刮到盛世大唐,班婕妤的团扇意象、捣素意象,也挣脱了诗与赋的"缰绳",开始了跨文体、越领域的漫长旅行。

  人称唐传奇小说又一个高峰的《霍小玉传》,是团扇意象落地其他文体的"第一站"。

  义兴(今江苏宜兴)人蒋防的《霍小玉传》,写的是歌妓霍小玉和书生李益之间的爱情悲剧。李益二十岁考中进士,第二年,到长安参加拔萃科考试期间，与霍小玉相恋。后来，李益以书判拔萃，授郑县主簿。临行前，李益向小玉发誓偕老。不曾想，李益归家后即变心易志，遵父母之命，迎娶贵姓之女卢氏。小玉从此相思成疾，缠绵病榻。侠士黄衫客出于义愤，将李益挟持到小玉家。见到负心汉，小玉悲愤交集，痛责李益，最终气结而死。她的冤魂化作厉鬼，使李益夫妻不睦，终生受到猜疑与嫉妒情绪的困扰。

那李益门第清贵，又有才气加身，时人都说无双。他常自夸风流才情，希望得到佳偶。经由长安媒婆鲍十一姐的撮合，在胜业坊古寺巷，李益与霍小玉相见。推杯换盏间，霍小玉开口献唱，李益瞬间为之倾倒。酒宴结束，已是天黑，鲍十一娘引李益到西院歇息。款款而来的霍小玉，言辞温柔，情态妩媚，褪去罗衣，体态更是撩人。帐内枕上，二人肌肤相亲，极尽欢爱。夜半之时，霍小玉忽然泪流，对李益言道："但虑一旦色衰，恩移情替，使女萝无托，秋扇见捐。"

小玉自知，身为娼家，与李益本不匹配，凭了姿色，才得到他的爱恋。担心日后年老色衰，李益的恩情会转移衰退，小玉以女萝没有大树可靠、秋扇被弃作比，道出了心中的忧虑。

只是，比霍小玉所虑更残酷的是，还没等到色衰那一日，她就被彻底抛弃。

辛弃疾的词作《朝中措》，也是团扇意象跨文体的佳作之一。

辛弃疾，山东东路济南府历城县（今山东济南）人，南宋豪放派词人，享有"词中之龙"美誉。他是开一代词风的伟大词人，更是一位能征善战、熟稔军事的民族英雄。自二十二岁起，率领两千多名家乡的父老兄弟起义抗金。从南到北，二十年金戈铁马，一身英雄气，气吞山河万里。但人到中年，却屡屡蒙受谗劾，赋闲二十载。其间六年时间，先后两次被朝廷起用，又两次被罢官，直至忧愤而死。瓢泉，是这位爱国词人南渡后最终的归宿地。驰骋疆场、抒报国之志时，辛弃疾的词作，常显示出横绝六合、扫空万古的气势，"要挽银河仙浪，西北洗胡沙。"（《水调歌头·寿赵漕介庵》）"马革裹尸当自誓，蛾眉伐性休重说。"（《满江红·汉水东流》）"袖里珍奇光五色，他年要补天西北。"（《满江红·建康史帅至文道席上赋》）归隐山野、失意无助时，也借团扇，作咏叹低回的《朝中措》：

年年团扇怨秋风，愁绝宝杯空。山下卧龙风度，台前戏马英雄。而今休矣，花残人似，人老花同。莫怪东篱韵减，只今丹桂香浓。

这是一首送别词。开门见山，直接写怨别。就像团扇怨恨秋风夺走炎热，被人抛弃，词人也怨恨秋天到来，友人会因秋试离开自己。"山下卧龙风度，台前戏马英雄"，表达了对忘年之交杨世长的喜爱和激赏。"莫怪东篱韵减，只今丹桂香浓"，词人感慨自己雄风不再，是时序使然。只是，开篇的"年年"还是瞒不过，词作另有深意：二十年深居赋闲，唯有山水能寄情。只是苦啊，山水情长，英雄气短，不知山水间，收纳了多少英雄泪！

清词人纳兰容若的《木兰词·拟古决绝词柬友》，更是直抵人心：

人生若只如初见，何事秋风悲画扇。
等闲变却故人心，却道故人心易变。
骊山语罢清宵半，泪雨霖铃终不怨。
何如薄幸锦衣郎，比翼连枝当日愿。

纳兰容若不愧是咏情表意的词坛高手，借汉班婕妤和唐杨贵妃的典故，长抒一腔失意之情。

这失意之情，或许只有容若的挚友、时称与他同为康熙朝词坛双璧的顾贞观才能读懂。在道光十二年结铁网斋刻本《纳兰词》里，词牌木兰花令下缀有一个词题:"拟古决绝词,柬友"。这个友,便是顾贞观了。也正是因为"柬友"二字,这首诗遭到后世误解,很多人以为是容若写给顾贞观的决绝词。

其实更有可能,是容若借顾贞观之手,将这首词转于沈宛。

沈宛,一位色艺俱佳的江南名妓。

康熙二十三年(1684),纳兰容若随康熙帝巡行江南。友人顾贞观知道,容若有一颗情深如海的寂寞心,渴望身边能有一位蕙质兰心的红颜知己。待容若一到江南,顾贞观便将沈宛引见给他。才子遇佳人,彼此心生爱慕,在清波画舫,二人把盏饮酒,执笔填词,日夜相守。只是,满汉不能通婚的清规,纳兰氏的显赫家世,都不允许容若将沈宛带回京城。

人随皇帝回到京城,容若的心,却留在了江南。

纵是相思也杀人。容若不顾父母反对,执意要纳沈宛为妾,顾贞观将沈宛从江南带到容若身边。纳兰家绝不肯给这个青楼女子妾的身份,容若只得将沈宛安置在纳兰府的一座别院内。身为康熙帝的一等侍卫,家中长子,每日上朝要尽忠职守,下朝要向父母请安,照顾家庭,容若纵然心中有沈宛,与她相聚的时光也是极少。

数月之后,沈宛重返江南。

词人说了:人生,如果只像初次见面时那么美好,又有什么理由害怕画扇遇到秋风呢?而今,你变心了,却说人的心本来就容易变。除却三个当事人,只恐怕,再无人清楚这首词的本意了。

自古诗词无定解。透过这首词,有人看到女子对自身的叹惋,也有人看到遭遇"友情变故"后的感伤,更似乎,人人都可以借它熨帖悒悒情怀。"人生若只如初见,何事秋风悲画扇",就这么成为古诗词的经典名句。

这世上,总有许多意想不到的巧合。出自"班姬辞辇"典故的中古文人画,摹本收藏在北京故宫博物院;出自"班姬团扇"意象的近古文人画,真迹原本也是北京故宫博物院的旧藏,现在典藏于台北故宫博物院。

明代著名画家、书法家、诗人唐寅,字伯虎,吴县(今江苏苏州)人,擅画美人。台北故宫博物院的《班姬团扇图》,笔致谨严,人物柔美,是他的人物画名作。画面上,棕榈挺立,石砖铺径,石阶围出院落边缘,暗示出宫廷场景。班姬手执画扇,微微抬头,似仰望秋空明月,又像是若有所思。

夺人视线的,还有画作右下方的两株蜀葵。

蜀葵,花开向阳,寓意也多重。可以表达臣子对君王的忠心,也暗示女性对男性的向往。班婕妤之于汉成帝,既是臣子对君王,又是妾室对夫君。当班姬与蜀葵相遇,突出的便是因思慕和遗弃而生发的忧愁。画家心意曲折,匠心独运,在白扇上也画就一支淡淡的蜀葵。一淡一浓,上下呼应,思慕和忧愁,更添一层。

清幽空寂的意境,孤独寂寞的美人,如此画意,均源于班婕妤的《怨歌行》。

这般工笔淡彩的描述,对于班婕妤"秋扇见捐"典故的表达,无疑是委婉含蓄的。而画作右上方的三首题画诗却"箭指靶心",给予画作丰富的内涵与外延。

能给唐寅画题诗的,也都不是等闲之辈。

第一首题诗的作者祝允明,长洲(今江苏苏州)人,擅长诗文,尤工书法,与唐寅、文徵明、徐祯卿并称"吴中四才子",是唐寅的诗坛密友。唐寅的大量画作都有祝允明的题诗,唐寅去世后,祝允明还为他写过墓志铭。

> 碧云凉冷别宫苔,团扇徘徊句未裁。
> 休说当年辞辇事,君王心在避风台。

祝允明真是厉害,"辞辇"一词,道出班婕妤为后世所传颂的主要原因。"避风台"一词，说的是汉成帝移宠赵飞燕。传说赵飞燕身轻体弱，成帝刘骜唯恐她在太液池上献舞时惊鸿般飞去，专门为她建造一座避风台。一个"辞辇"，一个"避风台"，印证了《列女传》中的评价：班婕妤具有周宣姜后的礼让、楚庄樊姬的品德，赵飞燕的骄横乱政，与褒姒不差上下。

第二首题诗的作者文徵明也是长洲人，诗、文、书、画，无一不精，还官至翰林待诏。文徵明少年时代就是唐伯虎的朋友，他为人虽谦和，却也耿介，不取悦权贵，一向为唐寅所敬重。

是祝允明题诗已经讲述了班婕妤本事的缘故吗？文徵明的题诗，只描述了画中女子的体态和心情：

  落尽闲花日暮迟，薄罗轻汗暑侵肌。
  眉端心事无人会，独许青团扇子知。

这首诗，与祝允明也有得一拼。"辞辇"与"避风台"两相对比，说的是贤妃与嬖女的天壤之别；"眉端心事"与"青团扇子"两两相映，表的是班婕妤"秋扇见捐"的幽怨之情。

第三首诗的作者王穀祥还是长洲人，官至吏部员外郎，能诗擅画，为士林所看重。唐寅去世那年，他才三岁，二人并没有直接交往，能有幸在此画上题诗，名垂画史，应该有别的原因。或许是因为，王穀祥的父亲王观与祝允明有姻亲之好，他的另一个儿子王穀祯娶的是祝允明之女；也或许是因为，王穀祥是文徵明的亲传弟子。

  蝉鬓低垂螺黛残，含颦睡起恨漫漫。
  长门七月浑无暑，翠袖玲珑掩合欢。

毕竟是两代人，心意未必相通，王毂祥的诗，与祝允明、文征明就略有些隔，语句也显轻佻。题诗的重点集中在班姬的妆容和神态上，好在最后一句"翠袖玲珑掩合欢"，合上了班婕妤《怨歌行》"裁作合欢扇，团团似明月"的节奏。但"合欢"的本意指向男欢女爱，反映出明代文人士绅阶层共同的审美趣味。

这幅《班姬团扇图》，画与诗，都与班婕妤的《怨歌行》本意相关。但唐寅另一幅画作，典藏于上海博物馆的《秋风纨扇图》，却是别有怀抱。

号为六如居士、桃花庵主、逃禅仙吏的唐寅，天资聪慧，少年时熟读四书五经，十一岁便写得一手好字。十六岁秀才考试，名列榜首，轰动长洲。十九岁娶妻，生有一子，生活幸福美满。但是不幸得很，唐寅二十五岁那年，父母妻儿竟相继去世，第二年，妹妹又自杀。一连串的打击，使得唐寅悲痛欲绝，天天酗酒。酒后，终日长歌当哭，嬉游无度。幸得好友祝允明的规劝，闭门苦读一年，二十九岁考中江南乡试第一名举人，高中解元。正当他踌躇满志、三十岁进京复试时，却受考场舞弊案牵连，不仅含冤下狱，还被终生禁考，彻底断送了前程。从此，逃禅，放浪，成为唐伯虎人生的主旋律。

从诗作《桃花庵歌》里，不难看出他的自由人生：

桃花坞里桃花庵，桃花庵里桃花仙。
桃花仙人种桃树，又摘桃花当酒钱。
酒醒只在花前坐，酒醉还来花下眠。
半醒半醉日复日，花落花开年复年。
但愿老死花酒间，不愿鞠躬车马前。
……

虽洒脱如此，但终其一生，唐伯虎都饱受怀才不遇之苦。在这种外表洒脱、内心煎熬的矛盾纠葛中，唐伯虎创作出又一幅人物画名作《秋风纨扇图》。

同样，在画中，班婕妤是手执纨扇、发髻高挽的汉代美人。但细细看去，与《班姬团扇图》又大不相同。这是一幅水墨小写意，笔墨简洁，收敛，人物侧身，凝目远望，哀怨惆怅的神色间，又隐隐露出一丝无忧无虑的自由。背景设置极为简略，只有一处石坡，生一丛修竹，另有几块粗石压在右下角，画面留下大片的空白，萧瑟之气，横扫纸面。画作的寓意，也不像《班姬团扇图》以蜀葵寓情，而是以竹寓德。在中国古代，竹子是品格的象征，也是道德的化身。《秋风纨扇图》不仅在石坡处画竹，连班婕妤手中的扇柄也由竹节制成。不言而喻，画作侧重的是对女子德行的赞美，是对《怨歌行》含义的一种升华。

更引人注目的，是立在画面左侧的题诗：

秋来纨扇合收藏，何事佳人重感伤。
请把世情详细看，大都谁不逐炎凉。

秋来了，洁白如玉的扇子自然应该收藏起来，班婕妤，你为什么如此感伤？舍不得放弃，只能徒增烦恼。仔细看看人间，哪个不是趋炎附势，只喜锦上添花，不愿雪中送炭呢？

如果说唐朝是诗歌的繁荣时期，那么明朝就是文人画的鼎盛时期，士大夫借绘画表达自己的思想，寻求情感寄托。这首题诗，透过班婕妤秋执纨扇的复杂心绪，反衬的是唐寅对世事人情的透彻领悟和超然物外的人生态度。《秋风纨扇图》，虽然画的是一位寂寞美人，实则是画家在画自己的人生，画他饱尝艰辛的生命体验。我们会发现，在题诗旷达的背后，隐藏着无尽的悲凉和愤懑——作者是为班婕妤悲，也是在为自己悲。

在画面的右侧，裱绫上附有晚明著名收藏家、鉴赏家项元汴的一段题词：

　　唐子畏先生风流才子而遭馋被摈，抑郁不得志，随复佯狂玩世以自宽，而受不知己者之揶揄，亦已多矣。未免有情，谁能遣此？故翰墨吟咏间，时或及之。此图此诗，盖自伤自解也。噫！予以肮脏负气者，览其不胜嘡嗜，岂但赏其画品之超逸已哉。

浙江嘉兴人项元汴，是明朝大臣刑部尚书项忠的后裔，作此题跋时刚刚十六岁。权贵人家的公子，生活必定极其安逸，竟然也能将诗画与风流才子唐寅一生的不得志联系在一起，从中读出作者的"自伤"与"自解"。不仅仅如此，唐寅的遭遇，还让项元汴看到世间的肮脏负气之人，情不自禁，扼腕叹息，足见《秋风纨扇图》诗画的"载道"功力。

文学与绘画，自古就有"联姻"。晋朝的张墨，南朝宋的陆探微，南朝齐的刘瑱，他们以捣衣为题材的画作，皆消失在岁月的长河里，现如今，尚有唐朝以后的两幅画作传世。

唐朝画家张萱作有《捣练图》，从中可以看出王昌龄《长信秋词》的诗意：

　　长信宫中秋月明，昭阳殿下捣衣声。
　　白露堂中细草迹，红罗帐里不胜情。

《长信秋词》为人们传递出信息：秋夜，明月高悬，宫闱寂寞，几位美人执杵捣衣，以排遣被君王疏离的冷清和寂寞。

张萱这幅《捣练图》长卷，要比《长信秋词》的描写生动形象许多。全画长一百四十七厘米，描绘了十二位宫人。九位成年宫女，身穿低领窄袖短襦，贴胸用丝带系着各色高腰长裙，肩搭薄如蝉翼的印花披帛，头上高高挽着发髻。三个女童头梳丫鬟双髻，神态活泼可喜。画面上，四位宫女手执木杵，围着石砧，有的在仔细捶打素练，有的挽袖，准备开始；两位宫女坐在彩色的地毯上，专心缝制衣裳；一个女童蹲在地下，照看用来熨烫的一盆炭火；另有两位宫女，抻着长长白绢的两端，一位稍显年长的宫女手持熨斗，小心地在上面熨烫；她对面的女童也帮助将熨烫的部分抻展，另有一个女童弯下腰，歪着头，在素练下嬉戏。画卷从右往左，铺排开来，宫廷的捣练制衣流程，宫女们的平常劳作，一一跃然纸上。

　　《捣练图》绘制在细致平滑的宫绢上，并无作者和摹者的款印，卷首题跋写有"宋徽宗摹张萱捣练图真迹"。不过，后世书法鉴定家认为，此画应由宋代画院高手代笔而作。清代时，这幅画还在中国境内，1912年入藏美国波士顿博物馆至今。

　　南宋画家牟益作有一幅《捣衣图》长卷，题跋上写得明白，画意取自南朝宋谢惠连的《捣衣诗》：

> 衡纪无淹度，晷运倏如催。
> 白露滋园菊，秋风落庭槐。
> 肃肃莎鸡羽，烈烈寒螀啼。
> 夕阴结空幕，宵月皓中闺。
> 美人戒裳服，端饰相招携。
> 簪玉出北房，鸣金步南阶。
> 檐高砧响发，楹长杵声哀。
> 微芳起两袖，轻汗染双题。
> 纨素既已成，君子行未归。
> 裁用笥中刀，缝为万里衣。

> 盈篚自余手,幽缄俟君开。
>
> 腰带准畴昔,不知今是非。

不难发现,诗中的白露、秋风、宵月、端饰、微芳、轻汗、幽缄、准畴昔、今是非,一系列描述和表达,同样荡漾着班婕妤《捣素赋》的情致和诗意。

1240年,秋天,牟益作客友人董更居所。那些日子,每到夜深,人静,皓月当空,牟益了无睡意,谢惠连的《捣衣诗》在脑际一遍遍闪回。铺纸,研磨,以《捣衣诗》的诗意,牟益画了一幅《捣衣图》。全卷淡墨白描,共有仕女、侍女、童仆三十二人。这幅手卷,于卷动中给人以时间的推移,从右至左,依次展现出整装、抱练、捣练、剪裁、缝制、装箱的程序。侍女们面目丰腴,衣裙宽大,个个仪态优雅,却难掩一脸焦虑,因为,她们无法知晓,夫君在外,是否安好。白描略显素淡,反而烘托出弥漫全画的淡淡愁思,是描绘闺怨的人物画极品。

画作完成,牟益当即赠给了知己董更。此后七百多年间,《捣衣图》裹挟着文化记忆,异性幻想,情感欲念,于留白处,遍缀文人、朝臣以及皇帝的题跋和钤印。这幅北京故宫博物院的旧藏,现如今,被典藏在台北故宫博物院。

清高宗乾隆与孝贤皇后,二人都很喜爱这幅《捣衣图》。乾隆曾三次在图卷上题诗,首首饱含"捣衣"诗意。其中两首,抒发的是对孝贤皇后的眷念之情。

乾隆十二年(1747)四月,乾隆帝首次在长春书屋题诗。主要是对画意的描述:

> 举首见明月,揽衾对空闺。忆远各呻吟,命侣聊招携。尺素出文笥,平砧列闲阶。女伴强笑言,默喻中怀哀。长短准旧度,

袗袭别新题。不裁双鸳鸯，留待君子归。(《题牟益捣衣图用谢惠连捣衣诗韵即效其体》)

第二次题诗是乾隆十三年（1748）三月，孝贤皇后死于随帝东巡之中，年仅三十七岁。失去爱妻的乾隆帝，面对高士奇在卷尾所写怀念亡妻的跋语，感触颇多，遂题诗一首，表达对爱妻的哀婉思念之情：

溶溶凉露湿庭阿，双杵悲声散绮罗。暖殿忽思同展玩，顿教沾渍泪痕多。独旦凄其赋锦衾，横图触景痛难禁。江邨题句真清绝，急节曾悲树下砧。(《再题牟益捣衣图用高士奇旧题韵》)

第三次题诗是乾隆十九年（1754），阳春三月。那拉皇后首次亲蚕，这也是孝贤皇后亡故的时节。往年的先蚕礼，都是由孝贤皇后主持，而此时，斯人已逝，物是人非。触景生情，乾隆再次题诗，倾吐对发妻的深切怀念：

传神擅老牟，宛似秋气归。佳人闹扫妆，相聚捣寒衣。即今重织衽，亲蚕馆复开。何当盆手三，怆念前人非。(《再题牟益捣衣图仍用谢惠连韵》)

清高宗乾隆和孝贤皇后，可谓是人间龙凤，但他们也有平常夫妻的朴素感情。乾隆三度题咏，不止是沉迷于《捣衣图》所弥漫的闺怨之美，更是倾诉了对孝贤皇后的追悼之意，令天下文人难以望其项背。这幅长达四百六十余厘米的白描《捣衣图》，因了乾隆帝的题诗，才得以绵延无尽的世间人情。

五代乱世过后，中原文化凋落，诗歌之道失传，文人们纷纷开始填词。宋人专心词章的经营，一旦下笔，清丽兼婉转，含蓄且多情。相比之下，对于作诗，他们却显得有些不太走心，宋诗的造诣就远远落后于唐人。

看看宋代词人们那些以"捣衣"意象入词的佳作。

　　褰罗幕，凭朱阁，不独堪悲摇落。月东出，雁南飞，谁家夜捣衣？（冯延巳《更漏子·风带寒》）

　　黄昏院落，凄凄惶惶，酒醒时往事愁肠。那堪永夜，明月空床。闻砧声捣，蛩声细，漏声长。（李清照《行香子·天与秋光》）

　　秋风清。秋月明。谁捣秋砧烟外声。悲秋无尽情。（刘学箕《长相思·西湖夜醉》）

　　萧瑟捣衣时候，凄凉鼓缶情怀。（刘克庄《风入松·福清道中作》）

　　木叶亭皋下，重阳近，又是捣衣秋。奈愁入庾肠，老侵潘鬓，谩簪黄菊，花也应羞。（张耒《风流子·木叶亭皋下》）

字里行间，流露出文人的悲秋情怀。

　　几处捣残深院日，谁家敲落高楼月。道声声、总是玉关情，情何切。（秦观《满江红·咏砧声》）

　　西楼别后，风高露冷，无奈月分明。飞鸿影里，捣衣砧外，总是玉关情。（晏几道《少年游·西楼别后》）

　　仙掌月明，石头城下，影摇寒水。念征衣未捣，佳人拂杵，有盈盈泪。（苏轼《水龙吟·露寒烟冷蒹葭老》）

征妇思念远征的亲人，仍然是捣衣词的主题之一。

木落江寒秋色晚，飕飕吹帽风清。丹枫楼外捣衣声。登高怀远，山影雁边横。（谢逸《临江仙·重九》）

一天霜月明，几处砧声起。客梦已难成，秋色无边际。旦夕是重阳，菊有黄花蕊。只怕又登高，未饮心先醉。（辛弃疾《生查子·和夏中玉》）

虚阁笼寒，小帘通月，暮色偏怜高处。树隔离宫，水平驰道，湖山尽入尊俎。奈楚客淹留久，砧声带愁去。（姜夔《法曲献仙音》）

月夜，砧声，勾起作者对亲人和故乡的思念。

少年横槊，气凭陵、酒圣诗豪余事。袖手旁观初未识，两两三三而已。变化须臾，鸥翻石镜，鹊抵星桥外。捣残秋练，玉砧犹想纤指。（辛弃疾《念奴娇·双陆，和陈仁和韵》）

这首词，应该是辛弃疾闲置生涯中的作品。一日，曾在仁和作县令的友人陈光宗到访，词人与他玩一种名叫双陆的棋类游戏，余兴未尽，彼此作词唱和。词人以当年金戈铁马的旧事起笔，如今虽被迫解甲，但"捣残秋练，玉砧犹想纤指"句，依然隐藏着浩然之气，表达出作者对远征戍边、建立功业的渴望。

清代的纳兰容若也作有捣衣词，写作的起因，源于康熙十三年吴三桂与清廷的彻底决裂。一想到为平叛乱，不知要有多少将士远征沙场，多少征妇月下捣衣，敏感多思的容若一气呵成，写下十三首著名组诗《记征人语》，其中有"一夜寒砧霜外急，书来知有寄衣无"诗句。总觉得，三言两语，难解胸中块垒，继而，容若又借征妇之口，填词一首：

鸳瓦已新霜，欲寄寒衣转自伤。见说征夫容易瘦，端相。梦里回时仔细量。支枕怯空房，且拭清砧就月光。已是深秋兼独夜，凄凉。月到西南更断肠。（《南乡子·捣衣》）

梦里见夫，仔细端详，为夫量体裁衣；孤枕难眠，怕守空房，就着月光为夫捣衣。一系列心理活动和动作，将思妇内心的惆怅，孤独，一层一层揭示给世人。

借助"捣衣"意象，唐朝还创造出一个曲牌《捣练子》。又被称作《捣练子令》，每首只有二十七字。

南唐后主李煜曾作《捣练子·深院静》：

深院静，小庭空，断续寒砧断续风。无奈夜长人不寐，数声和月到帘栊。

不知谁家的妇人，在小小的庭院捣衣，恼人的秋风，断断续续吹去，思念的砧声，断断续续传来，词人因为他们而无法入眠。身为亡国之君，李煜的后期词作多为哀音。这首捣练子令，或许也是李煜后期的作品，写出了词人因寒夜捣衣之声而引起的各种离怀别绪。

不过，最有名的捣衣词传世作品，应该是宋代词人贺铸的五首《捣练子》：

收锦字,下鸳机,净拂床砧夜捣衣。马上少年今健否?过瓜时见雁南归。(《夜捣衣》)

砧面莹,杵声齐,捣就征衣泪墨题。寄到玉关应万里,戍人犹在玉关西。(《杵声齐》)

斜月下,北风前,万杵千砧捣欲穿。不为捣衣勤不睡,破除今夜夜如年。(《夜如年》)

抛练杵,傍窗纱,巧剪征袍斗出花。想见陇头长戍客,授衣时节也思家。(《剪征袍》)

边堠远,置邮稀,附与征衣衬铁衣。连夜不妨频梦见,过年惟望得书归。(《望书归》)

这些小词,都是围绕征妇为征夫捣练、制衣而写。每首虽只有五句,但句句写得清婉,凄切,一波三折,寓意深长。"连夜不妨频梦见,过年惟望得书归"。只期待能梦中相会,只寄希望于明年能收到回信,读来实在令人鼻酸眼湿。在它的背后,不知曾有多少个幻想变成泡影,多少次热望化为灰烬……

较之五言诗《怨歌行》,由班婕妤《捣素赋》衍生而来的"捣衣"意象,涉及领域更为宽泛。

梅庵琴派名曲《捣衣》,为唐代潘庭坚所作。这首曲子的意境,源自李白《子夜吴歌·秋歌》中的"长安一片月,万户捣衣声"。《子夜吴歌》曲调,原本多是用来描写爱情,到了李白笔下,被赋予广阔的时代背景,发散出追求和平的捣衣精神。潘庭坚的《捣衣》曲,内涵更为丰满:异族侵略唐代汉族,众戍卒在边隅守卫;秋风起,天气凉,妻子们河畔捣衣思夫,进而怨恨战争。《捣衣》曲调慷慨激昂,又哀婉动人,村妇对久戍边塞的亲人深切的思念之情在琴弦上回旋,久久不去。

"戏曲者,谓以歌舞演故事也。"(王国维《戏曲考原》)

明代不少戏曲作品,俨然就是一出出的传奇故事。"捣衣"这一物象,也被戏曲家巧妙地穿插其中。

擅长作曲的朱鼎,著有传奇《玉镜台记》。这是一部融合家事与国事的历史剧,由"温峤娶妻"的故事衍生而来。东晋权臣王敦谋反后,派人将温峤的母亲和妻子关入大牢,以此来削弱他的意志。温峤的妻子在狱中托人捎出二人订婚时的玉镜台给温峤,勉励丈夫报效朝廷,勿念家室。《玉镜台记》塑造了一对忠孝双全的才子佳人,将《世说新语·假谲》中的骗婚韵事,变成了一出封建伦理道德劝忠劝善的正剧。剧中加入了捣衣情节:

【山坡羊】冷飕飕寒风如箭。夜凄凄寒砧捣练。愁戚戚把金梭掷抛。唧唧唧促织声如劝。缀锦纹错综绪千万。搅得奴心如麻乱。夫。未审何时。重谐缱绻。〔合〕惓惓。织就回文献九天。悬悬。织就寒衣送玉关。

一代帝妃班婕妤,早于公元初年就已作古,但她的影响力一直延续到清代。两晋以来,一代又一代的仕宦文人,在汉时那轮明月的辉照下,借助班婕妤本事,以及因她的作品衍生而来的诸多意象,述说着相似的亲情爱情,悲苦离愁。由此产生的诗、词、绘画、音乐和传奇故事,无一不是中国古典文学宝库中的奇珍,古代艺术殿堂里的异宝。

东瀛散韵

中国,日本,一衣带水;彼此的交往,山高水长。

魏晋时期,朝廷与日本在交通与贸易方面的来往日渐增多,中国的蚕桑丝织业和缝衣技术不断输入日本。到了南朝,日本曾向朝廷求助织工和洗衣工。这些举措，促使日本的纺织技术迅速发展，他们的国人开始穿着类似南朝人的胯褶和长裙，也使得《魏志·倭人传》中所记载的，倭人历来惯用的"用布一幅、中穿一洞、贯头其中"的简陋着衣方式，逐渐成为历史。

经济贸易的频繁往来，促进了中国古代文化在日本的传播。

古代日本列岛，文化远远落后于古中国。到了平安朝时期（794-1192），中日文化交流关系密切，包括《汉书》在内的《礼记》《战国策》《史记》等中国典籍进入日本，汉诗、汉文也相当流行。尤其是唐诗，一度被传颂于日本的各个阶层。平安朝的嵯峨天皇效仿魏文帝，颁发"文章经国"的诏令，命人编选汉诗集《凌云集》《文华秀丽集》。此后，淳和天皇又命人编选了奈良至平安初期汉诗文总集《经国集》。这便是史称的"敕撰三集"。

班婕妤的团扇意象，也赖以"敕撰三集"登陆日本。

公元814年成书的日本最早的御撰汉诗集《凌云集》中，有"班姬秋扇已无色，孙子夜书独有明"的诗句；公元818年成书的御撰汉诗集《文华秀丽集》中，有"团扇含愁咏，秋风怨有余""皎洁秋悲班女扇，玲珑夜鉴阮公帷""长信深宫圆似扇，昭阳密殿净如练"的诗句；公元827年成书的御撰汉诗集《经国集》中，有"班姬酷怨因轻扇""班姬亡扇色，孙子得书辉""遥似姮娥凭月色，还疑班子恐秋风"的诗句。

从中不难看出，班扇的典故，团扇的意象，早已深入日本汉诗，广为流传。

"敕撰三集"，大部分内容是朝臣们的奉和之作，其中的闺情相思类，捣衣诗同样占有一席之地。

桑原腹赤依据嵯峨天皇《听捣衣》（依唐《捣衣曲》作）曲意，作《奉和听捣衣》一首：

>　　双双秋燕数般翔，闺妾当惊边已霜。何处捣衣通达旦？空楼月下万家场。暗中不辨杵低举，枕上惟闻声抑扬。守夜宫钟乍相和，应通长信复昭阳。

很显然，诗中借用了班婕妤《捣素赋》捣素寄远之义，思妇，边塞，捣衣，秋夜，明月，砧声，这些六朝就出现在捣衣诗中的意象，被桑原腹赤运用得驾轻就熟。

嵯峨天皇的宫女，地位如上官婉儿的惟氏有才有艺，作有一首《奉和捣衣引》：

>　　秋欲阑，闺门寒。风瑟瑟，露团团。遥忆仍伤边戎事，征人应苦客衣单。匣中掩镜休容饰，机上停梭裂残织。借问捣衣何处好，南楼窗下多月色。芙蓉杵，锦石砧，出自华阴与凤林。捣齐纨，捣楚练，星汉西回心气倦。随风摇飏罗袖香，映月高低素手凉。疏节往还绕长信，清音凄断入昭阳。就灯影，来玉房，把刀尺，量短长。穿针泣结连枝缕，含怨缝为万里裳。莫怪腰围畴夕易，昨来入梦君容悴。

身为女性宫官，惟氏应该拥有与班婕妤类似的情感。在她笔下，依稀有着班氏写景、状物、心理描写的细腻与哀婉，也有着班氏《捣素赋》中抑扬顿挫的旋律、长短参差的句式。作者还巧妙地移花接木，将《捣素赋》中的意象借为己用：芙蓉杵，锦石砧；齐纨，楚练；罗袖香，素手凉；长信，昭阳；把刀尺，量短长。这一一流泻出的，仿佛都是汉宫情。

"敕撰三集"问世之后，日本的捣衣诗创作逐渐脱离了对中国捣衣诗的模仿，在"捣衣"意象的运用上也变得无拘无束：

谁家少妇惊秋梦，玉杵寒夜捣练用。夜夜凤城月色高，朝朝燕山雪花重。（祗园南海《捣衣》）

星河影入寒江动，鸿雁声连绝塞长。遥夜挑灯添客意，荒村捣杵断人肠。（雨森芳洲《偶作》）

夜深蛩语切，爽气逼衣裳。叶落千山雨，砧声万户霜。（梁川红兰《夜深》）

急砧催落月，远戍忆边城。欲叙惟诗在，悲秋万里情。（永井禾原《秋夜次敬香韵》）

清砧捣恨逼愁肠，乱后何堪秋意凉。应是当年汉宫女，玉织欲碎夜来霜。（成岛柳北《夜听砧声》）。

走马清晨来问奇，出门便道倦游时。忽听十月砧声乱，坐看千山枫色衰。（物双松《送青兰铃子北归》）

长江何处采芙蓉，近里何家悲促织。但见长江隔渺茫，但闻近里捣衣裳。（服元乔《明月篇》效初唐体）

可怜明月长相思，相思相悲不相见。……不可忘自起拭清，拭砧操杵捣衣裳。（高野惟馨《秋夜长》）

西风萧瑟满皇州，远客何堪万里愁。……邻杵时惊故园梦，丁冬声急月明秋。（龙公美《秋夜旅情》）

积梦思归客，寒砧落叶风。行装在秋尽，驱马向关东。（时直清《对月》其二）

明月故山寒桂树，清砧今夜送秋风。……强自把杯难作醉，萧条回首难飘蓬。（服元雄《中秋独酌》）

谁家吹玉笛，何处捣寒衣。今夕情殊切，安能不忆归。（馀承裕《秋夜对月》）

一如中国的捣衣诗，闺怨，悲远，游子愁，同样是日本捣衣诗的主题，其间流淌着人类共通的感情。在这里，我们无法将日本的捣衣诗全部罗列，但已足可确定，中日两国的古代文学有着不可分割的亲缘关系。

14世纪中期，中国元杂剧兴盛之际，日本的三大传统戏曲之一能剧诞生，谣曲是能剧的脚本。日本杰出的能乐表演艺术家、谣曲作家世阿弥，一生创作了九十余部谣曲，其中就有以班婕妤"团扇"意象创作的《班女》。

谣曲《班女》，讲述的是歌女和名门公子跨越身份等级的恋情。花子是美浓国野上驿馆的歌女，吉田少将来自东京，与侍从去东国游历。吉田途经野上驿馆，与花子有了一段恋情，二人互相交换扇子，结下百年之好。吉田少将离开后，花子不愿意再陪酒接客，整日里茶饭不思，一味盯着手中的定情之物扇子发呆，被人戏称作班女。遭到女主人驱逐，花子只身踏上寻找少将之路。另一边，则是少将再返途中寻访花子而不见，也踏上了返京之途。万幸，两人途中偶遇，但此时的花子奔波劳累，已经疯癫失态。少将与花子，各自拿着送给对方的扇子，互相参详，当场相认，有情人终成眷属。

《班女》的曲辞古典唯美，有许多七言唱词。特别是"翘盼风便传音讯，秋风习习暑夏残。此扇题名称团雪，但闻其名心亦寒。可恨秋风夺弃扇，有聚有散理固然。因果相生是常理，无须尤人又怨天。自叹不堪相思苦，独守空帏谁为怜"一曲，其中的"因果相生是常理，无须尤人又怨天"，让人想起班婕妤《自悼赋》中的"《绿衣》兮《白华》，自古兮有之"。"自叹不堪相思苦，独守空帏谁为怜"，又令人想起《自悼赋》中的"俯视兮丹墀，思君兮履綦。仰视兮云屋，双涕兮横流。"

不一样的时空，不一样的国度，不一样的佳人，不一样的地位、身份，面对命运，却发出了相似的哀音。这就是文学的魅力，无与伦比。

时不时会想起北京故宫。

没有了帝王的紫禁城，身份愈发尊贵。作为国家博物院，珍藏着中华民族上下五千年的文化与智慧、技能与记忆。一代又一代的华夏子孙，无论从地球的哪一个角落，披星戴月，乘风而归，都能在这里，寻到自己的根，安顿漂泊的灵魂。

还有那些卷帙浩繁的中华经典名著，同样承载着中华民族五千年的文化与智慧、技能与记忆。

我们不能不仰慕，古雁门郡楼烦县人班婕妤——

被珍藏在故宫博物院里。顾恺之的《班姬辞辇图》摹本，向人们默默诉说曾经的大汉风云、贤妃故事。

被刻印在文史典籍里。她的《怨歌行》，她的《自悼赋》《捣素赋》，不知温暖了多少宫女思妇的漫漫长夜，慰藉了多少仕宦征人的蹉跎岁月，惊艳了多少文人骚客的悠悠时光。虽历经千年，依然辉不染尘，惊世骇俗。

向着汉时明月，敬上心香一瓣，只为班婕妤：

　　蒹葭苍苍，白露为霜。
　　所谓伊人，在水一方。

主要参考资料

(以版次或发表时间为序)

一、著述

1. 陈子展撰述.诗经直解.上海：复旦大学出版社，1983
2. [清] 御定.全唐诗（全二册）.上海：上海古籍出版社，1986
3. 唐圭璋，缪钺，叶嘉莹等撰写.唐宋词鉴赏辞典.上海：上海辞书出版社，1988
4. 王利器主编.史记注译.西安：三秦出版社，1988
5. 黄清泉注译.新译列女传.台北：三民书局，1996
6. 王学理著.汉景帝与阳陵.西安：三秦出版社，2005
7. 聂石樵著.先秦两汉文学史.北京：中华书局，2007

8.王凯旋著.秦汉社会生活四十讲.北京：九州出版社，2008

9.苏缨，毛晓雯，夏如意著.纳兰容若词传.南京：江苏文艺出版社，2009

10.林家骊译注.楚辞.北京：中华书局，2010

11.刘毓庆，李蹊译注.诗经.北京：中华书局，2011

12.陆玖译注.吕氏春秋.北京：中华书局，2011

13.易小平著.西汉文学编年史.上海：上海古籍出版社，2012

14.刘森淼编著.荆楚古城风貌.武汉：武汉出版社，2012

15.[唐] 魏征等合编.《群书治要》学习小组译注.《群书治要译注》第六册.北京：中国书店，2012

16.高海著.朔州简史.太原：三晋出版社（原山西古籍出版社），2012

17.王继如主编.汉书今注.南京：凤凰出版社，2013

18.许嘉璐著．中国古代衣食住行．北京：中华书局，2013

19.吴成国．张敏编著.《荆楚古代史话》．武汉：武汉出版社，2013

20.姚伟钧，郑玉东编著.荆楚社会生活.武汉：武汉出版社，2013

21.纪连海著.纪连海点评史记.桂林：漓江出版社，2013

22.许嘉璐.中国古代衣食住行.北京：中华书局，2013

23.原平市政协文史资料委员会编.原平文史——"三班故里""晋贤故里"研究合集（内部资料）.原平，2013

24.陈建宪著.荆楚民间文学.武汉：武汉出版社，2014

25.桂胜、张友云编著.荆楚民间风俗.武汉：武汉出版社，2014

26.黄中骏著.荆楚音乐.武汉：武汉出版社，2014

27.柳雅青著.荆楚舞蹈.武汉：武汉出版社，2014

28.陈昆，邵学海编著.荆楚绘画.武汉：武汉出版社，2014

29.左奇志，邵学海，陈昆编著.荆楚雕塑.武汉：武汉出版社，2014

30.杨焄译注.诗品译注.上海：上海三联书店，2014

31.吕壮译注.西京杂记译注.上海：上海三联书店，2014

32.马孟龙著.秦汉史.上海：上海人民出版社，2015

33.刘德增著.秦汉衣食住行.北京：中华书局，2015

34.任犀然主编.彩图全解－老子·庄子.北京：中国华侨出版社，2015

35.[宋] 郭茂倩编.乐府诗集.北京：中华书局，2017

二、论文

1.李更旺.试论刘向等创立的图书校雠雠例.长春：古籍整理研究学刊，1985

2.郑之洪.班婕妤思想浅探.湛江：湛江师范学院学报，1999

3.李晖.唐代"捣衣"风俗考略.南宁：广西民族学院学报（哲学社会科学版），2000

4.秦草.班门三杰著汉书——东汉史学家班彪、班固、班昭.西安：西安教育学院学报，2000

5.朱绍侯.汉元成二帝论（上）.洛阳：洛阳大学学报，2001

6.朱绍侯.汉元成二帝论（下）.洛阳：洛阳大学学报，2001

7.张晓霞、牛继清.南北朝唐代诗歌中"捣衣"意象的嬗变.淮北：淮北煤师院学报（哲学社会科学版），2001

8.赵敏俐.汉代社会歌舞娱乐盛况及从艺人员构成情况的文献考察.北京：中国诗歌研究，2002

9.陈才训.说椒房.济南：民俗研究，2002

10.刘新静.捣衣诗与古代兵制的演变.哈尔滨：学术交流，2003

11.衣若芳.闺怨与相思－牟益·捣衣图的解读.台北：中国文哲研究集刊，2004

12.罗然.汉代至唐代班婕妤主题演变流程（郭俊蕊译）.北京：中国中

古文学研究，2005

13.施丁.评班彪的前史略论.北京：史学史研究，2006

14.李彤.班婕妤和她的赋.沈阳：沈阳大学学报，2006

15.虞蓉.中国古代妇女早期的一篇文学批评专论——班婕妤－报诸侄书考论.苏州：苏州大学学报（哲学社会科学版），2006

16.虞蓉."情深至淡"－班婕妤文学思想略伦.乐山：乐山师范学院学报，2006

17.苏萍.班氏家族骚体赋的楚祖意识及其价值.鞍山：鞍山师范学院学报，2007

18.刘松来."罢黜百家、独尊儒术"完成于汉成之世考.武汉：江汉论坛，2007

19.王文倩，聂永华.满纸哀怨题团扇 千古谁解婕妤心——古诗词中团扇的哀怨意蕴琐谈.商丘：商丘职业技术学院学报，2007

20.路英.红艳一枝露凝香.北京：中国友谊出版公司，2007

21.李冰.相和歌辞之楚调怨诗研究.北京：首都师范大学硕士学位论文，2008

22.李杰玲，李寅生.扇子·女子·符号——从汉乐府·怨歌行看"扇子"的文学符号化.西安：唐都学刊，2008

23.李云朵.班氏家族文学研究.西安：西北大学硕士学位论文，2009

24.王宇鑫.对班昭与女诫的重新分析.西安：陕西师范大学硕士学位论文，2010

25.韩永燕.六朝捣衣诗研究.上海：上海师范大学硕士学位论文，2010

26.韩波.汉代宫廷香薰活动及香薰器具的艺术成就.南京：艺术百家，2010

27.商戈.班氏文学家族研究.郑州：郑州大学硕士学位论文，2011

28.陈欣.汉魏六朝诗中团扇意象及其文化意蕴.哈尔滨：北方论丛，

2011

29.张诗敏.汉乐府铙歌十八曲的抒情与叙事特色.马来西亚：拉曼大学中华研究院硕士学位论文，2012

30.李红雨.汉代的乐舞百戏与游戏.北京：中央民族大学学报（哲学社会科学版），2012

31.王红娟.汉书与汉代－诗经学——以西汉三家－诗为中心.长春：东北师范大学博士学位论文，2012

32.宗宇.先蚕礼制历史与文化初探.北京：艺术百家，2012

33.邓桂姣.班彪父辈主要儒学文学成员生卒年考.北京：文学评论，2013

34.蔡荷芳.家学渊源对班昭创作的影响.池州：池州学院学报，2013

35.张海丹.王政君新论.郑州：华北水利水电学院学报（社科版），2013

36.吴雪杉.画与诗：读唐伯虎－班姬团扇图.北京：美术向导，2014

37.朱润东.班彪及汉书.北京：文献，2014

38.邓桂姣.汉代扶风班氏家族文化与文学研究.扬州：扬州大学博士学位论文，2014

39.邓桂娇.汉代班彪家族受赐皇室秘书副本时间考.沈阳：兰台世界，2014

40.贺俏慧.唐代诗人视野下的汉代宫廷女性形象.武汉：华中师范大学硕士学位论文，2015

41.吴雪衫.世情与美人：唐寅秋风纨扇图研究.北京：故宫博物院院刊，2016

三、其他

1.电视连续剧.汉宫飞燕.中国电影公司、香港银都机构有限公司等联

合摄制，1998

  2.李志远.班婕妤《捣素赋》译文及赏析.胡辣羊蹄.新浪博客，2006

  3.汉书（原文+白话文翻译）.红潮网，2011

  4.大型纪录片.楚国八百年.中央电视台、湖北广播电视台联合制作，2012

  5.大型编年体史诗动画纪录片.帝陵.陕西省广播电视台、陕西出版集团数字出版基地等出品，2015

  6.李志远.傅毅·舞赋并序－注释.自译文.胡辣羊蹄.新浪博客，2015

后记

如果喜欢一个人，能为其做一件事，那一定是：心狂喜，全情投入，寻觅，取舍，犹豫不决，烦躁，停滞，想放弃，执着，沉醉……当经历过这种种，事情就办成了。

我为班婕妤写传，大抵如此。

班婕妤生于公元前47年，是距今两千多年的古人。关于她的确切史料，只有班固在《汉书·外戚传》中为祖姑母留下的一段记载，不足千字。而其中，近一半还是班婕妤的自传性赋作《自悼赋》。庆幸的是，透过千字文，我看到发于远古的五帝，起于先秦的周礼，兴于汉朝的五经，以及班氏一族的兴衰。这些文字，珍贵若钻石，我试着把它们放入周—秦—汉的历史长河里，看他们在里面，时隐时现，熠熠生辉。这光辉向世人昭示：本传记所载的点点滴滴，皆有存在的可能。

《班婕妤传》付梓在即。感谢专家审读小组杨占平主任，因了他的推荐，我与班婕妤有了一场千年之遇。从大纲产生到初稿、定稿，占平主任均提出中肯、宝贵的建议，才使得《班婕妤传》一书能够顺利完成。

我不是学者。所以，在此感谢两位大学同窗。一位是山西大学文学院古代汉语专业的教授白平兄，他为我写这本传记所依赖的上述千字文提供了简洁的译文，并对我取自网络的班婕妤赋作《捣素赋》文本作了校正，以免我在运用中出现谬误。白兄还以深厚的古文造诣为我解惑，阐明古人记载籍贯，均以县份表示，这就坐实了班婕妤的籍贯是《汉书·地理志》记载的古雁门郡楼烦县（今山西宁武）。另一位是山西大学文学院比较文学与世界文学专业的教授陈春香兄，她早年留学日本，之后有过多次的讲学和访学经历，对中日文学关系的研究有独到见解。春香兄为我提供了班婕妤团扇典故在日本文学中流转的珍贵资料，给本传增添了精彩的一笔。

《名作欣赏》副总编、主编张勇耀女士，朔州市作家协会副主席边云芳女士，太原日报报业集团高级编辑邢晓梅女士，对本传的写作亦有贡献，在此一并感谢。

本传记的写作，还得益于中国知网。浩瀚的学术论文、学位论文数据库里，那些与大汉帝国、班氏家族和班婕妤息息相关的文字，充满善意地向我频频招手。他们丰富了我的思维，激发了我的想象，缜密了我的推理，使我的写作，由惶恐变得从容。

如《诗经》所言："战战兢兢，如临深渊，如履薄冰。"我写作《班婕妤传》很是小心谨慎，尽量在《汉书》这个母本上展开，涉及重大事件，力求尊重史料或史书。尽管如此，鉴于与本传主相关的史料少之又少，在人事细节的把握上，难免出现史无记载之处。

书写与阅读，是人类古老的盟约。孔子说："三人行，必有我师焉。"传中不妥之处，期待各方师者批评指正。

陈　威

2019年3月

《三晋百位历史文化名人传记丛书》已入选传主名单

尧	传说时期
舜	传说时期
禹	传说时期
晋文公	春秋
介子推	春秋
师旷	春秋
卜子夏	春秋
赵武灵王	战国
蔺相如	战国
荀子	战国
韩非子	战国
卫青、霍去病	西汉
班婕妤	西汉
关羽	三国
石勒	十六国
郭璞	两晋
慧远	两晋
法显	两晋
拓跋珪、拓跋焘、拓跋宏	南北

冯太后	两晋
王通	隋
尉迟敬德	唐
薛仁贵	唐
武则天	唐
狄仁杰	唐
王勃	唐
宋之问	唐
王之涣	唐
郭子仪	唐
王昌龄	唐
王维	唐
裴度	唐
白居易	唐
柳宗元	唐
温庭筠	唐
司空图	唐
李克用	唐
狄青	宋
司马光	宋
杨家将	宋
米芾	宋
元好问	金
关汉卿	元
郝经	元
白朴	元

萨都剌	元
罗贯中	明
王文素	明
孔天胤	明
王家屏	明
张慎言	明
傅山	清
于成龙	清
陈廷敬	清
孙嘉淦	清
杨二酉	清
雷履泰	清
栗毓美	清
祁寯藻	清
徐继畬	清
董文焕	清
车毅斋	清
刘笃敬	清
杨深秀	清
渠本翘	清